解明！ニセ科学の正体

身の回りの〝怪しい科学〟の真相

ASIOS

超常現象の懐疑的調査のための会

宇佐木倫子／菊池聡／小波秀雄／道良寧子

彩図社

【はじめに】かつての自分に贈りたい本

ＡＳＩＯＳ代表　本城達也

これは、今から20年以上前、私がまだ10代だった頃の話です。

当時、私は雑誌などで特集されていた健康食品の記事を読んだ影響で、それらに少し興味を持ち始めていました。特集記事には某国立大学の教授の名前が出てきたり、「○○研究所の最新研究」といった謳《うた》い文句が登場したりします。そこに、もっともらしさを感じてしまったのです。

そんな時です。私はとある雑誌を読んでいました。するとその中の、深海の泥の中に含まれている特殊な成分を配合してつくられたという健康食品の広告にふと目が留まりました。そこには商品を使うと、健康、美容、病気、ケガなどに効果があると書かれてあります。さらに……、

「○○テレビの○○という番組で紹介されました！」

「全国から体験した方々の喜びの声が続々と届いています！」

といった宣伝文句と共に、体験者の顔写真や体験談、テレビ番組の静止画まで掲載されていました。そこに出てくる番組は、当時、日曜日のお昼に放送されていたもので、私も何度か見たことがあるバラエティ番組でした。

「テレビで紹介されたんだから信用できるな」

これが、まず私が思った感想です。テレビ番組なら変な商品を取り上げるわけがないと思ったのです。体験談も同じです。広告に載っている体験談には写真だけでなく、氏名や住んでいる場所まで掲載されています。そんなものがデタラメなどということがあるでしょうか？　私の結論は「信用できる」でした。

商品の価格は2、3万円だったと記憶しています。決して安くはありません。けれども、すでに信用できると思っている私は、その商品の購入に踏み切りました。当時、足首の古傷の痛みなどもあり、それらが解消したらいいなという気持ちも後押しになったと思います。

購入した商品は、中が見えづらくなっている濃い茶色をした小型のビンの中に、有効成分を凝縮したという液体が入っていました。それを朝晩2回、毎日、少量ずつ飲み続けることで健康になり、ケガなども回復するというのです。

怪しいでしょうか？　今から考えれば確かに怪しいです。でも、当時の私はもう一度購入し、2か月以上使い続けました。説明書によれば1か月で効果が出るとのことでしたが、宣伝されるような効果はまったくありませんでした。

結局、この当時の商品がインチキだとわかったのは数年後のことです。その頃にはすでにこういった商品から遠ざかっていたものの、後悔先に立たず、いい勉強だったと思うしかありません。


さて、ついこんな昔話から始めてしまったのも、それが本書と関係する話だからです。

本書でいう「ニセ科学」とは、科学を装っているものの実は科学ではないものから、科学では説明不可能に思える不可思議な話まで、様々な主張を指した用語です。とくに明確な定義があるわけではありません。いわゆる超常現象とは少し違った怪しい話をまとめた総称とでも思ってください。私が昔信じてしまった健康商法も、このニセ科学に含まれます。

本書は、そうした一般に流布するニセ科学の各主張を収集し、「伝説」と題してまとめ、それぞれの主張に詳しい各執筆者が検証を行い、その結果を「真相」と題して解説したものです。

取り扱っている項目には有名なマイナスイオンをはじめ、健康法として話題のマクロビオティック（玄米菜食）、放射能の浄化にも効果があるといわれるＥＭ菌などがあります。また他にも身近な健康食品から、映画やニュースなどで見聞きしたことがあるかもしれない宇宙の話まで、取り扱っている項目は多岐にわたります。

もちろん、なかには聞いたことがないという項目もあるかもしれません。ですが各主張はそれぞれの分野で一定の支持を集めているものばかりです。そのためそれらの情報は、ある日突然、テレビ、雑誌、本、友人、知人、家族などから聞かされることがあるかもしれません。信頼できる確かな情報として……。

けれども、それらは本当に信頼できるのでしょうか？　かつての私なら信頼してしまっていたでしょう。ですが、2007年には健康情報バラエティ番組「発掘！　あるある大事典」のヤラセが発覚。テレビであっても必ずしも信頼できるわけではありません。

私が昔、引っ掛かった広告も同様です。よく見かける体験者の写真や体験談も、業者が不正で摘発されてみたら捏造だったというケースが発覚しています。人物は架空、写真はモデルの流用、体験談はフリーライターの創作だったなどなど。研究者として名前が出ていた人物も、勝手に名前が使われていたり、実は専門外だったり、海外の研究者の場合には実在すらしない架空の人物だったというケースもあるほどです。

また本書ではベストセラーになった本も何度か登場しますが、そういった多くの方に読まれているようなものであっても、実はいい加減で信頼できないという場合もあります。

私たちの日常はこうした怪しい話と隣り合わせであり、油断をしていると、いつ足をすくわれるかわかりません。気づいたらはまっていた場合もあれば、切羽詰まって藁《わら》にもすがる思いで信用してしまう場合もあるでしょう。もちろん全部が信用できないというわけではないですが、やはり注意は必要です。本書はそうした中にあって、皆さんが知りたいとき、迷ったとき、好奇心を持ったときなどに、ガイドブックとしてお役に立つことを願って制作されました。

かつて私がニセ科学にはまっていた頃、残念ながら、本書のような本には出会えませんでした。もしあの頃の自分にこの本を贈ることができたなら、もっとよく考え、違った行動を取れたかもしれません。

私にとってはもう叶わぬことですが、今、本書を手に取って読まれている方々の中には、かつての自分と同じ境遇の方もいるのではないかと思います。もしそうであれば、そういった方にとっても本書が考えるきっかけとなることを願ってやみません。

２０２５年１月17日

解明！　ニセ科学の正体〜目次〜

【第二章】自然界に潜むニセ科学の真相

【第三章】人体にまつわるニセ科学の真相 159

【第四章】美容と健康にまつわるニセ科学の真相 243

第一章　身の回りに潜むニセ科学の真相

ニセ科学FILE 01

電磁波は健康被害を引き起こす!?

【浴び続けるとがんになる危険な電波】

伝説……

様々な電子機器に囲まれ、便利になった現代社会。

しかし、利便性と引き換えに私たちの健康が脅かされていることを知っているだろうか。その代表的なものが、電磁波である。

あなたの身の回りを見渡してほしい。携帯電話や電子レンジ、ＩＨクッキングヒーターなど、電磁波を発する恐ろしい数の電子機器に取り囲まれていることに気がつくはずだ。いうなればその状況は、電子レンジの中で暮らしているのと同じなのである。

電磁波は気がつかないうちに、少しずつ私たちの体を蝕んでいく。

携帯電話で長時間通話した後、頭痛を感じたことがあるという人もいることだろう。それは体からのＳＯＳ信号なのかもしれない。

真相

結論から言ってしまうと、私たちが日常的に浴びている電磁波について**神経質になる必要はない**。日常生活で浴びる電磁波については、これまで様々な研究が行われてきたが、それが健康に悪影響を及ぼすという証拠はみつかっていない。かりになにか影響があったとしても、**検出するのが難しいほど軽微**なものだということができる。

●電磁波の種類は様々

インターネットで検索すると「電磁波対策グッズ」[※①]などを販売しているサイトがいくつもみつかる。なぜ人は心配する必要のないものまで不安に感じてしまうのだろうか。

その大きな理由のひとつに、**電磁波に対する誤解**があるものと思われる。

ひとくちに電磁波と言っても、その種類は様々だ。テレビやラジオの電波も電磁波であるし、太陽や蛍光灯が発する光も電磁波である。また、東日本大震災以来、日本人なら誰もが気になっているガンマ線も電磁波である。

電磁波は、波の揺れ動く速度＝周波数によって大きく4つに分類される。周波数の低いものから高いものの順番で並べると「**電波**」「**光**」「**エックス線**」「**ガンマ線**」となる。エックス線やガンマ線は「放射線」と分類されることもある。

周波数による分類には、もうひとつ別の分け方もある。それは「**電離放射線**」と「**非電離放射線**」のふたつに分ける方法だ。「電離放射線」とは、原子核の周りを回っている電子を弾き飛ばすことができるほど、高いエネルギーを持つ電磁波を指す。先の分類でいうと、周波数の高い紫外線などの「光」から「エックス線」や「ガンマ線」の範囲になる。

一方「非電離放射線」は、原子核の周囲の電子を弾き飛ばすまでのエネルギーを持たない電磁波。先の分類でいえば「電波」から周波数の低い「光」までである。

「電離放射線」は、その高いエネルギーのため、分子や細胞に直接的な害を及ぼす。電磁波は、基本的に周波数が高いほど危険性が高い。紫外線を浴びて皮膚ガンになったり、放射線を浴びてガンになるのは、それが周波数の高い「電離放射線」であるからだ。

●電磁波は危険なのか

電磁波の種類を大まかに整理した。電磁波と言っても、人体に与える影響は異なる。人体に害を及ぼす「電離放射線」のようなものもあれば、ほとんど影響のない「非電離放射線」もある。では、この項目が対象としている電磁波、すなわち携帯電話や電子レンジ、ＩＨクッ

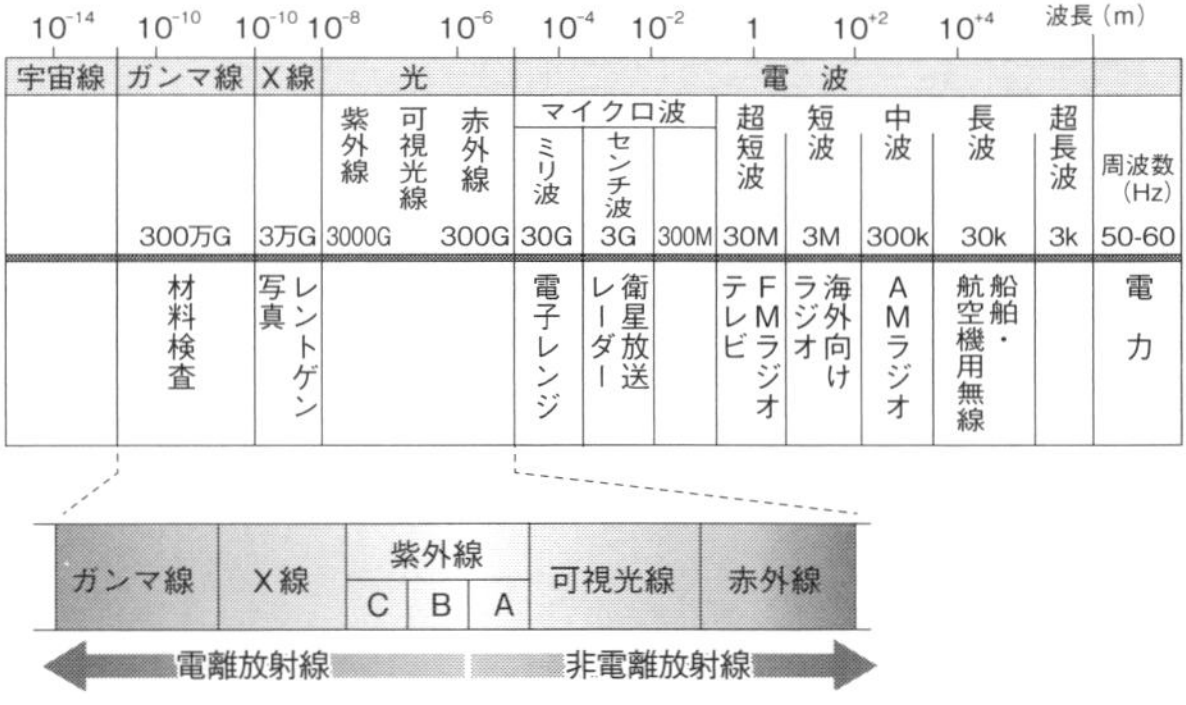

【図】電磁波の種類と電離放射線、非電離放射線

キングヒーターが発する〝電磁波〟はどの種類なのだろうか。

私たちが日常生活で使用している電子機器が発する電磁波は、「電離放射線」ではない。エネルギーの弱い「**非電離放射線**」である。携帯電話の電波や電子レンジ、IHクッキングヒーターから漏れ出る電磁波は、周波数から見れば、電波の範囲内にある**マイクロ波**にあたる。マイクロ波は波の持つエネルギーから言うと、**光よりも弱い**。理屈上は、目に見える光、いわゆる「可視光線」よりも健康被害がないことになる。

もしも、そうしたマイクロ波が人体に悪影響を及ぼすのならば、放射線のように直接遺伝子を破壊するメカニズムではないはずだ。いまのところ、マイクロ波が悪影響を及ぼすメカニズムは発見されていない。これまでの研究で言えば、マイクロ波の影響は人体に熱を加えるくらいである。

携帯電話や電子レンジ、ＩＨクッキングヒーターを使用することで浴びるマイクロ波は、微弱なものだ。それらが**人体に悪影響を与えるとは考えられない**のである。

●本当に影響はないのか

とはいえ、読者の中には「まだメカニズムが見つかっていないだけで、本当は影響があるのではないか」と考えている人もいるかもしれない。

実は研究者の中にもそうした考えを持つ者がおり、１９９０年代にはメカニズムからの視点ではなく、電磁波が与える実際の影響を調べようとする研究が盛んに行われている。その中からいくつか研究報告を紹介しよう。

95年に発表された米国物理学会[※②]の報告では、**送電線の電磁場とガンの関係が調査**されたが**関係は否定**された。96年には全米科学アカデミーの報告と米国学術研究会議の結果が報告された。どちらも、**電磁波が健康被害を及ぼすという証拠はなかった**としている。97年の国立ガン研究所の報告は**小児白血病と磁場の関係を否定**している。98年には『ジャーナル・オブ・ジ・アメリカン・メディカル・アソシエーション』[※③]に携帯電話の使用と脳腫瘍のリスクに関する論文が掲載されたが、**関係は認められない**との結論だった。

電磁波の健康被害で少しでも可能性が示唆されているのは、脳腫瘍と白血病のみとなる。送電線由来の変動磁場と小児白血病、マイクロ波と脳腫瘍のリスクについて、弱い相関を示す研究結果がまったくないわけではない。しかし、**関係がないとする研究の方がはるかに多い**ことは間違いない。

●結論

現在のところ、たくさんの研究が行われているにもかかわらず、電磁波と健康被害のはっきりとした関係は見つかっていない。かりに健康被害が存在するとしても、他の要因に埋もれてしまう程度に弱い関係でしかないということだ。電磁波と健康被害の関係について調べてみると、安全だと言える根拠は科学的研究結果から得られるが、**危険だと言える根拠は雑誌やテレビ、インターネットなどからしか得られない**というのが特徴的である。

現実的に、私たちは電磁波を避けることはできない。研究者には引き続き調査を行ってもらいたいが、一般人としては電磁波を気にしすぎるストレスの方が、確実に健康に悪影響を与えそうだ。

（蒲田典弘）

■注釈：

※①**電磁波対策グッズ**…携帯電話用の電磁波軽減イヤホンをはじめ、外部からの電磁波を遮断するというカーテンやベッドシーツ、電磁波測定器など、ありとあらゆる電磁波対策商品が売られていた。

※②**米国物理学会の報告**…高圧電線などで作業し、日常的に強い電磁波と接する機会の多い、アメリカの電気事業者が調査の対象だった。

※③**『ジャーナル・オブ・ジ・アメリカン・メディカル・アソシエーション』**…米国医師会が年に48回発行する査読制の医学雑誌。略称ＪＡＭＡ（米国医師会雑誌とも呼ばれる）。世界で最も権威のある医学雑誌のひとつで、約20の言語に翻訳されている。

■参考文献：

ロバート・Ｌ・パーク『わたしたちはなぜ「科学」にだまされるのか』（主婦の友社、２００７年）
ロバート・Ｔ・キャロル『懐疑論者の事典（下）』（楽工社、２００８年）

ニセ科学 FILE 02

【潜在意識に訴えて人を意のままに操る】

サブリミナル効果は存在するか？

伝説……

本人が何も気が付かぬように、ごく小さな刺激を無意識下に与えることによって、他人の行動を自由自在に操ることができる、というサブリミナル効果。サブリミナル効果に関する理論や実験は19世紀から行われていたが、この効果の名を一躍有名にしたのは、ジェイムズ・ヴィカリー[※①]という広告業者が、１９５６年にニュージャージー州フォートリーのドライブイン・シアターで行った次のような実験だった。

ヴィカリーは、シアターのスクリーン上にごく短時間だけ、画像をフラッシュさせる特殊な装置を独自に開発した。この装置を使ってシアターにかかっていた、ウィリアム・ホールデン主演の『ピクニック』[※②]という映画の映像に被せて、「ポップコーンを食べろ」、「コーラを飲め」という文字を5秒に1回、３０００分の1秒というごく短時間だけ、スクリーン上に映し出してみたのだ。

この実験は６週間続けられ、参加者は延べ４万６０００人にのぼった。実験の結果、映画館の売店ではコーラの売上が18・１％増え、ポップコーンは57・７％も売り上げがのびた。

このヴィカリーの実験以後、サブリミナル市場ともいえるものが立ち上がっている。たとえば「テープを聞くだけでみるみる痩せるダイエット」といった「サブリミナルテープ」の会社が、米国とカナダだけで２０００社もあり、その市場規模は５０００万ドルと見積もられている。

サブリミナル効果は、そのあまりに恐ろしい効果の故に、テレビ番組でサブリミナル効果を使うことは、ＮＨＫや日本民間放送連盟の放送基準によって、厳しく禁じられている。

だが、雑誌広告などでは、サブリミナル効果は未だに使われている。その禁断の技を暴いたのが、※③ブライアン・キイによる『メディア・セックス』や『潜在意識の誘惑』といった一連の著作だ。キイによれば、たとえばリッツ・クラッカーの表面には、「ＳＥＸ」という文字が、誰も気が付かぬようにそっと描かれており、人々は無意識のうちに性的に刺激され、リッツ・クラッカーを買うように促されているのだ。

そして１９８５年、ついにサブリミナルメッセージによって少年が自殺をしてしまうというショッキングな事件が米国で起きた。18歳の２人の少年が、「やっちまえ！　やっちまえ！」とつぶやきながら、突然ショットガンで自らの頭を撃ち抜き、自殺を図ったのだ。

自殺の直前に、2人の少年は、英国のヘビメタバンド「ジューダス・プリースト」[※⑤]の音楽を聴いていた。そのレコードには、音を逆転させて再生すると「やっちまえ！　やっちまえ！」というメッセージが隠されていたことがわかったのだ。これは一般に「バックワード・マスキング」と呼ばれているサブリミナルの手法で、少年らの遺族によって、「自殺はサブリミナルメッセージのせい」だとして、ジューダス・プリーストが訴えられている。

サブリミナル効果の実験をしたジェイムス・ヴィカリー（※④）

真相

サブリミナル効果の名を一躍高めたヴィカリーの実験だが、実験に関する論文がどこにも出されていない。それどころか、当時の中学生向けの雑誌に載った記事が、この実験については一番詳しいなどといわれているほどで、**まともな報告の一本すらない**。

最初の実験から2年経った1958年、米国連邦通信委員会や議会の求めに応じて、ヴィカリーが映画館の実験を再現してみせたことがある。この時は、20分の1秒という比較的長い時間、文字を映画の間に挟んで、フラッシュさせたのだが、誰もポップコーンを食べたいなどと思わなかった。なかには何を勘違いしたのか、「**ホットドッグが食べたい**」[※⑥]と言い出した議員もいたという。この他にも、ヴィカリーの実験の追試はなんども行われているが、成功した例はほとんどない。

そもそもがまことに怪しい実験だったが、1962年になって、ヴィカリー本人が『アドバタイジング・エイジ』という広告専門雑誌のインタビューに答えて「**あの実験は顧客を増やそうと思ってした作り話だった**」と告白をしている。つまり、サブリミナル効果の大宣伝は、その最初の一歩からしてウソだったのだ。だが、この告白に気がつく人はほとんどおらず、ヴィカリーの「コカ・コーラ実験」は、サブリミナルにおける金字塔とされ続けた。

聞こえないメッセージによって行動が変わるという「サブリミナル・テープ」については、自信を強化するというテープと、記憶を強化するというテープの2種類を用意し、それらのラベルをわざと逆に張り替え、被験者に聴いてもらうという実験が行われている。

客観的にはどちらも効果がみられなかったのだが、自信強化というラベル付きのテープ

Subliminal Advertising—Today It's Just Historic Flashback for Researcher Vicary

By Fred Danzig

NEW YORK, Sept. 12—Five years ago today subliminal advertising burst on Madison Ave. The development brought quick, nearly universal condemnation. Editorials assailed it as an Orwellian outrage, the most devilish of all hidden persuasions; lawmakers swore undying opposition to its use; psychologists denounced it as "morally reprehensi-

James M. Vicary

banned. In the U. S., the National Assn. of Broadcasters prohibited its use.

The frightening furor over subliminal came as a shock to its innovator, James M. Vicary, one of the country's well-known market researchers. He explained in vain that subliminal selling never could induce people to do anything they were not previously conditioned to do; that it could serve only as a support for conventional advertising. Nothing seemed to serve to stem the outpouring of criticism.

■ Today, Mr. Vicary—who has just been named survey research director of Dun & Bradstreet here—can talk about "the tv spot heard round the world" with candor and

needed for filing a only a minor interes pany and a small ar —too small to be me what we had should used promotionally needed, of course, wa an outside organizati search."

■ Today the Sublir tion Co., in which M associated with two more. The company tually to market that would enable flash "invisible" sa across television scr ble" to all but thos conscious eyes" wer admittedly weak, sw

"Anyway," he resu on the Fort Lee and we got hit. Th

広告専門誌「Advertising Age」（1962年9月17日）に掲載されたヴィカリーの告白記事。実験は顧客を増やすための作り話だった（※⑦）

を聴いた者は「自信がついた」と言い出し、記憶強化のテープを聴いたのだと信じ込んでいた者は「物覚えが良くなった」と言い出す傾向がみられた。つまり、この実験から見る限り、サブリミナル・テープというものは、その内容よりも、実は**テープに付いているラベルの方がよく効く**ものらしいのだ。

サブリミナル・テープの効果については、※⑧全米科学アカデミーが下部組織である米国学術研究会議（NRC）に評価依頼したことがある。調査の結果、NRCは1991年に「サブリミナル・テープが人間の能力を増すという主張を支持するような**理論的な根拠も実験的な証拠もどこにもない**」とする、惨憺たる結論を下している。

『メディア・セックス』などで展開しているブライアン・キイの主張については、クラッカーの

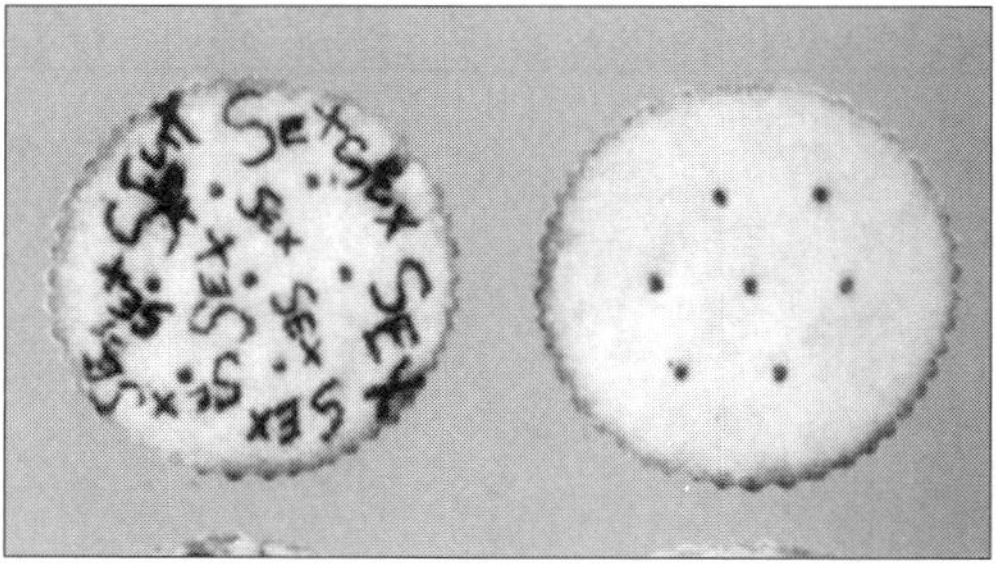
「Sex」の文字が隠れたクラッカー。キイによると、消費者の購買意欲を高めるためにメーカーが細工したという（※⑨）

表面に「セックス」って書いてあるんですヨ、などと奇妙なことを言っているのが**彼一人しかいない**という辺りが、かなり怪しい。クラッカーの表面を使って※⑩「ロールシャッハ・テスト」ごっこをしているだけのようにも思える。

　実際に、広告のどこかに性的メッセージを隠してみて、被験者側の反応がどう変わるかといった心理実験も行われているが、「**効果なし**」という判定がほとんどだ。

　もし、本当に広告手法としてサブリミナルが有効だとしたら、そのやり方を教えるまともなテキストが一冊もなく、関係のセミナーすら開かれたことがないのは、なぜなのだろうか？

　少年らが自殺を図ったというジューダス・プリースト事件は、**曲と自殺の因果関係が不明**だとして、訴えは却下されている。また音を逆転させることで無意識下にメッセージが送れるかどうか、といったテストも行われている。だが、もちろん失敗している。

だがもし、これほどまでサブリミナル効果が全く効果のないものであるのなら、なぜテレビ放送でそれを[※⑪]利用することが禁止されているのだろうか？

それは、本人も気が付かないうちに他人の意識をコントロールしようと試みるということ自体が非倫理的だと判断されたからだ。もともと、効果のあるなしの問題ではないのだ。

以上、サブリミナル効果について批判的な情報を書いてきたが、サブリミナル効果そのものが、存在しないというわけではない。本人も意識できないような些細な刺激を与え、その刺激で自覚なきまま人間の判断が変わるという現象は存在している。

たとえば人には、見慣れたもののほうを、より好ましく思うという性質がある。この性質を利用して「**サブリミナル単純接触効果**」が確かめられている。

これはたとえば、被験者が気が付かないほど素速く人の顔写真をフラッシュさせて見せておき、その後で、フラッシュさせた顔と、そうでない人物の顔のどちらがより好ましい顔かと聞くと、フラッシュされた顔をより好ましいと選ぶ傾向が生まれることがわかっている。

問題の曲が収録されているジューダス・プリーストの４枚目のアルバム「STAINED CLASS」。裁判はバンド側の勝訴に終わった。

つまり、サブリミナル効果自体はあるのだ。ただ、それは**自在に人をコントロールできるというほど強いものではまったくない。**

（皆神龍太郎）

■**注釈：**

※①**ジェイムズ・ヴィカリー**（１９１５～１９７７）…デトロイト出身のマーケット・リサーチャー。ミシガン大学で学び、サブリミナル効果に注目。本文でとりあげた１９５６年の実験で一躍その名が知られるようになった。

※②**ピクニック**…ウィリアム・インジの戯曲をもとにした１９５５年公開の映画。監督のジョシュア・ローガンは１９５７年に朝鮮戦争を舞台に米兵と日本人女性との悲恋を描いた『サヨナラ』も制作。この映画に出演したナンシー梅木が東洋人初のアカデミー賞（助演女優賞）を受賞した。

※③**ブライアン・キイ**（１９２１～２００８）…アメリカ合衆国の著述家。サブリミナル効果に関する著作を記した。後述のジューダス・プリースト事件では証人として法廷に出廷した。

※④**画像の出典**…Ｗｅｂ「Steve Ahern Subliminal」より。

※⑤**ジューダス・プリースト**…１９６９年に結成して以来、40年以上も活動を続けている大御所へビーメタルバンド。２０１２年にもワールド・ツアーで来日している。事件を起こした少年たちが聴いていたのは「Better by you, Better than me」という曲だとされている。

※⑥**ホットドッグが食べたい**…英語のホットドッグの綴りは「HOT DOG」。ポップコーンの綴り（「POPCORN」）とはまったく違う。
※⑦**画像の出典**…坂元章他編『サブリミナル効果の科学』（学文社、1999年）より。
※⑧**全米科学アカデミー**…略称は「NAS」。科学的な社会貢献を目的としたアメリカの非営利組織。アカデミー会員には日本人研究者も名を連ねている。
※⑨**画像の出典**…ウィルソン・ブライアン・キイ『メディア・セックス』（リブロポート、1989年）より。
※⑩**ロールシャッハ・テスト**…被験者にインクのシミを見せて、それが何に見えるのかを問うことで被験者の思考過程や障害などを知ろうとする性格診断テスト。
※⑪**利用することが禁止**…NHKは国内番組基準の第11項に「通常知覚できない技法で、潜在意識に働きかける表現はしない」と明記。民放各社が加盟する日本民間放送連盟もその放送基準の第八章（60）で、「視聴者が通常、感知し得ない方法によって、なんらかのメッセージの伝達を意図する手法（いわゆるサブリミナル的表現手法）は、公正とはいえず、放送に適さない」としている。

■**参考文献：**
鈴木光太郎『オオカミ少女はいなかった―心理学の神話をめぐる冒険』（新曜社、2008年）
坂元章他『サブリミナル効果の科学』（学文社、1999年）
「別冊宝島233・陰謀がいっぱい！」（宝島社、1995年）

ニセ科学FILE 03

【牛乳を飲むと不健康になる？】

牛乳有害説の真相

伝説……

カルシウムなど重要な栄養素を豊富に含む牛乳。骨の成長や骨粗鬆症の予防のため、牛乳を飲むことは広く推奨されている。しかし、実は牛乳を多く飲む人ほど骨粗鬆症になりやすいことを知っているだろうか。

世界でもっとも牛乳をよく飲んでいる国はノルウェーだが、国民の骨粗鬆症の発症率はなんと日本の5倍もある。牛乳を飲んでも骨粗鬆症を防げるわけではないのである。

むしろ、牛乳は骨粗鬆症のリスクを高める危険性がある。

日本人には乳糖不耐症といって、牛乳に含まれる乳糖を分解する酵素を持たない人が多い。乳糖不耐症の人が牛乳を飲むと、消化できなかった乳糖が大腸の浸透圧を高めて、下痢を引き起こす。その時、水分やカルシウムをはじめ、大切な栄養素まで失われてしまうのだ。

また、牛乳は小さい子どもの未熟な消化器官では分解することができないため、飲ませ過ぎると牛乳アレルギーを起こすこともある。牛乳の動物性タンパク質が完全に分解されないまま血液中に入り込み、免疫反応を起こすのである。乳糖を分解する能力が低い日本人にとって、牛乳は消化吸収できない有害な食品なのである。

牛乳はもともと仔牛の飲み物である。それを人間が飲むというのは、自然の摂理に反する極めて不合理な習慣だと言えるだろう。

有害説が囁かれる牛乳

真相

牛乳有害説はいくつかのパターンが存在するが、[※①]自然療法や玄米菜食などの健康法を実施する人々の間で信じられているケースが多い。

そうした考えが生まれた背景には、糖尿病や動脈硬化など、昔はあまり見られなかった病気が増えてきたのは、外国から入ってきた食習慣のない食べ物に原因があるのではないか、という考えがあるようだ。これらの説が一般にある程度知られるようになったのは、牛乳有害説に言及した[※②]新谷弘実医師の著作『**病気にならない生き方**』がベストセラーとなった事が影響していると考えられる。

ではこの有害説はどこまで正しいのだろうか？ その主張を検証してみよう。

●牛乳を飲んでも骨粗鬆症を予防できない？

有害論でよく採り上げられるのは、牛乳を多く飲んでいる北欧諸国で日本に比べて骨折が多いというものだ。なかには「[※③]世界で一番牛乳を飲んでいる国であるノルウェーの骨粗鬆症発症率は日本の5倍である。このことから牛乳を飲んでも骨粗鬆症は予防できないことがわかるだろう」という具体的な国名を挙げたものもある。これは事実なのだろうか。

まず、骨粗鬆症の発症率を確認する前に、ひとつ間違えていることがある。それはノルウェーが世界で一番牛乳を飲んでいる国ではない、ということだ。断定口調で言い切られると信用してしまいがちだが、国際酪農連盟の統計を見れば、一目瞭然だ。牛乳摂取量の多い国は、年によってばらつきはあるものの、エストニア、アイルランド、フィンランド、アイスランドといった国が常に上位を占めている。ノルウェーは消費量自体は少なくないが、**べ**

1人あたりの年間牛乳消費量(kg)の上位国

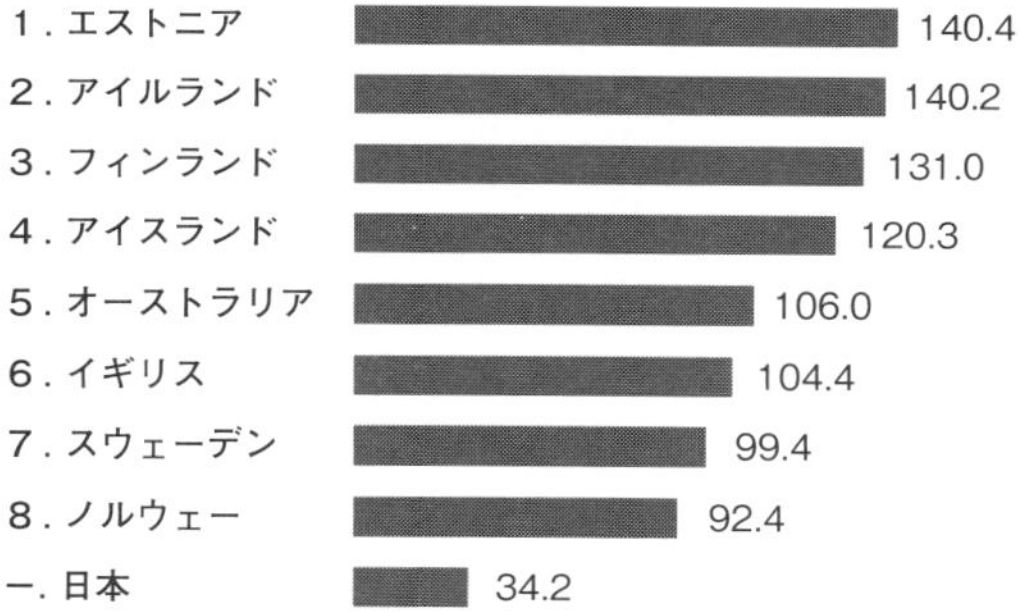

国際酪農連盟の報告書（The World Dairy Situation 2010）より

スト5にも入らないレベルである。

　では、骨粗鬆症の発症率が5倍というのはどうだろうか。はっきり言って、この数値もあやふやである。5倍の根拠になるデータも示されていないし、そもそもそうした事実は存在しない。あるのは、北欧諸国における[※④]**大腿骨頸部骨折の発症率が高いという報告だけ**である。

　牛乳や乳製品をよく食べる国で骨折が多いからといって、それが直ちに牛乳が骨の健康に悪影響を与えることの証拠にはならない。なぜならば、それは牛乳と骨折に相関が見られるというだけであって、骨折には何か別の問題が関係している可能性があるからだ。骨折と関連しそうな日本人との大きな違いはすぐに身長が思いつくだろう。北欧諸国に住んでいる人たちの平均身長は日本人に比べてずいぶんと高いことが知られている。**身長が高い高齢者が転倒**

した場合には、骨折しやすいことが予測できるだろう。

とはいえ、それだけでは牛乳有害説の主張を検証できたことにはならない。

牛乳有害説では、日本人は乳糖を分解する酵素を持たないため、牛乳に含まれるカルシウムなどの栄養素を吸収できないと批判している。こうした批判に反論するには、日本人を対象としたデータを示せば良いはずである。実は、次のような疫学調査の結果が存在する。

1978年から1992年にかけて、約4500人を対象に広島で追跡調査が行われた。調査の結果、牛乳の摂取頻度が高い人ほど、骨粗鬆症の指標である**大腿骨頸部骨折のリスクが低い**傾向が見られた。

また、40歳から59歳の約3万3970名と、40歳から69歳の4万1664名を10年間追跡調査した2つの研究※⑤をメタ解析した研究でも、カルシウム摂取が最も少ない女性グループでの※⑥椎骨骨折の※⑦相対危険度（補正済み）（Adjusted RR）は2・13であり、最もカルシウム摂取が多いグループと比べ高水準であったという結果が得られている。つまり、**牛乳摂取量が多いほど骨折はしにくくなる**というわけだ。こうした信頼性の高いデータがあるのに、牛乳を飲めば飲むほど骨がもろくなるという主張を信用する理由はないだろう。

●日本人は牛乳の栄養素を吸収できない？

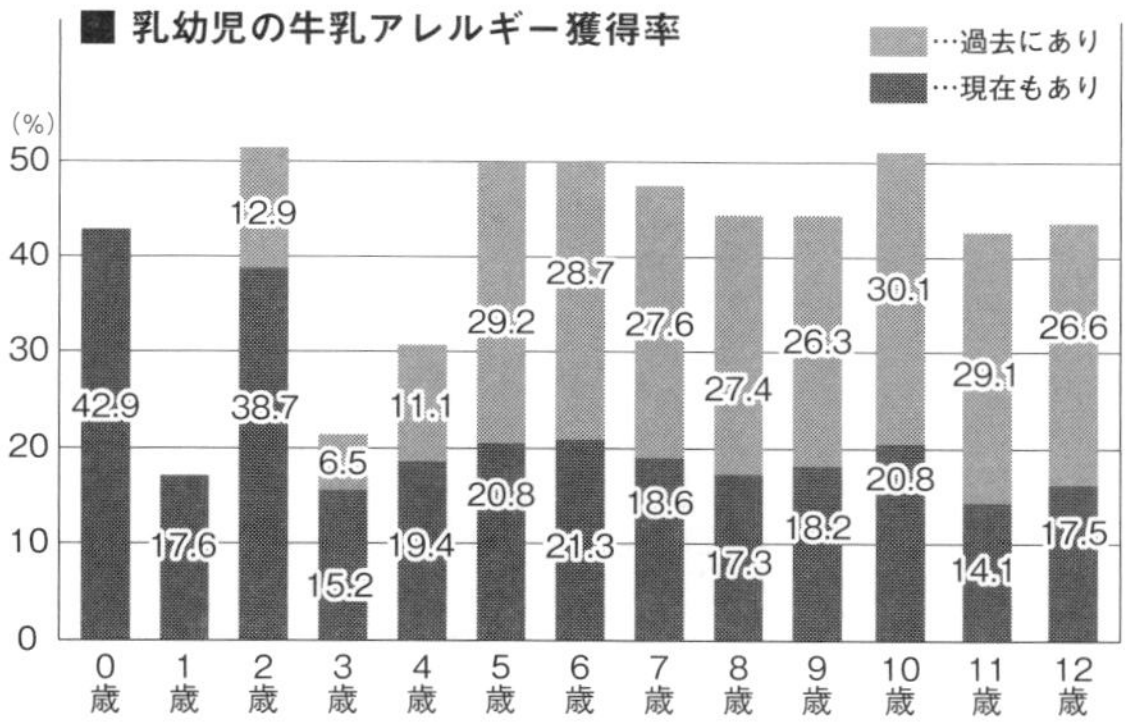

神奈川県衛生研究所「食物アレルギーによる発症予防事業〈総合研究報告書〉」より

牛乳有害説では、乳糖を分解できない日本人は、牛乳を飲むと下痢をして、大切な栄養素を吸収できないとされている。この話はどこまで本当なのだろうか。

日本人に、乳糖を分解する能力が低い乳糖不耐症が多いというのは事実である。しかし、乳糖不耐症であってもまったく乳糖を分解できないわけではなく、1日に牛乳を1リットルも飲むような場合でなければ、※⑧**ある程度は分解できる**というのが本当のようだ。

牛乳の栄養素を吸収できない、というのも誤りだ。栄養学や生理学の基本だが、カルシウムはおもに**小腸上部の十二指腸や空腸で吸収**されている。牛乳を飲んで大腸がゴロゴロしたとしても、ミネラルやカルシウムの吸収が妨げられるわけではない。「大腸がゴロゴロする＝消化吸収が妨げられる」というイメージが直感的に結びつけられたため、乳糖不耐症はカルシウムを吸収できない、という誤解が生まれてしまったのだろう。

ただし、小さな子どもの牛乳アレルギーには注意が必要だ。

赤ちゃんなど消化機能が未発達な子どもが牛乳を飲むと、タンパク質の一部がアミノ酸にまで分解される前に吸収され、アレルゲンとして認識され、アレルギー反応を引き起こすことがある（33ページ表）。こうしたアレルギーは牛乳を飲むほど発症するというものではないが、アレルギーを持つ子どもには飲ませない事が重要である。ちなみに、牛乳アレルギーは魚や穀類などのアレルギーに比べ大人になるまでに治癒するケースが多い事が知られている。

●結論

カルシウム摂取量の少ない日本人にとって、牛乳はカルシウム補給源として有用な食品であることは間違いないだろう。しかしながら、どんな食べものでも摂りすぎは禁物である。

アメリカでは、牛乳や乳製品などを１日３カップ（約７２０ミリリットル相当）の摂取を推奨しているが、普通の牛乳では無く無脂肪乳や低脂肪乳にするようにコメントをつけている。これは、牛乳には飽和脂肪酸という種類の油が多く含まれており、摂取し過ぎると循環器疾患に悪影響を与える事が知られているためである。

牛乳は比較的安価に手軽にカルシウムを補給できる有用な食品でもあるが、飲み過ぎれば**飽和脂肪酸の摂りすぎが問題になる**かもしれないし、下痢をして不快な思いをするかもしれない。牛乳は何か特定の効能を期待するような薬ではなく、私たちの身近に存在する食品の一つであることを忘れてはならないだろう。

（道良寧子）

■**注釈：**

※①**自然療法や玄米菜食**…自然療法とは、薬に頼る前に食事や生活習慣を整えることで自己治癒力を高めようとする療法。玄米菜食（マクロビオティック）は、玄米を主食とする菜食療法（本書279ページ参照）。

※②**新谷弘実**（しんやひろみ）…1935年生まれの医師。乳製品などの動物性タンパク質を多く摂るほど、肉体が老化しやすく、健康のリスクが高まると主張。その考えをまとめた著書『病気にならない生き方』（サンマーク出版、2005年）は100万部を超えるミリオンセラーになった。

※③**世界で一番牛乳～**…『牛乳はモー毒？』という美健ガイド社から出ているマンガ冊子で述べられていた。筆者は自然育児を謳う保育園で配られていた事例を知っている。

※④**大腿骨頸部骨折**…大腿骨（だいたいこつ）はふとももの骨で、頸部（けいぶ）はその付け根の部分にあたる。骨粗鬆症が進行するとベッドから移動したり、軽くぶつけたりしただけで骨折することがある。

※⑤**メタ解析**…メタアナリシスともいい、幾つかの類似した信頼性の高い研究を収集し統計的な解析を行

い、系統的に分析をした研究で信頼性が高いとされるもの。

※⑥**椎骨**…ついこつ。背中にある脊椎を構成する骨。人間には合計32～34個の椎骨がある。

※⑦**相対危険度**…主にコホート研究で用いられる疫学指標。要因に暴露された（＝さらされた）群と暴露されていない群における疾病の頻度を比で表したもので、暴露因子と疾病発生とのかかわりの強さの指標である。要因が疾病の発生を促進するようなものの場合、相対危険度は1より大きくなり、逆に予防するような場合には1より小さくなる。仮説要因以外の影響を統計的にとり除き補正したものが「Adjusted RR」。

※⑧**ある程度は分解できるというのが本当**…奥恒行「ヒトにおける乳糖の一過性下痢に対する最大無作用量とそれに及ぼす食べ方に関する研究」１２３～１４１ページより。

■参考文献：

Fujiwara S, Kasagi F, Yamada M, Kodama K.J. Risk Factors for Hip Fracture in a Japanese Cohort. Bone Miner Res. 1997 Jul;12(7):998-1004.

Nakamura K, Kurahashi N, Ishihara J, Inoue M, Tsugane S. Japan Public Health Centre-based Prospective Study Group.Calcium intake and the 10-year incidence of self-reported vertebral fractures in women and men: the Japan Public Health Centre-based Prospective Study.Br J Nutr. 2009 Jan;101(2):285-94.

奥恒行「ヒトにおける乳糖の一過性下痢に対する最大無作用量とそれに及ぼす食べ方に関する研究」〈平成13年度牛乳栄養学術研究会委託研究報告書〉㈳全国牛乳普及協会、２００２年７月）123-141,

Ｗｅｂ／米国民のための食事指針（2010）Dietary Guidelines for Americans, p38

ニセ科学FILE 04

【身近に溢れる磁石をつかった健康商品】

「磁気がコリをほぐす」は本当か？

伝説……

磁石の健康効果は昔から認められてきた。そのため現在でも様々な磁気治療器[※①]が販売されている。特に湿布薬のように、肩や腰に貼り付ける永久磁石は有名である。

このような磁石は「家庭用永久磁石磁気治療器」として、厚生労働省にも認められている。効果は政府お墨付きといってもいいだろう。

真相……

はじめに結論をいうと、永久磁石が健康に良い効果をもたらすという**確実な証拠はまだない**。一部、肯定的な研究もあるが、まだまだ初期研究段階を脱していないのが現状だ。

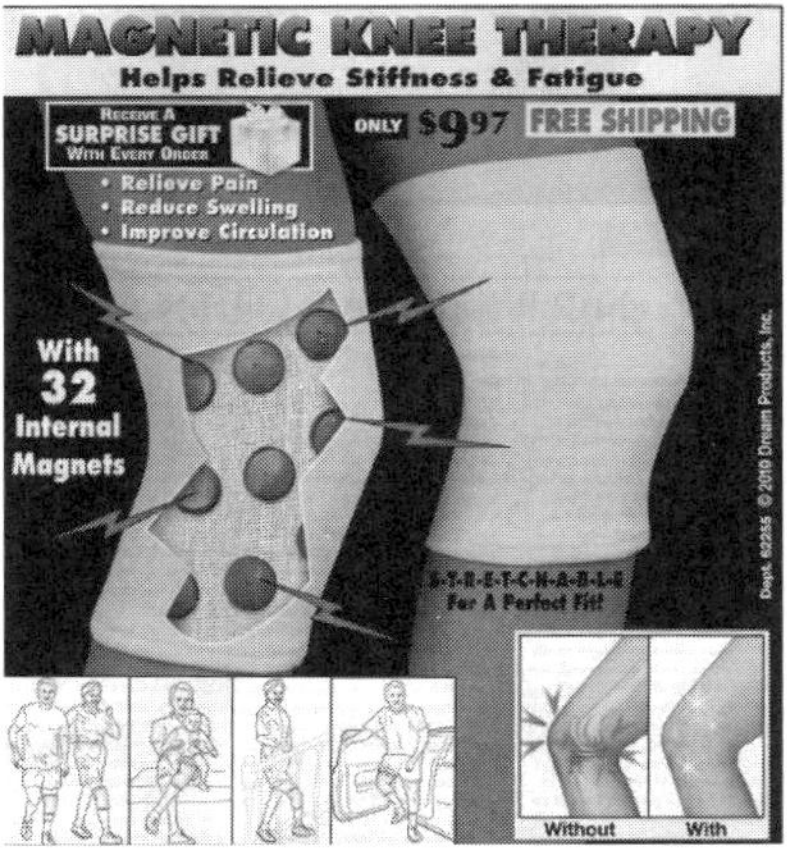

アメリカで発売されている磁気ひざあての広告。磁気治療器は海外でも売られている（※②）

●磁石はどのようにして効くのか

血液の中には赤血球があり、赤血球の大部分はヘモグロビンという物質である。ヘモグロビンは鉄とタンパク質が結合した物質なので磁石にも反応しそうだと考えてしまうかもしれない。しかし、**血液は磁石にほとんど影響を受けない**ということがわかっている。仮に血液が磁石に引き寄せられるとしても、血液の流れを阻害することになってしまい、健康に害こそあれ、良い効果はなさそうだ。

大手の家庭用永久磁石磁気治療器メーカーに問い合わせてみると、メーカーでは「**コリンエステラーゼ抑制説**」というメカニズムで血行の促進が行われ、コリがほぐれるという立場をとっているとのことだった。[※③] アセチルコリンは、血管を弛緩させ血流を増大させることで血行を促進するのだが、コリンエステラーゼという酵素で分解される。ここで、磁石がコリンエステラーゼの働きを阻害すると、結果的にアセチルコリンが良く働き、血行が促進されるという。

また、ほかの説として「**ヘモグロビン酸素放出促進説**」というものもある。桐蔭学園横浜大学の川久保達之教授によれば、磁力によって血行が促進されるわけではなく、磁力によってヘモグロビンから酸素が多く放出されることによって、コリなどの体の不調が解消されるという。ほかにも、磁石が血液のイオン化を促進することで血行が促進されるという説もあるようだ。

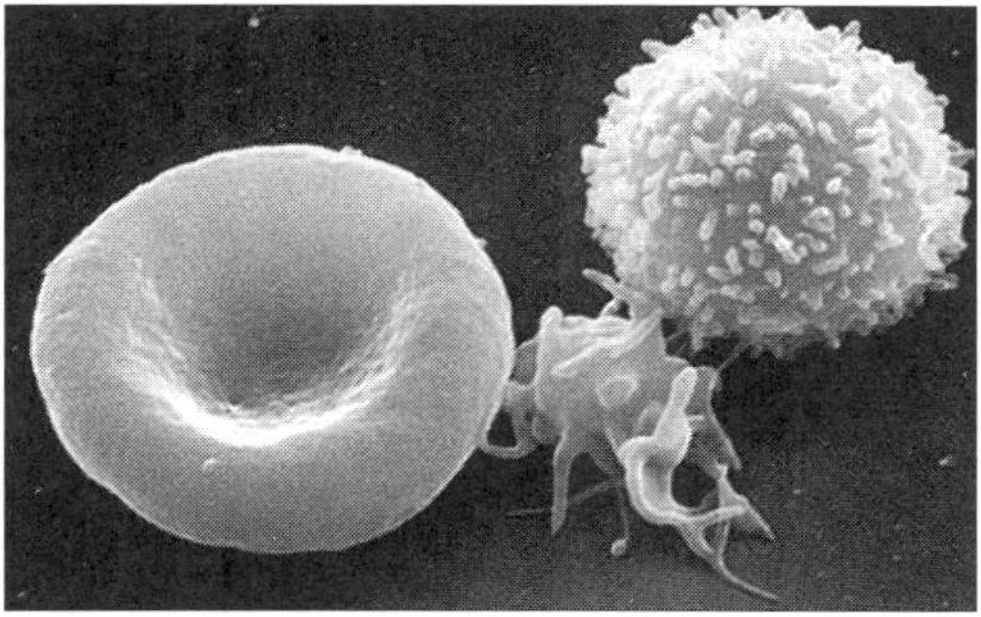

磁気治療器は赤血球中のヘモグロビンに働きかけることで、治療効果を上げるとしているが…。

●磁石は効かないという話も

海外でも永久磁石の健康促進効果は宣伝されているため、医療研究の対象となっている。しかし、研究結果は否定的なものが多くみられる。

2004年8月26日の読売新聞では『「磁石」には痛み緩和の効果なし？　米大学の研究で判明』という

記事が掲載された。この記事のもとになったのは『アメリカ苦痛管理ジャーナル』に発表された米オクラホマ大学の研究で、記事によると**永久磁石による痛みの低減効果はプラセボ効果**※④ではないかというものだった。

また、英国医師会誌「British Medical Journal（BMJ）」1月7日号でも**磁気治療器には治療効果がない**ことを指摘する記事が掲載された。これは、日本でも「磁気健康器具には治療効果なし」と2006年1月6日に報道され、注目を集めた。

他にも、2002年の「Scientific Review of Alternative Medicine」に100mT※⑤の永久磁石による短期的影響として**血行の促進は起きなかった**という研究結果が発表されている。同様の結果は2005年、※⑥ノヴァ南東大学の85mTの永久磁石を使った研究でも示されている。

また、医療現場では一般的な家庭用永久磁石磁気治療器の10～20倍以上の強さになる3Tの磁力を体に加えるMRIという機器があるが、人体に目立った影響が出るという結果はない。このことからも、磁気治療器に効果があるという話に疑問符が付くのは確かだ。

●なぜ効くとして販売されているのか

ここまで見てきたように、磁石が血行の促進やコリの解消に有効だというのは、まだ医学的な事実とも定説ともいえない状態にある。通常、明確な根拠のない治療器具を「効く」として販売すると、**薬事法などの法律に違反**することになる。しかし、永久磁石磁気治療器のメーカーは、宣伝の中で血行の促進やコリの解消をはっきりと主張している。なぜ問題にならないのだろうか。

実は**「家庭用永久磁石磁気治療器」の認定**を受けてさえいれば、効能効果・使用目的として「装着部位のこり及び血行の改善。一般家庭で使用すること」と表記できることになっている。これは厚生労働省の告示第112号（厚生労働大臣が基準を定めて指定する医療機器）で告示されたものである。

「家庭用永久磁石磁気治療器」に認定されるためにはJISの規格であるJIS T 2007を満たしていればよい。[※7]細かい取り決めはあるものの、最も重要なのは患部に接する部分の磁束密度が35mT以上200mT以下であればよいということである。メーカーとしては、この基準を満たしているのだから、効能効果を宣伝できるというわけである。

●厚生労働省は何を持って効果を判断したのか

厚生労働省によれば、効能効果があると判断するに相応の実績が過去にあったために、告示第112号の[※8]効能表記を認めているということであった。厚生労働省に対して効能効果があると認めたきっかけとなる論文を求めたところ、その論文は大手永久磁石磁気治療器メーカーの「医療用具製造承認申請書」の添付資料の論文だという回答が得られた。筆者（蒲田）は情報公開の制度を用いて当該論文を入手した。論文は中川恭一氏の「皮膚貼付用磁気治療具の治療効果について」である。

確かにこの論文の結論は90％以上の使用者に効果ありというものである。しかし、調査方法に問題があるように思われる。この結論は、販売している磁気治療器のパッケージに同封した**アンケートハガキの集計結果から得られた結論**なのである。購入者は効果を期待するから購入するのであろうし、比較的面倒なアンケートハガキへの回答は効果があった人が行う可能性が高い。また、コリの低減という客観的に測定できないものであるため、自己申告に頼るしかなく、効果の判定も難しい。他にも様々な要因で結果が肯定的になることが考えられるが、こういった偏りを全く取り除けていないため、この論文は効能効果があると判断するには不十分のものだと思われる。

●結論

永久磁石の健康器具が効くということについて最近の研究を参照する限り、科学的、医学的な根拠はまだまだ足りない状況である。メーカーでは磁力の強さによって商品にランクを設けているところもあるが、**そもそも強ければよく効くという根拠もない**。確実な効果を期待するのは行き過ぎであり、もし効果を期待するのならば、なるべく安価なものを選んだ方が得策だろう。

（蒲田典弘）

■注釈：

※①**磁気治療器**…日本で最初の磁気治療器は、交流電流を用いた電気磁気治療器だった。これは昭和7年頃に作られた。

※②**画像の出典**…「Alternative Medicine Fraud: Magnet Therapy」（http://healthwyze.org/index.php/component/content/article/413-alternative-medicine-fraud-magnet-therapy.html）より。

※③**アセチルコリン**…神経伝達物質の一種。筋肉の受容体に働きかけ、収縮を促したり、脈拍を遅くしたり、唾液を分泌させたりする。

※④**プラセボ効果（プラシーボ効果）**…罹っている病気に薬効がないはずのもの、たとえばブドウ糖や乳糖の錠剤を与えても、症状が改善するという効果。一般的には効果があると信じ込むことで、本当に効果が出てしまうと説明される。

※⑤**ｍＴ（ミリテスラ）**…磁力の単位であるテスラの１０００分の１。家庭用永久磁石磁気治療器では、50ｍＴぐらいから強いものでは１９０ｍＴぐらいの磁石が用いられることが多いようだ。

※⑥**ノヴァ南東大学**…アメリカのフロリダ州にある大学。代替医療の研究も盛んに行われている。

※⑦**JIS**…日本の標準工業規格。日本工業規格（Japanese Industrial Standards）の頭文字をとった。

※⑧**効能表記を認めている**…最新の研究によって、磁石の効能効果についての表記が実態に即していないことが判明すれば、効能表記も変更することになるとの回答も得られた。

■参考文献：

Ｗｅｂ／「Magnet Therapy: A Skeptical View」Quackwatch

「『磁気は血行を良くする』はウソ!?」（日本工業新聞、１９９９年４月22日）

「『磁石』には痛み緩和の効果なし？　米大学の研究で判明」（読売新聞、２００６年８月26日）

No Effect of 85mT Permanent Magnets on Laser-Doppler Measured Blood Flow Response to Inspiratory Gasps（2005）

Assessment of the short-term effects of a permanent magnet on normal skin blood circulation via laser-Doppler flowmetry（2002）

Ｗｅｂ／厚生労働省 告示第１１２号「厚生労働大臣が基準を定めて指定する医療機器」JIS T 2007：2011

中川恭一「皮膚貼付用磁気治療具の治療効果について」

ニセ科学FILE 05

「水からの伝言」の不思議

【「ありがとう」の言葉が氷の結晶を美しくする？】

伝説……

こんな実験をご存じだろうか。「ありがとう」という言葉を見せた水を凍らせると非常にきれいな結晶ができるが、「ばかやろう」という言葉を見せた水は凍らせても崩れた結晶しかできない。これは、水の研究者である江本勝氏※①による実験である。

言葉には魂が宿るという「言霊」の思想を証明するような事実がここに現れている。これまでもポジティブな言葉を使った方がよいということは、よくいわれてきた。しかし、今までは誰もその裏付けを得ることができなかった。水の結晶の実験は、そういった経験則の裏側にある宇宙の普遍的な法則を明らかにしているのである。

人間の体も70％は水でできている。ポジティブな言葉が良い影響を与えることも、ネガティブな言葉が悪い影響を与えることも、物理的に証明されたことなのだ。

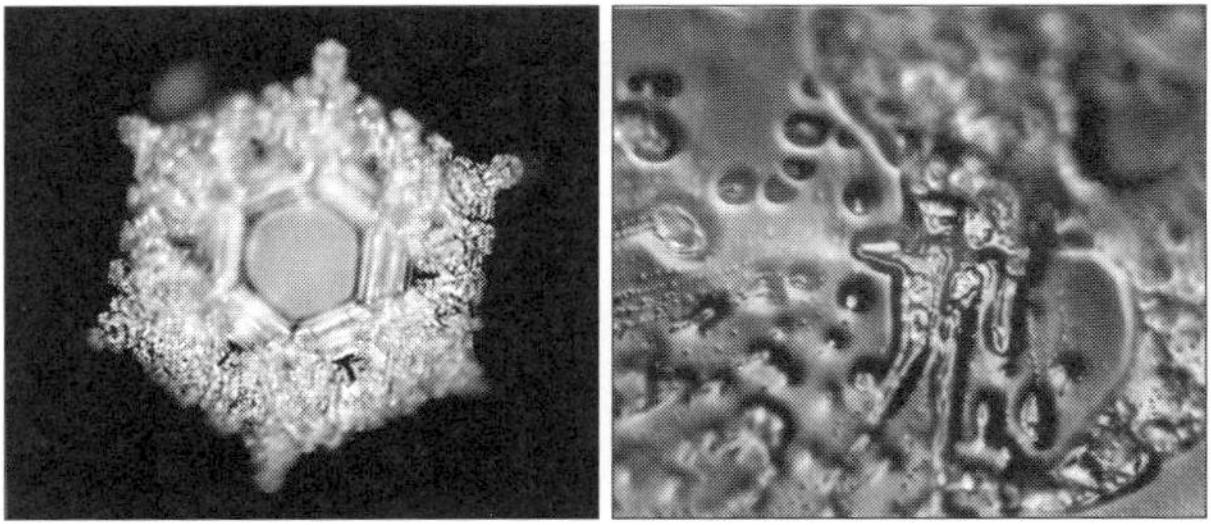
江本氏の著書『水が伝える愛のかたち』（※③）に掲載された結晶の写真。
左は「愛・感謝」、右は「ムカツク・殺す」という文字を見せたものだという。

真相

きれいな言葉できれいな結晶ができるという実験結果は、**実験結果とは呼べないようなしろもの**である。教育現場では道徳の授業などで取り上げられたこともあるが、**道徳としても薦められる話ではない**。

●水からの伝言の実験は信頼できないのか

江本氏らの実験の方法については『水は答えを知っている』の中で触れられている。簡単にまとめると、マイナス20℃以下で凍らせた氷を、マイナス5℃の部屋でライトをあてながら顕微鏡で観察するといったものだ。ポイントはかなりの低温で凍らせた氷を比較的暖かい環境で観察するというところにある。

ところで、物理学者の[※②]中谷宇吉郎の研究結果によって、

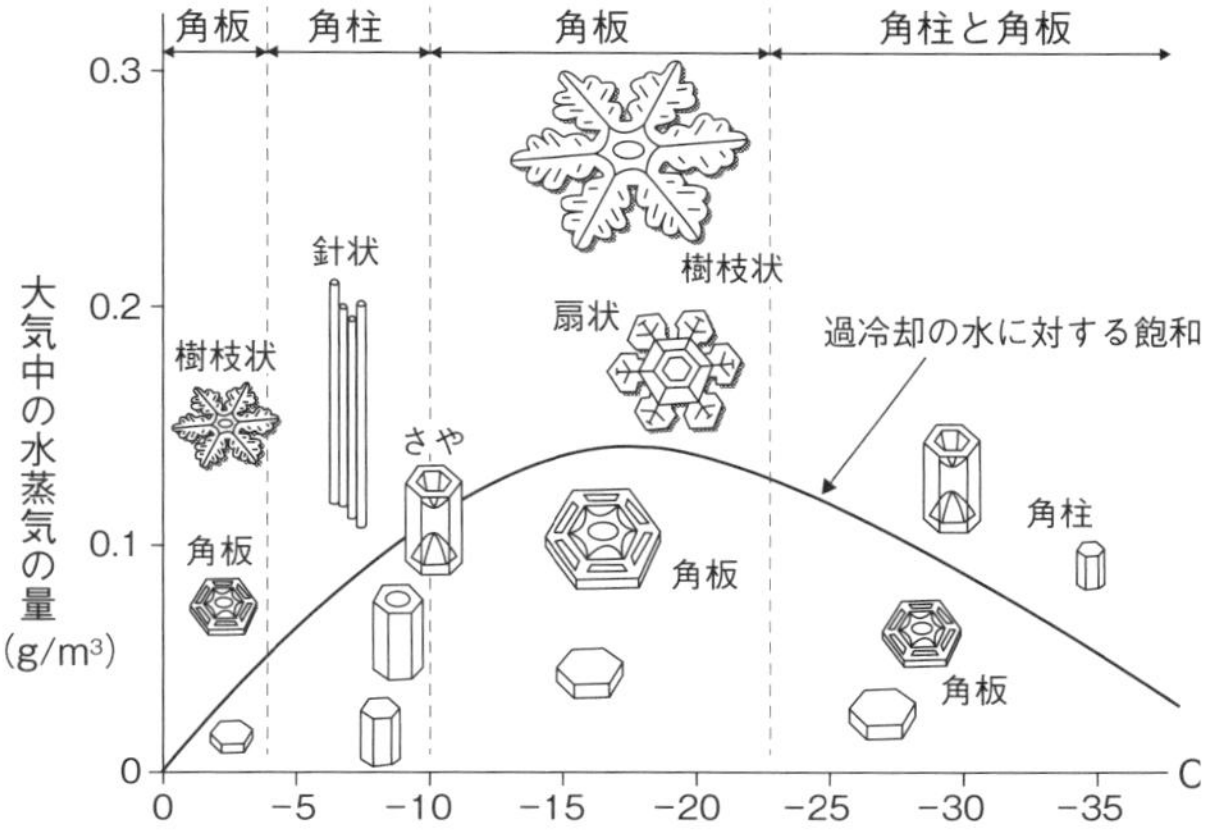

【図】中谷ダイヤグラム

雪の結晶ができる条件はかなり詳しくわかっている。空気の温度と水蒸気の過飽和度が決まれば、雪の結晶の形は決まるというのだ。この関係を表した「**中谷ダイヤグラム**」という図は研究者の間でよく知られたものである。

『水からの伝言』の「実験」では、[※④]きれいな結晶が現れるのは短時間で、その後は溶けてしまうという。科学的には中谷ダイヤグラムを横断するようにマイナス20℃からマイナス5℃以上になって溶けるまでを観測していると説明できる。これでは安定した観察結果を得ることは難しい。実験の環境が一定に保たれていないため、様々な形の結晶が生じるし、場合によっては結晶ができないこともある。そもそも中谷ダイヤグラムが信頼できるということは、結晶の形が「波動」などという、同一条件を揃えることが不可能なものに依存していないことを示している。

このように、『水からの伝言』の「実験」は、**わざわざ不安定な環境で結晶をつくる**という、信頼できないものなのだ。このような状態では、観察者の主観で「実験」結果に偏りが生じる可能性が高くなる。『水からの伝言』の「実験」結果もそのような環境で導き出された結論なのであろう。

●道徳ならばよいのか

『水からの伝言』が科学的に間違っているのは確かだが、そういった現実はいったん脇に置いておき、「いいおとぎ話」[※⑤]といえるようなものなのだろうか。

ここには大きなふたつの問題があると思われる。まずは、『水からの伝言』が「よい」「わるい」の判断を結晶の**見た目が美しいか醜いかで判断**しているという問題だ。きれいなものは「よい」もので、醜いものは「わるい」ものだというのは、見た目で物事を判断するということを意味している。これは道徳のあるべき姿とは真逆の方向にむかっているのではないだろうか。また「よい」「わるい」の判断を自分で悩み考えずに、結晶の形にゆだねてしまうという問題もあるだろう。「わるい」言葉はなぜ悪いのだろうか。それは、結晶の形が崩れるからではなく、人の心を傷つけるからではないだろうか。

また、『水からの伝言』を「おとぎ話」として考えたとき、そこに教訓を見いだすのは難しい。『水からの伝言』で伝えられるのは「きれいな結晶＝よい」「崩れた結晶＝わるい」という単純な関係だけである。この単純な関係が事実でないとき、なにを教訓に「いい言葉を使いましょう」といえばいいのか。『水からの伝言』が伝えられるメッセージはまったくないといえるのではないだろうか。

●江本勝氏と波動ビジネス

『水からの伝言』関連書籍の著者である江本勝氏は、**波動製品を扱う企業グループの代表**として知られている。[※⑥]実際に江本氏が係わる企業では実態の不明な波動を測定できるという「HADO-i」を30万円弱、波動の調整や転写ができるという「数霊セラピーシステム」を40万円弱で販売している。[※⑦]高価な機械だが、そもそも科学的には無意味な商品を販売しているというところからおかしいのであって、安価だったら良いのかというとそういうわけでもない。

『水からの伝言』を信じるということは、その基本原理である「波動」を信じるということに繋がる。「波動」を信じるからこそ、本来は無意味なはずの波動機器に意味を見いだすことができるのである。『水からの伝言』は**波動ビジネスの入り口**として働くのだ。

江本氏が、波動ビジネスの宣伝として『水からの伝言』の関連書籍を作ったのかどうかはわからない。動機はどうあれ、結果として『水からの伝言』関連書籍は※⑧バイブル商法の手法と全く同じであり、波動関連商品を売るための宣伝になっているということは注意しておくべきだろう。

（蒲田典弘）

■**注釈：**

※①**江本勝**（１９４３〜２０１４）…横浜生まれ。新聞社勤務などを経て、波動と水の研究に取り組むようになる。１９９９年に水の結晶を写した写真集『水からの伝言』（波動教育社）を出版。ベストセラーになるとともに、その主張の真偽を巡って議論が起こった。

※②**中谷宇吉郎**［なかや・うきちろう］（１９００〜１９６２）…石川県出身の物理学者。東京帝国大学理学部に入学し、寺田寅彦の薫陶を受ける。理化学研究所の助手を経て、イギリスに留学。帰国後、北海道帝国大学の助教授となる。同大学の教授になった頃から、雪の結晶の研究に没頭。１９３６年には世界で初めて人工雪の製造に成功。雪の生成と気象条件の関係を解明した。

※③『**水が伝える愛のかたち**』…徳間書店より２００３年に発売。

※④**結晶の形**…水からの伝言の「実験」で作られる結晶は、科学的には「気相成長」という過程でつくられるものである。このとき、結晶になるのは空気中の水分なので、文字を見せたり声をかけたりした水

ではない。

※⑤**いいおとぎ話**…文部科学省から出されている小学校道徳の学習指導要領を見ると「気持ちのよい挨拶、言葉遣い、動作などに心掛けて、明るく接する」という項目や「美しいものに感動する心や人間の力を超えたものに対する畏敬の念をもつ」といった項目がある。道徳教育に取り入れた教員はこの項目に該当するものとして水からの伝言を取り上げたのかもしれない。

※⑥**波動製品を扱う企業グループ**…江藤氏が代表を務めるのは、株式会社I・H・M（アイ・エイチ・エム）という会社。波動製品や関連出版物の販売から、セミナーなどを行っている。

※⑦**波動製品の価格**…本文で紹介した製品価格はいずれも2013年時点のもの。

※⑧**バイブル商法**…バイブル商法とは、商品とは独立した書籍として商品の良さをアピールすることで、広告に課せられる規制を回避する方法のこと。健康食品などでは、薬事法逃れのために用いられる場合が多い。

■**参考文献：**
江本勝『水は答えを知っている』（サンマーク出版、2001年）
Web／「水からの伝言」を信じないでください
Web／「お水様で金儲け」

ニセ科学 FILE 06

【身につけるだけでみるみる健康に…】

ゲルマニウムで治癒力が上がる？

伝説……

ゲルマニウム[※①]は、電気をよく通す金属（導体）と電気を通さない絶縁体との中間に位置する半導体の物質である。人の身体には微弱な電気が流れているが、そのバランスが崩れると体調不良を起こすとされる。

ゲルマニウムの半導体としての特性は、こうした生体電流をうまくコントロールすることで新陳代謝を活発にし、疲労の緩和、血行の改善、老化防止、自然治癒力のアップなど、様々な健康・美容効果が期待できるという。

真相……

巷ではゲルマニウムを含むとされる商品が一定の人気を集めている。こうした商品は様々な種類があるように見えるものの、大別すると主に2つのジャンルに分類できる。**身につけるアクセサリー系**と、**飲む（食べる）健康食品系**だ。どちらにしても、何らかの健康・美容効果をうたっている場合が多い。

本項ではまず、アクセサリー系から扱っていく。

ゲルマニウムを含有するというブレスレット。ゲルマニウム関連商品は日本だけでなく、海外でも販売されている。

●アクセサリー系のゲルマニウム

ゲルマニウムを使用したアクセサリーについては、2009年に[※②]国民生活センターが詳しいテストを行っている。このときのテストで対象となった商品は、インターネットの通信販売と実店舗で購入可能なものが選ばれた。具体的には高純度のゲルマニウムを使用しているとの表示があり、体に良いとうたっている1万5000円未満のゲルマニウムブレスレット12点。消費者によって一般的に利用されているゲルマニウムの商品だ。

これらが分析されたところ、すべての商品でブレスレットのベルト部分からは**ゲルマニウムが検出されなかった**。また12商品中8商品では、ブレスレットに埋め込まれた小さな金属の粒部分に、ゲルマニウムが**1・5%未満という微量**しか含まれていないことも判明[※③]。さらに、そのうちの1つの商品ではゲルマニウムが検出されなかった。

また同時に科学的根拠についても調査が行われた。この調査では日本最大の科学技術文献情報データベース「JDream II」収載の「JSTPlus」[※④]と「JMEDPlus」[※⑤]を使い、2005年以降に発行された原著論文が検索された。ところが結果は残念なことに、**科学的根拠を示す文献は確認されなかった**のである。筆者（本城）もJSTPlusとJMEDPlusで調べてみたが、同様に該当する文献は確認できなかった。

科学的根拠が確認できないのであれば、商品[※⑥]の広告の中にある「血行促進」「こりや痛み、疲労を和らげる」、「老化防止」などの表示は、薬事法[※⑦]に抵触するおそれがある。国民生活センターも業者に対し、明確な科学的根拠がなければ**表示を取りやめるよう要望**している。

とはいえ、こうしたアクセサリー系のゲルマニウムの実態については、消費者の間であまり知られていないのが現状である。

そこで国民生活センターでは、テスト結果を踏まえ、次のような呼びかけを消費者へ向けて行っている。皆さんも参考にしていただきたい。

「テスト対象銘柄に表示されていたゲルマニウムの健康への効果は、文献調査及び製造・販売業者に対するアンケート調査を実施したところ、根拠となる科学的データが確認できなかった。ゲルマニウムブレスレットを購入する人は**健康への効果を期待すべきではない**」※⑨

（注・強調は引用者による）

■ インターネットで見かけたゲルマニウムの効能の説明

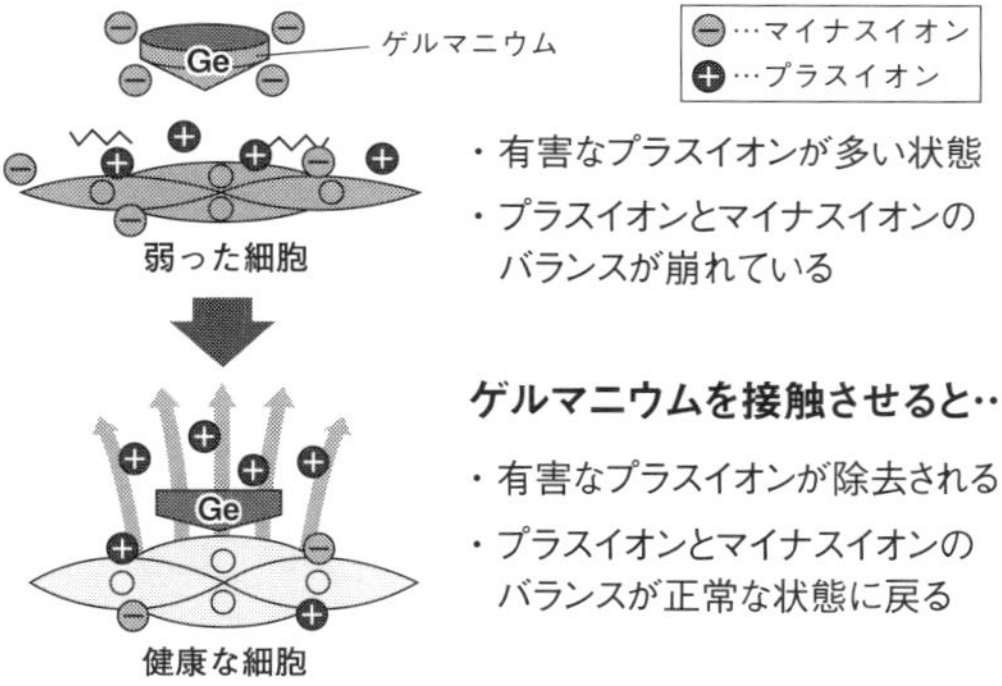

ゲルマニウムは、弱った細胞のイオンバランスを整え、元通りの健康な状態にするというが、科学的な根拠はない（※⑧）

●健康食品系のゲルマニウム

続いては健康食品系のゲルマニウムについてみていこう。

こちらは大別すると無機ゲルマニウムと有機ゲルマニウムに分けられる。前者は炭素を含まないゲルマニウム化合物のことで、健康食品に使われている無機ゲルマニウムとしては酸化ゲルマニウムがある。

ゲルマニウムの結晶（©Jurii）

この酸化ゲルマニウムは継続して摂取すると、**腎障害、食欲不振、嘔吐などの健康障害**を引き起こすことが知られている。なかには**死亡例も報告**されており、決して安全であるとは言いがたい。

国立健康・栄養研究所[※10]の報告では、「酸化ゲルマニウムを含有させた食品を継続的に摂取することは避ける」べきだとしている。また1988年には、当時の厚生省（現・厚生労働省）が動物試験の結果をもとに同様の注意喚起を行っている。

一方、有機ゲルマニウムは炭素を含むゲルマニウムのことをいう。医薬品として承認されているのは「**プロパゲルマニウム**」だけだ。[※11]それ以外の有機ゲルマニウムについては信頼性の高い科学的データが十分に得られていない。健康被害も3件報告されており、**そのうちの1件では死者**が出ている。

医薬品のプロパゲルマニウム（製品名「セロシオン®カプセル10」、B型慢性肝炎の治療薬）にしても副作用はある。重大な副作用としては**慢性肝炎の急性増悪**があげられ、製品の説明書には「死亡例が報告されている」との警告文が記されている。

とはいえ医薬品の場合は、副作用があっても効果は認められている。しかし健康食品の方は、科学的根拠のある有効性や安全性を示す情報はほとんど見当たらない。

こうした実情を踏まえると、あえて自ら積極的に摂取する必要性は低いように思われる。前出の国立健康・栄養研究所も健康食品系のゲルマニウムについては懐疑的だ。次のような見解を示している。

「法的には食品として販売することができますが、そもそもゲルマニウムの不足による身体への影響や必要性も現時点では証明されていません。そのため、特にゲルマニウムが濃縮された製品を**積極的に摂取しない方が賢明**と思われます[※⑫]」（注・強調は引用者による）

筆者もこの意見に賛成である。皆さんの賢明な判断を望みたい。

（本城達也）

■**注釈：**

※①**ゲルマニウム**…原子番号32番の元素。ドイツの化学者、クレメンス・ヴィンクラーが発見。ドイツの古い地名ゲルマニアにちなんで名づけた。ダイオードや光検出器に使用されている。

※②**国民生活センター**…消費者庁所管の独立行政法人。国民生活の安定及び向上に寄与するため、国民生活に関する情報の提供及び調査研究を行うことを目的としている。

※③**微量しか含まれていないことも判明**…他の4商品は、100%が3つと96・1%がひとつ。

※④**JSTPlus**…医学を含む科学技術全分野に関する文献情報データベース。世界50数か国の情報を集める。収録件数は約3057万件。

※⑤**JMEDPlus**…日本国内発行の資料から医学、薬学、歯科学、看護学、生物科学、獣医学等に関する文献情報を収録したデータベース。収録件数は約911万件。

※⑥**商品の広告**…そのほか、「血液の状態を改善」、「皮膚炎、高血圧に効果を現す」、「脂質の代謝を促進するため、肥満ぎみの方にも有効性がある」、「筋肉細胞を活性化し、こりや痛み、疲労を和らげ自然治癒力を高める」などがあった。

※⑦**薬事法**…医薬品、医薬部外品、化粧品、および医療用具の品質、有効性、安全性を確保するために規制を行い、その適正を図ることを目的とした法律。2010年には、「ゲルマニウムがガンに効く」などとうたった医療機器製造販売会社の経営者が薬事法違反容疑で逮捕されている。

※⑧**画像の出典**…（http://www.powerstripsbyfgx.com/ingredients/germanium/）内の画像を参考に制作。

※⑨**引用元**…独立行政法人国民生活センター「体に良いとうたうゲルマニウム使用のブレスレット」（報道発表資料）より。

※⑩**国立健康・栄養研究所**…健康食品や栄養療法についての研究を行い、各種情報提供などを行う研究機関。1920年に「栄養研究所」として創立後、2001年に独立行政法人国立健康・栄養研究所となった。

※⑪**それ以外の有機ゲルマニウム**…2008年には公正取引委員会によって、有機ゲルマニウムの効果をうたった商品の販売業者2社に対し、排除命令が出された。この2社は有機ゲルマニウムの効果として合

理的な根拠がないにもかかわらず、「体内の毒素や老廃物を48時間以内に体外へ排出させる。体脂肪を減少させる」などの表示を載せていた。

※⑫**引用元**…Web／「『健康食品』の安全性・有効性情報」より。

■参考文献：

独立行政法人国民生活センター「体に良いとうたうゲルマニウム使用のブレスレット」（報道発表資料、2009年6月25日）
「温熱治療器『がんに効く』と無許可販売容疑」（読売新聞、2010年1月6日）
Prescriber's Letter エディターズ編『健康食品データベース』（第一出版、2007年）
Web／「健康食品」の安全性・有効性情報（独立行政法人 国立健康・栄養研究所）「ゲルマニウムに関する情報（Ver.090115）」
Web／厚生労働省「ゲルマニウムを含有させた食品の取扱いについて」
Web／公正取引委員会「デトックスによる痩身効果を標ぼうする商品の販売業者2社に対する排除命令について」
医薬品インタビューフォーム「セロシオン®カプセル10」（2010年4月）

ニセ科学FILE 07 デトックスで毒素を排出できる？

【フットバスや足裏樹液シートで体内洗浄】

伝説……

現代社会に生きる私たちは、日々の生活の中で様々な有害化学物質に侵されている。野菜に付着した残留農薬、加工食品に含まれる食品添加物、魚に蓄積された水銀やヒ素などの毒素……さらに、現代病といわれるストレスによって、老化や発ガンの原因である「活性酸素」※①もため込んでいる状態である。こうした状態が健康に良いはずがない。

体にため込まれた化学物質や毒素を排出する方法が、近年、注目を浴びているデトックスである。私たちはデトックスによって、初めて健康のスタートラインに立てるのだ。

真相……

デトックスが健康にプラスに働くという**科学的な根拠はない**。最近はデトックスという言葉の意味が変わってきている。本来の毒素排出という意味は薄れ、ほとんど「健康法」や「癒し」と同じぐらいの意味しか持たなくなってしまった。

足裏デトックスフットバスを再現したもの。足をつけてしばらくすると、透明だった水が茶色く変色する。(©Jason7825)

●デトックスとは何なのか

デトックスの手法はとても多いため、それぞれ異なった理由づけがされているものの、体内の有害物質を排出するという点に変わりはない。体に良くないものを体外に出せば健康になるというシンプルな理屈がデトックスの基礎となっている。

まず、非常に重要なのは、デトックスによって**有害物質が排出されるという科学的根拠がない**ということである。

たとえば、※②イギリスの大学院生や博士号取得者が協力して行った調査では「デトックスは**薬物中毒や中毒症状に対する治療行為**以外では意味がない」という結論に至った。さらに「『デトックス』について同じ定義を用いている企業は1社としてない」といった指摘もされている。健康産業で使われている「デトックス」という言葉自体が、そもそも**医学的な専門用語ですらない**というわけだ。「デトックス」という言葉を同じ定義で使っている会社がないということは「デトックス」という宣伝文句は何も説明しないという意味なのだ。

●足裏からの毒素排出

漢方医学では足の裏にはたくさんのツボがあるという考え方をする。その影響か、デトックスにおいても足の裏は重要な部位と考えられている。足から毒素を排出する方法としては、**足裏樹液シート**と**デトックスフットバス**※③が有名である。

足裏樹液シートは足の裏に樹液シートと呼ばれるティーバッグのようなものを貼り付け、寝ている間に毒素を吸着するというものである。朝起きると樹液シートが茶色くベタベタに変色しており、老廃物が排出されたため樹液シートが汚くなってしまったように見える。

だが、これは別に老廃物のせいではない。足裏に8時間貼り付けていたものと精製水を垂らして8時間放置したものを比較すると、まったく同じ状態になることが確認できる（左写真）。つまり、樹液シートは**水分さえあれば、茶色くベタベタになる**というだけの話である。

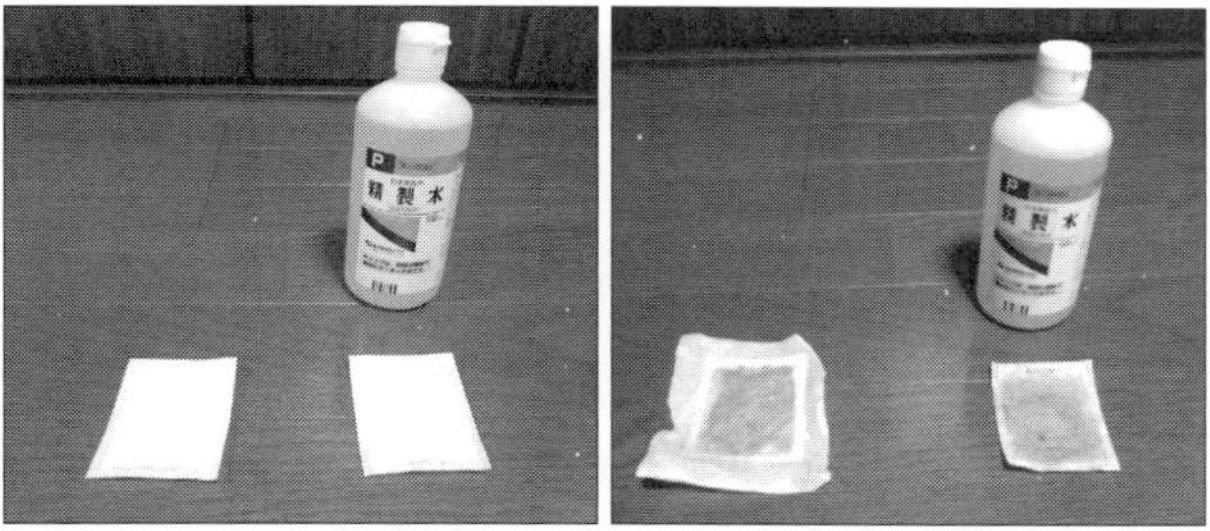

樹液シートを使った実験。左が足裏に貼ったシート、右が精製水を垂らしたシート（左写真）。8時間後、どちらも茶色くベタベタになった（右写真）。

デトックスフットバスは、足湯のような機械で足から毒素を排出するという方法である。水に塩を入れ、機械のスイッチを入れると水が茶色に濁り、毒素や老廃物が排出されたように見える。しかし、デトックスフットバスを懐疑的な視点から試してみると、**足を入れなくても水が茶色に濁る**という結果が得られている。茶色に濁る理由は機械の電極が錆びとなって水に溶け出すためのようである。

「こんなに樹液シートや水が汚くなったのは、足の裏から毒素が排出されたから」と消費者が考えることを期待して、このような変色が起こるように作られたのであろう。※④

●宿便の排出

尿や便は生き物の主要な老廃物排出方法である。そのため、排尿や排便は本来の意味のデトックスということもできる。だが同時にわざわざデトックスなどという言葉を使う必要もないものだ。デトックスの話では、大腸内に「宿便」と呼ばれる腸壁にこびりついて排出されずにずっと残っている便があるとされ、この宿便を排出することが健康的であると主張されている。

実際のところ便秘によって数日間にわたって便が大腸内に留まることはあるが、デトックスの宣伝で主張される腸壁にこびりついて出てこない宿便とは異なる。便秘症の人の大腸内を内視鏡で確認しても、**腸壁にこびりついた便など確認できない**。そもそも存在しないものを排出できるわけがないのだ。

●デトックス健康法

単なる健康法もデトックスと呼ばれることがある。運動で汗を流すことや、食物繊維を意識してとること（便秘の解消につながる）、適度な睡眠をとること、ストレス発散を行うこと等である。これらに関しては、特に**デトックスという言葉を使う必要性が見当たらない**。

適度な運動や食生活の改善、ストレス解消については、確かに健康に良い効果をもたらす。しかし、ちまたで言われるデトックスとは無関係である。ひとつ、注意しなければいけないのは、デトックスであれなんであれ、過度な運動や、健康に良いと言われるものばかりを偏食する極端な食事などは、健康被害の原因にもなりえるということだろう。

たとえば、デトックスダイエットという名目で[※⑤]大量の水を飲んでいた女性が、水の飲みすぎでナトリウム欠乏症になり、脳障害を負ったという例もある。安全性の高い水ですら、過度の摂取は危険だということだ。

●まとめ

他にもデトックスという宣伝文句が使われている例はたくさんある。しかし、最初に触れたように「デトックス」という言葉が、ほとんどなんの意味も持たない言葉になってしまっているのが現状である。特に最近では不毛な恋を終わらせることを「**恋愛デトックス**」と呼んでみたり、部屋を掃除して不要なものを捨てることを「**お掃除デトックス**」と呼んでみたり、なんでもありの状態なのだ。

消費者としては、デトックスという言葉の雰囲気に流されず、そのような言葉を宣伝文句に使う業者の信頼性と、主張されている健康法が妥当なのかを見極める必要があるだろう。

（蒲田典弘）

■**注釈**：

※①**活性酸素**…普通の酸素が何らかの刺激によって、他の物質と反応しやすい形の化合物になったものの総称で、健康業界では老化やガンの原因となる悪の物質とされている。最近の研究では活性酸素を除去

する抗酸化物質を摂取しても発ガンリスクは下がらないという結果が出ている。

※②**イギリスの大学院生や博士号取得者の調査**…この調査は300人以上の若い研究者が参加する「若い科学者の声 Voice of Young Science (VoYS)」ネットワークにより行われた。

※③**デトックスフットバス**…イオンデトックスとも呼ばれる。ネイルサロンなどで行われることも。

※④**足裏デトックスの最近の傾向**…最近ではツッコミ回避のためか、広告の文言に変化が見られる。足裏樹液シートの例では「足の裏から成分が排出」とあったものが「足の裏から水分が排出」と変わった例もある。

※⑤**大量の水**…飲みすぎといっても、この女性の場合は毎日2リットルで健康被害が出ており、健康法としてよく聞く程度の量ぐらいに過ぎない。

■参考文献：

Web／PSJ渋谷研究所X「英国で若手研究者たちが『デトックスは無意味』と発表」
Web／「Debunking Detox」
Web／「イオンデトックス、だましの手口」
毎日放送Voice「シリーズいま解き」「〝足裏から毒素〟はニセ科学!?」（2007年3月9日放送）
テレビ朝日系「スーパーモーニング」（デトックスフットバスの批判）（2007年6月12日放送）
読売新聞「いきいき健考人」（2000年5月7日）
NHK「ためしてガッテン」（2012年11月07日放送）
「ダイエットのため1日2リットルの水飲み脳を損傷」（新華社通信、2008年7月25日）

ニセ科学 FILE 08

【数々の効能が期待できる自然の恵み】

「マイナスイオン」は存在するか？

伝説……………

テクノロジーが発達した現代、これまでになかった画期的な機能を持つ製品が次々に登場している。その中でも近年、もっともインパクトをもって迎えられたのは、マイナスイオン関連商品ではないだろうか。

マイナスイオンとは、負の電気を帯びた粒子のこと。マイナスイオンは体の疲れをとってくれたり、病気を予防してくれるなど、様々な効能がある。緑の深い森を訪れたり、滝を見に行ったりすると、気分が晴れやかになるが、それはマイナスイオンの効果なのだ。

現在、様々なマイナスイオンに関連する商品が登場している。

髪に潤いを与える「マイナスイオンドライヤー」や、室内の空気を洗浄するとともにマイナスイオンで満たしてくれる「マイナスイオン空気清浄機」、さらには自動車の燃費を飛躍的に向上させる「マイナスイオン配合のエンジンオイル」……。大手電機メーカーからもマイナスイオン商品が出ていることから、その効果は疑いようがないところだ。

現代人に癒やしを与えるマイナスイオン、これこそ人類史に残る大発見といえるだろう。

真相

日本でいつごろから「マイナスイオンが体に良い」と言われるようになったかは定かではない。しかし、かなり昔からあったことはたしかで、1995年のインターネット開始がきっかけで爆発的に広まった。

その後、安眠枕や肩こり治療器、ブレスレットなどの関連商品が次々と登場。2000年頃には大手家電メーカーもブームに便乗し、マイナスイオン発生をうたったエアコンや空気清浄機、ヘアドライヤー、さらには[※①]**マイナスイオンを出すパソコン**まで発売された。

現在でも、インターネット上ではおびただしい数の関連商品が売られており、マイナスイオンの効能を大々的に宣伝するサイトも数多く存在している。ブームは去ったとはいえ、いまだにマイナスイオンに関連する商品が売られ続けているのが現状なのだ。

●マイナスイオンとは何なのか

そもそも、マイナスイオンとはいったい何なのであろうか。

実は、科学の世界には**「マイナスイオン」という用語は存在しない**。科学の世界の広辞苑ともいえる『理化学辞典』（岩波書店）や『化学大辞典』（東京化学同人）にも、マイナスイオンの項目はない。[※②] アカデミックな出版物では、正統なものとして扱われていない**造語**なのである。

化学におけるイオンとは、原子や分子が過剰な電子を持つか、逆に電子を失って電荷を帯びたもののことをいう。学校の化学の授業で習うのは、このイオンだ。通常は溶液や結晶中に存在しており、安定した電子構造を持っている。

それに対して、「マイナスイオン」は帯電して浮遊している様々な微粒子を総称しているらしい。「大気イオン」や「空気マイナスイオン」などとも呼ばれて

栃木県日光市にある華厳の滝。滝を訪れて気分が晴れやかになるのは、マイナスイオン効果だというが…。

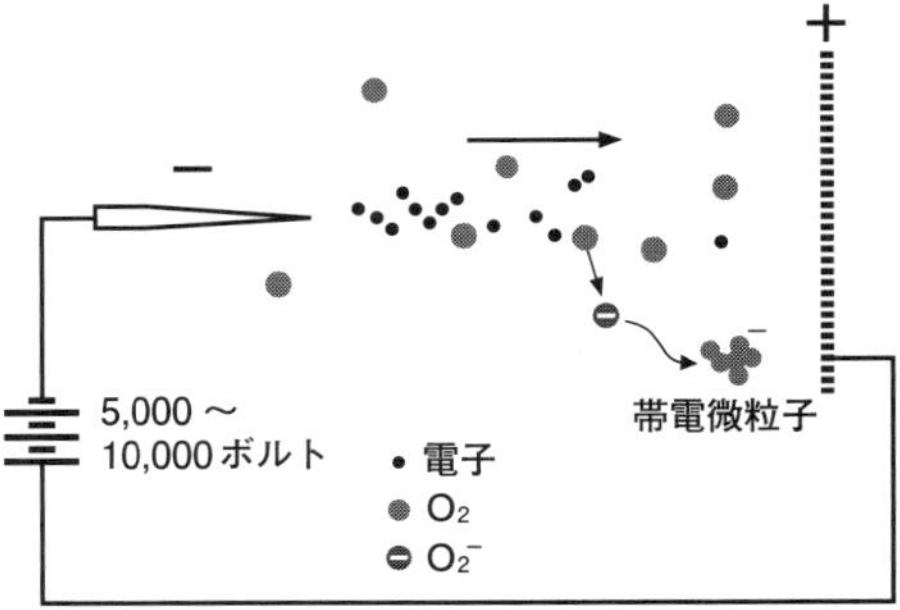

【図】コロナ放電による大気マイナスイオンの発生原理

いるが、実体が不明なものも多く、**化学的なイオンとはまったく別物**だといえる。

巷にあるマイナスイオン商品を見てみると、その発生方法にはいくつか種類があることがわかる。

ひとつは、「**レナード効果**」をもとにしたものである。レナード効果とは、水が粉砕されて微小水滴になるとき、電荷が分離して、小さな水滴が負に帯電することをいう。1910年頃にドイツの物理学者※③フィリップ・レーナルトが発見したが、帯電のミクロなメカニズムは現在でもよくわかっていない。細かな水滴を噴射する噴霧タイプのものによく見られる。

ふたつめは、**コロナ放電によって発生させるタイプ**のもの。上図のような装置を用いて、およそ5000ボルトから1万ボルトで放電させると、電子が陰極から放出され、主に酸素分子O_2に捕まえられてO_2^-というラジカルイオンが生じる。

このラジカルイオンは不安定で、他の酸素や水の分子などと一緒になって様々な帯電粒子を生成する。「大気イオン」などと呼ばれることもある。

「マイナスイオン」と称されるもので、物質的な実体が伴うとみなしてよいものは、以上の2つであるとみてよい。

●マイナスイオンの効果とは？

それでは、マイナスイオンにはいったいどのような効果があるのか。

マイナスイオンの関連商品を多数販売している有限会社ユニバーサル企画が発行する小冊子『マイナスイオンの知恵袋』によると、マイナスイオンには次のような効果があるという。

「鎮静作用、鎮痛作用、食欲亢進、血圧降下、脈拍現象、呼吸鎮静、毛細血管拡張、血糖減少、利尿促進、疲労防止など」

一方で、正の電気を帯びたプラスイオンは逆の効果があり、体に悪影響を与えるらしい。

日本機能性イオン協会が2004年に発行した『空気マイナスイオンの科学と応用』[※⑤]には、それらの効能と関連する研究報告が数件掲載されている。しかし、それらの報告は**学術論文として査読を経て、一般的な科学雑誌に掲載されたものではない**。

また、研究の手法にも問題がある。マイナスイオンの発生するヘアドライヤーやネックレス、マイナスイオン化粧品などの効果の評価実験報告では有用な効果が見られたとするが、

■マイナスイオンとプラスイオンの効能（※④）

項目	マイナスイオン	プラスイオン
一般概念	沈静的作用 催眠作用 鎮痛作用 食欲亢進作用	刺激的作用 不眠作用 頭重・頭痛作用 不快作用
血圧	降下	亢進
脈拍	減少	増加
呼吸	沈静	促進
毛細血管	拡張	収縮
血糖	減少	増加
疲労による血液乳酸量	正常化加速	正常化遅延
酸素消費量	減少	増加
利尿作用	促進	抑制
便通	ー	秘結性に傾く
疲労	疲労防止	疲労促進

被験者自身がマイナスイオン商品を使っていることを意識した状態で実験を行っている。この種の実験では二重盲検法[※⑥]をとるのが常識だ。実験の結果に**心理的な影響が大きく作用していることは明白**で、統計的なデータ処理に耐え得るものとはいえない。

　加えて、現在流通している様々なマイナスイオン発生機器で測定されているイオンの濃度は、**きわめて微量**であり、1立方センチあたり10^3～10^5個程度である。これは琵琶湖に耳かき一杯の塩を入れてかき回したときの濃度に比べてさえも、はるかに薄い。それで何らかの生理的な作用が期待できると考えるほうがおかしいことは、だれでも分かることだ。

　ちなみに致死量の青酸カリをコップ一杯の水に溶かしたものを飲めば、人は死ぬわけだが、それを100兆倍にまで薄めてしまえば害なんかなくなることは明らかだ。逆に健康によい物であっても、もちろんこんな濃度では効果はあり得ない。前述のマイナスイオンの濃度というのは、その程度なのである。

もっとも、生理的な作用がなくて幸いといえるかもしれない。さきほど紹介したマイナスイオン発生の2つのタイプのうち、コロナ放電で発生したマイナスイオンには、**活性酸素**が含まれる。活性酸素は、健康に害を及ぼす光化学スモッグの成分である。

マイナスイオンには、現時点で確認された効果・効能はない。また、効果が出るには化学的に言って量があまりに少なすぎる。つまり、マイナスイオンの効果は**非常に疑わしい**と言えるだろう。

●なぜ人はマイナスイオンを信じるのか

マイナスイオンはなぜ効能があるとされたのだろうか。

その背景には、単純な論理があったものと思われる。自然の中で水しぶきが発生するようなシーンを想像してみてほしい。緑の森の渓谷の滝の近くに立ってしぶきを吸い込むと、いかにも体によさそうではないか。そこから連想して「**滝の近くの空気は気分をリフレッシュさせる→マイナスイオンは体に良い**」という俗説につながったものと考えられる。

マイナスイオン発生機器以外にも、マイナスイオンという名前をつけて売られている製品は多数ある。

たとえば**トルマリン**。これは電気石という鉱物で、熱や圧力を加えると両端に起電力を生じる性質をもつ。そのことから連想してか、マイナスイオンの効能をうたう装身グッズがたくさん販売されているが、**放電が起きるような電圧には程遠い**。それ以外にも、微弱な放射線を発生する**トリウム鉱石**[※7]であるとか、**チタンのブレスレット**とか、衣類など、マイナスイオンを発生するといううたい文句の製品があるが、**いずれもまったく効果は期待できない**。

ブーム時にあれだけマイナスイオン商品を乱発していた大手家電メーカーも、消費者や専門家から批判を浴びたために、大部分が撤退した。いまではマイナスイオン発生で使った技術を空気清浄や集塵[※8]、除菌といった分野に転用している。

最後に、マイナスイオンをめぐる言説のあり方について見ておこう。

前述の根本氏によるマイナスイオンおよびプラスイオンの効果の対照は、きわめて単純な二元論、つまり「マイナスイオンは善、プラスイオンは悪」という形をとっていて、物事を単純化する見方からすると分かりやすいものである。また取り上げている項目も生活習慣病やストレスに関するものであり、生活の中で不安に駆られている人の関心を惹きつけるものがある。

購入しようとする商品が、本当に期待通りの効果を持っているのか。消費者としては冷静な判断を心がける必要があるだろう。

（小波秀雄）

■注釈：

※①**マイナスイオンを出すパソコン**…日立製作所が2002年に発売した「prius Deck 770D」のこと。同製品のカタログによると、イオン放電によって1ccあたり約30万個のマイナスイオンを放出とのこと。

※②**マイナスイオンの項目はない**…『科学大辞典　第2版』（丸善、2005年）には「マイナスイオン」の項目があり、説明を引いてみると「一般的に、大気中に存在する負の電荷を帯びた分子の集合体のことであるとされている。（中略）人体によい影響を与えるともいわれているが、その詳細は明らかになっていない。花粉そのほかのハウスダストだと、かえって人間には悪影響を及ぼす可能性すらある」とある。

※③**フィリップ・レーナルト**（1862〜1947）…ハンガリー出身のドイツの物理学者。1905年、陰極線の研究でノーベル物理学賞を受賞している。

※④**図版の出典**…『マイナスイオンの知恵袋―質問と回答集』の「人体への作用」を参考に作成。

※⑤**日本機能性イオン協会**…2001年に発足した特定非営利活動法人。機能性イオンの究明とその普及を目的とする。同協会のHPによれば、2024年8月現在、会員は40名（うち法人会員は27名）。

※⑥**二重盲検法**…薬など治療法の効果を試験するときに、被験者が「自分は効く薬を飲んでいる」という自覚を持っていると、「気のせいで効く」という効果が表れる。これをプラセボ効果といい、真の効果ではない。そのため「ニセ薬」を用意して、複数の被験者に「本物」と「ニセ物」をランダムに与えて効

果を調べる。このとき実験者が「これは本物」とか「こっちはニセ物」とか知っていると態度で被験者に悟られる可能性がある。そこで、被験者にも実験者にもわからないようにして試験を実施する。これを二重盲検法といい、標準的な試験方法である。

※⑦**トリウム**…1828年にスウェーデンの化学者イェンス・ベルセリウスが発見。日本では法令で核燃料物質に指定されており、実際にインドのトリウム炉などで燃料として使われている。

※⑧**空気清浄や集塵、除菌**…防塵のために放電によって生じる大気陰イオンを使うことは古くから実用化されており、また殺菌の効果も期待できる。その意味では空気清浄機などへの応用は可能である。とはいえ、2012年12月には、消費者庁がシャープに対して措置命令を出し、同社のプラズマクラスターイオンを用いた電気掃除機の広告について、宣伝された効果がないことを新聞に広告させたケースがあることには留意したいところだ。

■参考文献：

根本政春「マイナスイオンの知恵袋」（2013年3月31日取得）

『空気マイナスイオンの科学と応用』（イオン情報センター、2004年）

日本大気電気学会編『大気電気学概論』（コロナ社、2003年）

「シャープ『電気掃除機【消費者庁の措置命令に基づく公示】』」（国民生活センター、2012年12月16日公示）

小波秀雄「『マイナスイオン』がニセ科学である理由」〈化学〉（2007年）

第二章　自然界に潜むニセ科学の真相……

ニセ科学 FILE 09

【動物の異常行動は大地震の前兆】

動物の地震予知はあてになるか？

伝説……

動物には、人間にはない不思議な能力がある。

その代表的なものが、「地震予知」ではないだろうか。

古来、日本では「地震がくる前にナマズが暴れる」といった言い伝えがある。これは単なる伝承ではない。実際に大地震が起こるたびに、その数日前から多数の動物が異常行動をとっていたという報告が出ているのだ。

なぜ動物が地震を予知することができるのか。その詳しいメカニズムはわかっていないが、動物には人間には感知できない音や震動、電磁波、臭いといったものをとらえる能力が備わっている。そうした能力を駆使して、地震発生前の自然界の異常を察知しているのだろう。

大地震直前に起こる動物の異常行動などの現象を※①「宏観異常現象」という。動物たちの無言のメッセージに耳を傾けることができれば、きっと大地震を予知することも可能になるだろう。

江戸時代の「鯰絵（なまずえ）」。当時は「地震は地中の大鯰が暴れることで起こしている」との俗説が広まっていた。

真相

動物の中には、人間より鋭い知覚能力を持つものがおり、人間とは異なる波長の情報を得ている生き物も多い。

たとえば、ゾウの会話は人間では聞き取れないほどの重低音で行われているといわれている。逆にコウモリは人間の耳には聞こえない高周波の音を聞いている。※② そうした〝超能力〟を持つ動物ならば、地震前の地殻の異常で起こる環境の微妙な変化を察知したとしても不思議ではない。

動物の異常行動と地震の関係は、**現在進行形で研究が進められているテーマ**で、実際、東海大学などでは地震予知のためにナマズの行動の研究が行われている。今後研究が進めば、科学的に証明される可能性はあるかもしれない。

●動物の行動で地震は予知できる？

では、仮に動物に地震予知能力があったとして、それを人間が役立てることはできるのだろうか。

先に言ってしまうと、**現時点ではそれは難しい**というのが結論だ。

動物の行動から地震を予知するには、越えなければならない大きな壁がある。「**〝異常な状態〟を確認するためには、〝正常な状態〟を知り尽くしておかねばならない**」という問題である。

そのことがよく表れているのが、一時期、世間を賑わせた「地震雲」[※③]だろう。

地震雲は、大地震の予兆として空に現れるという異様な形状の雲をいう。地震が起こると「地震雲を写した」という写真がインターネットのSNSや掲示板などに次々とアップされるため、見たことがあるという人もいるかもしれない。

しかし、そうしてアップされた地震雲は、ただの夕日に照らされた**いわし雲**であったり、**飛行機雲**であることが多い。異常な雲かどうかを知るためには、気象学者なみに毎日空や雲を観察している必要がある。「正常」と「異常」の区別がつかないため、なんでもない雲を見て「地震雲を見た！」と騒いでしまうのだ。

動物に関しても同じで、動物の生態は図鑑にある解説がすべてではない。身近な生き物でも完全に生態が解明できていないものもいるし、状況に応じて図鑑には載っていない行動をとる動物も少なくない。

たとえばナマズは、どの図鑑を見ても「夜行性で日中は物陰に潜み、夜間に活動してエサを探す」と書かれている。だが、筆者（横山）はかつて真夏の昼間に、川の浅い急流を群れて泳いでいるナマズを見たことがあるし、沈水した樹木※④の枝に乗って休んでいるナマズを見たこともある。**動物は環境に応じて、思いもよらない行動をとる**ことがある。**なにが正常でなにが異常なのか、動物の場合は判断するのが非常に難しい**のだ。

●動物の異常行動による地震予知の失敗例

こうした難しさのため、動物の異常行動にもとづく地震予知はしばしば失敗している。記憶に新しいのが、中国での事例だ。

２００８年5月12日、中国の四川省でマグニチュード7・9という大地震※⑤が発生した。この地震の数日前、四川省では**「カエルの大移動」**が目撃されていたため、それが**「地震の前

2013年5月10日、中国の浙江省湖北市でカエルの大群が出現（画像は現地ニュース映像）。専門家は地震との関係を否定。

兆だったのではないか」と大きな話題になった。

この地震の1週間後、四川省と同じ中国南部の貴州省で再び「カエルの大移動」が目撃され、住民の一部が避難するという騒動になった。しかし、とくに大きな地震は起こらなかった。その後も中国では毎年のように「カエルの大移動」が報道された。2010年4月に青海大地震、2013年4月に盧山《ろざん》地震、2017年8月に九寨溝《きゅうさいこう》地震が発生したが、カエルが地震予知に役に立ったとも、本格的に研究されたとも聞かない。

報道を見ると、移動したのは※⑥**ヒキガエルの一種**とみられる。ヒキガエルは数百匹が同じ水場に集まり、1匹あたり数千個単位で大量に産卵する。孵化したオタマジャクシは、ほぼ同時期に一斉に小さなカエルに変態し、上陸する性質があるため、**大群で現れたとしても不思議ではない。**

日本でも初夏から夏にかけて池を訪れれば、変態したばかりの小さなカエルの大群を見かけることがある。

実際、中国で報道されたカエルの大群も、ヒキガエルの変態直後の個体であった。以上を踏まえれば、「大移動は地震を前にしたカエルの異常行動」というよりも、**「カエルが大移動するシーズンにたまたま四川大地震が発生した」**ととらえた方が合理的だろう。

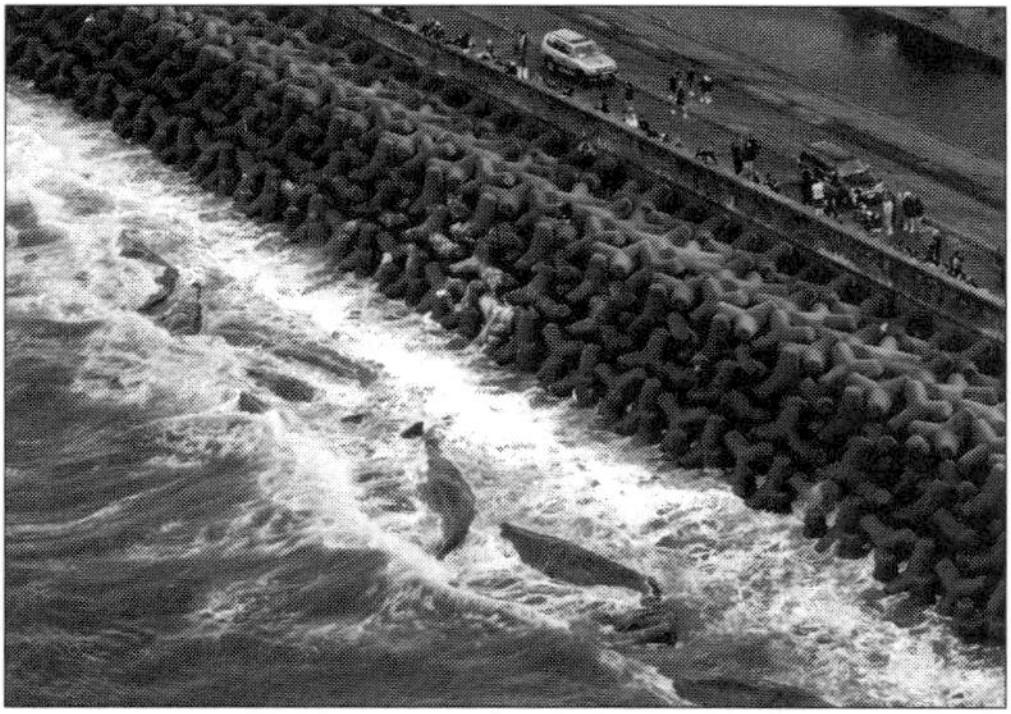

2002年1月、鹿児島県南さつま市大浦町の海岸に14頭のマッコウクジラが座礁した。しかし、その1年を通じて大きな地震は起こらなかった。（写真提供：毎日新聞社）

●イルカやクジラの集団座礁は地震の前触れ？

動物の異常行動と地震の関係で、よく引き合いに出されるものに、イルカやクジラの集団座礁（**「マス・ストランディング」**）がある。イルカやクジラは群れを作って暮らしているが、その群れが何らかの原因で砂浜に乗り上げてしまう状態をいう。

マス・ストランディングの原因は、はっきりしていないため、しばしば**「大地震の前兆では**

リュウグウノツカイ

ないか」と語られることがある。だが、日本鯨類研究所の記録を見る限り、マス・ストランディングは**日本でも数か月に1度程度の頻度で起こっている**ことがわかる。数か月に一度は起きているのに、巨大地震は滅多に起こらないことを考えると、前兆現象とみなす根拠はない。

また、深海魚であるリュウグウノツカイ[※⑦]が海岸に打ち上げられることが、地震の前触れとみなされるケースもある。2009年冬から2010年にかけて、海岸に多数のリュウグウノツカイが漂着し、その数は19匹に達したため、一部で**「これは地震の前兆だったのではないか？」**と主張された。

時期と数だけ見れば東日本大震災との関連がありそうにも思えるが、死体の漂着地点は**九州から東北にかけての日本海側**である。死因がはっきりしているわけではないが、温暖な海域の個体群が対馬海流によって低温の日本海側に流されて死亡したのではないか、と推測されている。仮にそうであるならば海底に異変があったとしても、九州以南のことになる。東日本大震災の震源である**東北地方の太平洋側とは関係がない**。

そもそも、リュウグウノツカイの生態はわからない点が多い。[※⑧] 異常な行動と正常な行動の区別がつかない以上、当然のことながら異常行動を観測することはできないのだ。

●宏観異常現象の問題点

いわゆる宏観異常現象が持つ最大の問題は、「大地震があった」という結果からさかのぼって**「異常だった現象」を探そうとする**ため、因果関係の立証がすでになされていると誤認しがちな点にある。

たとえば、地震雲を科学的に研究しようとするならば「異常な雲が出たが、結局地震は起きなかった」という〝**肩すかし**〟**に終わったデータの蓄積も絶対に必要**である。毎日アイスキャンディーを食べている人物が「アイスキャンディーを食べた後に地震が起きた」という経験をしてそのことだけを記録し、「毎日アイスキャンディーを食べていた」という部分を記録しなければ、「彼がアイスキャンディーを食べるたびに地震が発生する」というおかしなデータができあがってしまう。

ナンセンスの極みだが、このような失敗を「宏観異常現象」は繰り返しているのである。

動物が人間には分からない自然界の異常をとらえている可能性は否定できない。

しかし、その動物の行動が異常か正常かを判断することが正確にできないのであれば、**結局は動物による地震予知は難しい**のである。

（横山雅司）

■注釈：

※①**宏観異常現象（こうかんいじょうげんしょう）**…大地震の前触れに生じるとされる異常な現象のこと。その範囲は多岐にわたり、代表的なものに動物の異常行動、地鳴り、地下水や温泉、海水などの水位の変化、水質の変化、天体や気象に関する異常現象、電磁波の異常発生などがある。

※②**人間の耳では聞こえない音**…これらの音は、別に小さくわずかな音だから聞こえないわけではない。人間の鼓膜を震動させる周波数帯からずれているために鼓膜が振動しないだけで、音としては大きなものである。

※③**地震雲**…地震雲の研究は古くからあるが、地震との因果関係や発生のメカニズムなどはわかっていない。日本地震学会もＨＰにあるＦＡＱで地震雲と地震の関係について、「地震研究者の間では一般に、地震と雲との関係はないと考えられています」と述べている。

※④**樹木の枝に乗って休んでいる**…水面から枝の上のナマズまでは10センチもなかった。おそらく水底の溶存酸素量や水温が生活に不適当になって上がってきたのだろう。もちろん大地震など起こらなかった。

※⑤**四川大地震**…中華人民共和国の中西部、四川省アバ付近を震源とする地震。この地震により、約７万

人が死亡（中国政府の発表）、約４５００万人が被災した。

※⑥**ヒキガエル**…両生綱無尾目ヒキガエル科ヒキガエル属。世界中に多くの仲間が生息。一つの水場に集団で集まって大量の産卵をする事で知られる。少数のメスに多数のオスが飛びかかり我が物にしようと奮闘する姿がよく見られ、日本ではこれを「かわず合戦」という。時に岸辺を埋め尽くすほど産卵し、生まれたオタマジャクシはほぼ同時期に小さなカエルとなり一斉に上陸する。

※⑦**リュウグウノツカイ**…アカマンボウ目リュウグウノツカイ科の深海魚。水深２００メートル以深の中層域に生息。大きな個体は全長９メートルにも達する。84ページの写真は１９９６年にアメリカ西海岸に漂着した個体。

※⑧**わからない点が多い**…リュウグウノツカイが生息しているのは、陸から遠く離れた外洋。そのため、人目に触れる機会が少なく、その生態には不明な点が多い。

■参考文献：

弘原海清『前兆証言１５１９！』（東京出版、１９９５年）

Ｗｅｂ／「一般財団法人　日本鯨類研究所　公式サイト」

Ｗｅｂ／「『竜宮からの使者』たびたび漂着　日本海側　深まる謎」（朝日新聞デジタル、２０１０年２月21日付け）

ニセ科学 FILE 10

【すべてのエネルギー問題を解決に導く永久機関】

フリーエネルギーは存在するか？

伝説……

物理学の基本原理であるエネルギー保存則によれば、エネルギーは形を変えるだけで、決して増えたり減ったりしない。火力発電が石炭や石油や天然ガスを、原子力発電がウランやプルトニウムを燃料としているように、必ず元になるエネルギー源が必要なのである。このため、無からエネルギーを取り出す「永久機関」は不可能とされている。

しかし、空間には「宇宙エネルギー」とか「真空エネルギー」と呼ばれる無尽蔵のエネルギーが眠っている。それを利用しようとする研究が世界各地で行われている。それをフリーエネルギー（無料のエネルギー）と呼ぶ。

※①フリーエネルギー装置はこれまで世界各地でたくさん作られてきた。アメリカではブルース・デ・パルマの「Nマシン」、エドウィン・グレイの「EMAモーター」、ジョー・ニュー

デ・パルマが製作した〝永久機関〟Nマシン（※②）

マンの「ニューマン・マシン」、ロバート・アダムスの「アダムス・モーター」、ウィンゲート・ランバートソンの「WINシステム」など。他にもイギリスのジョン・サールの「サール効果発電機」、ドイツのウルリッヒ・シューマッハの「シューマッハ・モーター」、スイスの宗教団体メタニタが開発した「MLコンバーター」、インドのパラマハムサ・テワリの「宇宙力発電機」など、世界各地で様々なフリーエネルギー装置が開発されている。

それらの中には超効率を実現したものがいくつもある。超効率というのは、モーターから入力以上の出力が取り出せたというもので、まさに空間からエネルギーを抽出していることを意味している。

フリーエネルギー装置の中には、永久磁石を用いているものもある。永久磁石は釘を吸いつけて永久に持ち上げ続けることができる。釘を吸いつけた状態では、エネルギーが消費され続けている。これは永久磁石から無限にエネルギーが湧き出していることを意味する。先の「シューマッハ・モーター」もそうだが、日本でも湊弘平氏の「靖国一号」[※③]や河合輝男氏の「河合モーター」[※④]など、永久磁石から磁気エネルギーを取り出したという例があり、新聞やテレビで取り上げられた。

他にも、「水で動くエンジン」を開発したという話もある。日本でも2008年6月、大阪のベンチャー企業ジェネパックス社が、水から電気を取り出す「ウォーターエネルギーシステム」を開発、「水で走る自動車」が完成したと発表し、テレビなどでも報じられた。

フリーエネルギーが実用化すれば、安くてクリーンな電力を確保でき、もう環境を汚染する火力発電や原子力発電に頼る必要はなくなる。

しかし、世界にはフリーエネルギーが実用化することをこころよく思わない勢力が存在する。従来の石油や原子力から富を得ている者たちだ。彼らによって、フリーエネルギー研究は妨害され、闇に葬られてきた。一説によると、フリーエネルギーを完成させた者は殺されるとささやかれている。

真相

物理学の世界では、空間にゼロ点エネルギー[※⑤]（Zero-Point Energy）が存在するとされているのは事実である。だが、**それを取り出せるかどうかは別問題**だ。

水力発電で考えてみよう。水力発電所は、高い場所にある水を落下させ、その勢いでタービンを回して発電する。落下することによって水は位置エネルギーを失う。つまり水の位置エネルギーを取り出して電気のエネルギーに変換したことを意味する。水が大量にあっても、それを落下させることができなければ、エネルギーは取り出せない。エネルギーを利用するには、**エネルギーの落差が必要**なのだ。

エドウィン・グレイのEMAモーター（※⑥）

ガソリンエンジンの場合はどうか。ガソリンは炭素と水素から成る「炭化水素」である。それが燃焼する（＝酸素と結合する）と、二酸化炭素や水になる。炭化水素と酸素の状態より、二酸化炭素と水の状態の方がエネルギーが低い。エネルギーの大きい状態から小さい状態に移行させることで、その差のエネルギーを爆発力という形で取り出し、エンジンを動かしているのだ。

仮に「宇宙エネルギー」や「真空エネルギー」といったものが存在するとしても、それを利用するには、エネルギーのより低い状態に落とさなくてはならない。しかし、宇宙がそうしたエネルギーでくまなく満たされているなら、落とせる場所がない。海に水がたくさんあっても、水力発電に使えないのと同じ理屈だ。

●磁石からエネルギーは取り出せない

永久磁石から無限にエネルギーを取り出せるのではないかというアイデアも、昔から多くの発明家が挑んできたが、**その試みはすべて失敗**している。というのも、彼らは物理学の基本を知らず、[※⑦]「力」と「仕事」を混同しているからだ。

これは磁力を重力に置き換えて考えてみるとわかりやすい。前述のように、水が重力に引かれて落下するのを利用して、電気を取り出すことができる。しかし、それは地球の重力を取り出しているのではない。あくまで水の位置エネルギーを取り出しているだけだ。同様に、磁力を利用して金属を動かしても、それは**磁石のエネルギーを取り出しているわけではない**のだ。

湊弘平氏の靖国一号は、電気通信大学の超常現象研究会の学生が再現を試みたが、予想通り、すぐに止まってしまったという。湊氏はその後も日本磁力発電株式会社を作って発明の売り込みを続けたが、**いまだに実用化していない**。

河合輝男氏の河合モーターも、**単にモーターの能率が上がったというだけ**で、磁石からエネルギーを取り出したわけでも、超効率が得られたわけでもない。シューマッハのシューマッハ・モーターも、その後、**何の音沙汰もない**。

●「水で走る自動車」の真相

水からエネルギーを取り出せるという話も同様に疑わしい。水は酸素と水素が結合してできたもので、酸素と水素がばらばらの状態よりエネルギーが低い。つまり**水はエネルギーを失った後の燃えかすのようなもの**なのだ。

水をもう一度、酸素と水素に分解すれば、それを結合させることでまたエネルギーが取り出せる。だが、水を分解する（＝高いエネルギー状態に戻す）ためには、エネルギーを投入しなくてはならない。水を酸素と水素に分解するためのエネルギーの量は、**酸素と水素を結合した際に発生する量と同じ**である。ダムから流れ落ちた水をポンプでダムに戻すようなものなので、**エネルギー的にはまったく得になっていない**のだ。

ジェネパックス社の「ウォーターエネルギーシステム」は、金属の板（アルミニウムだと言われている）をたくさん重ねたものに水を通すと水素が発生し、その水素を使って発電するというものだった。発表と同時に、ネット上ではその正体を疑う声が上がった。大阪大学の菊池※⑧

誠教授や、京都女子大学の小波秀雄名誉教授[※⑨]は、その原理を**金属の酸化反応**だと結論している。

水に触れると金属は錆びる（＝酸化する）。水中の酸素が金属に奪われることによって、余った水素が出てくる。しかし、金属の表面はどんどん酸化してゆくので、いずれ水素の発生は止まる。そうなると金属を新しいものに交換しなくてはならない。

アルミニウムの原料であるボーキサイトの主成分は、酸化アルミニウムである。そこから酸素を分離して、純粋[※⑩]なアルミニウムを作るのに、大量の電力を使う。「水で走る自動車」は、電力を使って作ったアルミニウムをまた酸化させることによって発電している。つまり水を燃料にしているのではなく、**金属を燃料にして走っている**のだ。

話題になったジェネパックス社は、2009年2月にホームページを閉鎖。以後、どうなったのか不明である。

●19世紀のフリーエネルギー詐欺

フリーエネルギーの歴史は、詐欺と誤解の歴史である。

詐欺の例から見てみよう。1813年、アメリカのチャールズ・レドヘッファーという男が、ニューヨークの家に「永久運動機関」を設置し、入場料を取って見物人に見せていた。機械は確かに、何の動力もなしに動いているように見えた。

このトリックを暴いたのは、蒸気船の開発で名高い[※⑪]ロバート・フルトンだった。彼は機械が展示されている部屋に入ったとたん、「これはクランク運動だ」と叫んだ。人間が手でクランクを回すと、機械のように一定速度にならず、一回転ごとに速度が変化する。フルトンの熟練した耳は、その音の変化を聞き分けたのだ。居合わせた人々が、装置を支えていた板を取りはずしてみると、中に伝導ベルトが隠されていた。ベルトの先は中二階の部屋に通じており、そこでは**老人がパンをかじりながら、片手でクランクを回していた**。

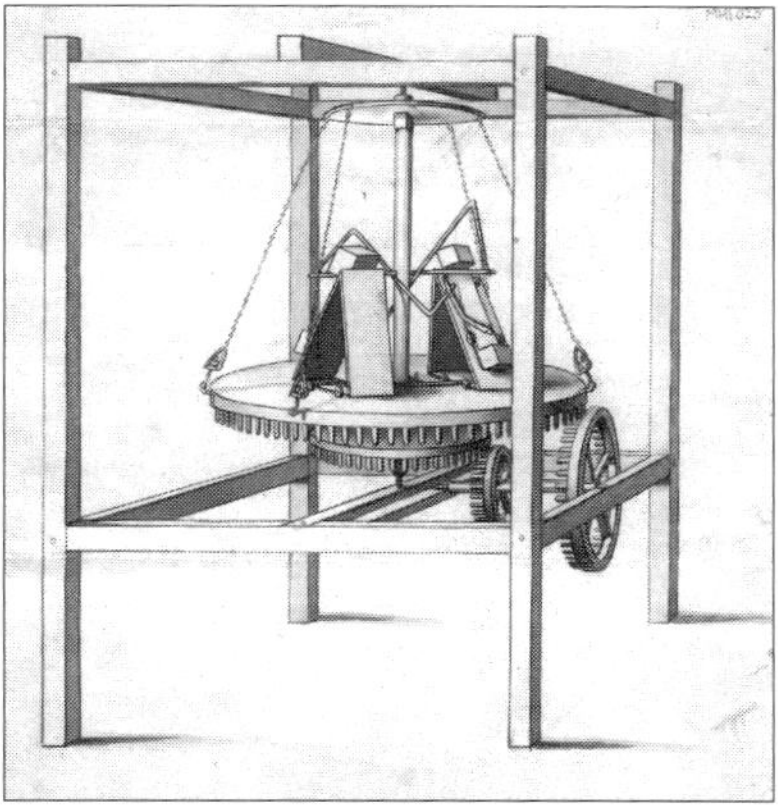
レドヘッファーの考案した永久運動機関

19世紀には他にも、いくつもの永久機関詐欺があった。いずれも機械の台座にぜんまい仕掛けが隠されていた。

現代のフリーエネルギーの元祖と言えるのは、ジョン・ウォレル・キリーの製作した「キリー・モーター」だろう。彼は新しい動力を発明したと称し、多くの投資家から金を集めた。最初は数滴の水を分解することでエネルギーを取り出せると言い、のちには「原子間にある無限の

「キリー・モーター」の内部

エーテル」を利用していると言うようになった。また、「水空気衝撃真空エンジン」「共感的平衡」「四重否定調和」「原子三重体」といった用語で人々を煙に巻いた。

1898年にキリーが死んだ後、彼の家が調べられ、モーターを動かしていた仕掛けが発見された。装置の中にある鋼鉄線のように見えたものは、実は中空のパイプで、床下にある**ポンプから送り込まれた圧搾空気がその中を通り、機械を動かしていた**の[※⑫]だ。

●無知によって生じた誤解

こうした意図的詐欺の他にも、発明者の無知あるいはミスによって、超効率が実現されたかのように見える例がある。

1917年、アメリカで、アルメニア人のガラベド・ギラゴシアンという男が「フリーエネルギー」を発明したと主張した。彼の「ギラゴシアン・ホイール」なる装置は、入力を上回る出力を発生させるという。この話は新聞で紹介されて全米の注目を集めた。翌年、下院の委員会が５人の科学者を派遣し、ギラゴシアン・ホイールを調査させた。

その結果、判明したのは、ギラゴシアン・ホイールの正体は単なる**「はずみ車」**だという事実だった。この車は20分の1馬力のモーターで回転し、止める際には10馬力を発生させる。科学に無知だったギラゴシアンは、これで入力を上回るエネルギーが発生したと誤解してしまったのだ。実際には、長い時間をかけて**蓄えた回転エネルギーを一気に放出しているだけ**で、エネルギーは増えてはいないのだ。

ジョー・ニューマンのニューマン・マシンは、「超効率を実現した」と一時騒がれたが、実は入力の数値を過小評価していて、見かけ上、効率が１００パーセントを超えていたことが判明した。ロバート・アダムスのアダムス・モーターも同じで、入力の測定を間違えていた。

他にも、初歩的な科学知識を持たない街の発明家が、「これで永久機関ができるはず」と信じこんで研究に取り組むという例もたくさんある。もちろん原理が間違っているので、いつまで経っても完成しないのだが。

ちなみに[※⑬]「ekouhou.net」で検索してみると、「永久運動を行う回転電機であると主張するもの」つまり永久機関の特許が、実に１６２件も申請されていることが分かる。似たようなことを考える人間がいかに多いかということだ。

●成り立たない陰謀説

井村宏次氏[※⑭]が著書『スーパーサイエンス』で述べているところによれば、宇宙力発電機の開発者、インドのテワリが井村氏に送ってきた手紙に、「数えきれない〝宇宙力発電機〟を建造し、入力／出力効率は300～400パーセントの間を上下しています」と書かれていたという。本当だったらすごい話で、井村氏はこの快挙を喜んでいる。しかし、『スーパーサイエンス』が出版されたのは1992年だ。それから30年以上経つというのに、**宇宙力発電機なるものが世に出たという話はいっこうに聞こえてこない**。

「伝説」で書いた他のフリーエネルギー装置の数々も同様で、どれも何十年も前に完成したはずなのに、実用化までこぎつけた話はいっこうに聞かない。

EMAモーターのエドウィン・グレイの場合、実験を何度かやって出資者から金を集めた後、**スタッフとともに失踪**した。日本では井出治氏[※⑮]がEMAモーターの再現に挑戦しているが、グレイの主張したような**超効率は確認できていない**という。

実はグレイのような発明者の劇的な失踪は稀である。ほとんどの場合、フリーエネルギー装置は「完成した」と騒がれて一時は話題になるものの、その後、発明者の努力にもかかわらず、いつまで経っても実用化せず、立ち消えになってしまうというパターンだ。それは何者かの陰謀などと考えるより、**最初から間違いだったと考える方が妥当**ではあるまいか？

そもそも「フリーエネルギーを妨害する勢力がある」という説には無理がある。フリーエネルギー研究者は世界各地に大勢いることを忘れてはいけない。日本や欧米だけではなく、インドにもいるし、おそらくアフリカや南米にもいることだろう。陰謀組織はその全員を監視し、妨害し続けているのだろうか？　――何のために？

エネルギー問題や環境問題がこれほど関心を集めている現在、本当にフリーエネルギーが実現するなら、巨大な利益を生むはずだ。妨害などするより、**自分たちで積極的に開発に乗り出した方が得**ではないだろうか？

●それでもフリーエネルギーを信じる心理

無論、本物のフリーエネルギーが実現できる可能性も、ものすごく小さいが、あるかもしれない。しかし、過去の歴史を知っていれば、「フリーエネルギー装置が完成した！」「超効率を実現した！」という話が聞こえてきたら、まず**「今度も間違いじゃないのか」**と疑ってかかるのが正しい態度だろう。嘘または間違いである可能性の方が、現代の物理学が間違っている可能性よりも、はるかに高いのだから。

しかし、イソップ童話の「狼と少年」の話は、現実には成り立たないようだ。何度「狼が来た！」と騙されても、やはり信じる者がいるのだ。

フリーエネルギー研究者の多湖敬彦氏※⑯は、自著『フリーエネルギー［研究序説］』の中で、「画期的な装置を発明した」と主張するくせに「今はちょっと見せられない」と主張する怪しい発明家の話を書いている。


「見せないいんじゃなくて、（モノがないから）見せられないいんでしょ」

と思うのが常識というもの。ところが「信じたい」派の中には、

「これは何かあるかもしれない。見せられないという部分にノウハウがあるんじゃないか……」

などと考えてしまう人が現実にいるのだ。（中略）

何の証拠もないのに人をだませるというのは一般の人には驚きかもしれないが、それはとりもなおさず、一方に〝だまされたい〟人がいるからである。フリーエネルギーを研究していて、そうした心理学の方もけっこう学ばせてもらった。

そう、騙されたい、信じたいという人がいる限り、これからも怪しげなフリーエネルギーの話は廃れないだろう。

（山本弘）

■注釈：

※①**フリーエネルギー**…熱力学における「自由エネルギー（free energy）」とはまったく別の言葉。

※②**画像の出典**…YouTube「DePalma N-machine 11/18」より。

※③**靖国一号**…１９８５年１月26日の日経産業新聞で「永久磁石利用の発電システム　国内外から注文殺到」と紹介された。２００１年６月７日のテレビ東京系『ワールド・ビジネス・サテライト』でも、湊弘平氏の発明した「湊モーター」が紹介されたが、靖国一号と同じものかどうかは不明。ちなみに湊氏の本職はミュージシャン。娘の湊広子氏はＨＩＲＯＫＯという芸名で歌手としてデビューしている。

※④**河合モーター**…「河合エンジン」「無限エネルギー発生装置」とも呼ばれる。１９９１年７月17日のフジテレビ『スーパータイム』や、１９９３年10月13日の日刊工業新聞でも「永久磁石の磁気エネルギー　動力に変換」と取り上げられた。後者では早稲田大学理工学部教授大槻義彦氏が「この原理が解明されれば効率が１００％を越えるような一種の永久機関も夢でなくなるかもしれない」とコメントしている。

※⑤**ゼロ点エネルギー**…詳しくは『謎解き超常現象Ⅱ』（彩図社）の「フリーエネルギーは存在するか」参照。

※⑥**画像の出典**…http://www.sierratel.com/nutritio/Gray_Pages/Gray1.htm より。

※⑦**「力」と「仕事」**…物理学では、物体に加えた力と、それによって物体が動いた距離の積を「仕事」と呼ぶ。仕事はエネルギーに等しい。物体が地面に置かれているとき、重力が加わっているが、位置は変わらな

いので仕事はしておらず、エネルギーの消費もない。磁石の場合も同じで、磁石がただ釘を吸いつけているだけなら、エネルギーは消費していない。

※⑧**菊池誠**…大阪大学サイバーメディアセンター教授。専門は物理学。ニセ科学を批判する活動もしている。

※⑨**小波秀雄**…京都女子大学名誉教授。専門は物理学。菊池教授と同様、「マイナスイオン」などのニセ科学を批判している。本書67ページ「『マイナスイオン』は存在するか?」を担当。

※⑩**純粋なアルミニウムを作る**…ボーキサイトから1トンのアルミ地金を作るには、2万1000キロワット時の電力が必要である。アルミ缶からリサイクルする場合、必要なエネルギーはその3%程度で済む。アルミ缶のリサイクルが重要視されるのはこのためである。

※⑪**ロバート・フルトン**（1765～1815）…アメリカの技術者、発明家。1807年に外輪式蒸気船クラーモント号を開発。1800年には潜水艦ノーチラス号も開発している。

※⑫**永久運動機関詐欺**…現代でもこうした詐欺は多い。たとえば箱の中に大容量のコンデンサーを隠しておく。あらかじめそれに充電しておき、電源がなくてもモーターが回っているように見せるのである。

※⑬**ekouhou.net**…特許公報の情報へのアクセスを目的とするサイト。ちなみに日本では自然法則に反する特許は取れないので、永久機関の特許を出願しても認められない。

※⑭**井村宏次**…東洋医学と超心理学の研究家。生体エネルギー研究所所長。気功や超能力関連の著作が多い。

※⑮**井出治**…クリーンエネルギー研究所所長。2011年に超効率インバーター「デゴイチ」なるものを発明し、超効率を実現したと主張しているが、単に出力の計測を間違えたのではないかという批判もある。

※⑯**多湖敬彦**（たご・よしひこ）…広域科学研究所主宰。フリーエネルギー関連の著作が何冊もあるが、

疑わしい情報には警鐘を鳴らしている。

■参考資料：

アーサー・オードヒューム『永久運動の夢』（朝日新聞社、1987年）
ロバート・L・パーク『わたしたちはなぜ科学にだまされるのか』（主婦の友社、2001年）
井村宏次『スーパーサイエンス』（新人物往来社、1992年）
多湖敬彦『フリーエネルギー［研究序説］』（徳間書店、1996年）
多湖敬彦訳編『未知のエネルギーフィールド』（世論時報社、1992年）
深野一幸『宇宙エネルギーの超革命』（廣済堂出版、1992年）
横山信雄／加藤整弘監修『フリーエネルギーの挑戦』（たま出版、1992年）
P・ヤム「真空からエネルギーを取り出せ」〈日経サイエンス〉（1998年3月号）
井出治「頻発するフリーエネルギー詐欺の手口」〈パワースペース 13号〉
小牧昭一郎「新エネルギーの見方・考え方」〈パワースペース 8号〉
多湖敬彦「世界フリーエネルギー最前線」〈パワースペース 10・11号〉
Web／ABCDEFG「井出治氏の超効率インバーター『デゴイチ』に関する調査と考察」
Web／GIGAZINE「真偽判断に役立つ『ウォーターエネルギーシステム』に対する各報道陣からの質疑応答いろいろ、そして現時点での結論」
Web／Kikulog「ウォーターエネルギーシステム、水発電」

ニセ科学 FILE 11

【ある群れの行動が他の群れに伝播する】

百匹目の猿現象は本当か？

伝説

1952年、宮崎県の沖合にある幸島[※①]でその奇妙な現象は起きた。当時、この島では京都大学の研究グループがニホンザルの観測のためにサツマイモの餌付けを行っていた。

サツマイモには土がついている。猿たちにとっては食べづらくもあったのだろう。あまり気に入っていない様子が見られた。そんなある日、「イモ」と名付けられた当時1歳半のメス猿が画期的な行動を考えつく。サツマイモを川の水で洗ったのだ。このようにすればサツマイモを効率的にきれいにすることができ、食べやすくなる。猿たちにとっては画期的な発明である。

この行動はやがて、子どもの猿を中心に少しずつ群れの中へ伝わっていった。しかし新しい行動に抵抗がある大人の猿たちには、なかなか受け入れられない。彼らは土がついたサツマイモを腕の毛や手でこする従来の方法にこだわり続けたのである。

ところが1958年の秋に事態は急変する。当時、イモ洗い行動をしていた猿の正確な数は明らかになっていないため、便宜上、99匹としよう。1958年秋のある日、100匹目となる新たな猿が加わったときだ。それまで決して新しい行動を受け入れなかった猿たちにも、イモ洗い行動があっという間に広まったのである。

しかも驚くべきことに、この行動は幸島から200キロ以上も離れた大分県の高崎山の猿の群れや、そのほか日本全国の猿の群れにも広まっていた。

これが「百匹目の猿現象」である。ある特定の情報や行動が集団の中に広がり、特定の値を超えると、それまでその情報や行動を拒んでいた者や遠く離れた者にまで、まるでテレパシーでも使ったかのように伝わっていく現象だ。

この現象はイギリスの生物学者、※②ライアル・ワト

百匹目の猿現象が確認されたという、幸島の猿

ソンによって発見された。百匹目の猿現象は、障害物や距離、否定的感情をも問題にしない。画期的な意識改革が期待できる現象として大きな注目を集めている。

真相

百匹目の猿現象が世に知られるようになったのは、ライアル・ワトソンの著書『**生命潮流**』（原著『Lifetide』）がきっかけである。ワトソンは著書の中で、霊長類研究者の間には百匹目の猿現象のもとになる逸話や伝承が断片的ながら存在したと書き、さらには日本の霊長類研究の第一人者である河合雅雄博士[※③]の論文を参考文献にあげて、百匹目の猿現象にまつわる話を披露した。

ワトソンによれば、1958年の秋以降に新たにイモ洗い行動をする猿が加わったことにより、「数が明らかに何らかの閾値[※④]を超え」「その日の夕方になるとコロニーのほぼ全員が同じことをするようになっていた」という。本当なのだろうか？

●主張を裏付ける記録がない

実際に河合博士の原論文にあたってみると、事実は違った。イモ洗い行動は1953年9

月に、当時、1歳半のイモというメスの猿によって始められた。この行動は群れの中で徐々に広がっていき、1958年3月までに、30頭のうち17頭(56・6%)がイモ洗い行動を獲得したとされる。

そして1962年8月までには群れの数も増え、49頭中、36頭(73・4%)の猿がイモ洗い行動を獲得したと記録されている。※⑤

ここからわかるのは、**約4年半の間に17%ほどの増加があった**ということである。百匹目の猿現象でいわれるような大きな変化は見られない。「コロニーのほぼ全員が同じことをするようになっていた」とも言いがたい。

そもそも論文には、1958年の秋に**百匹目の猿現象が起きたことを示すような記録は一切載っていない**。

河合博士も、百匹目の猿現象を支持する観察記録など存在しないことを明らかにしている。ハワイ大学の哲学教授ロン・アームンドスンらによって行われたインタビューの中でも、研究者の間で**百匹目の猿現象の元になるような逸話や伝承などなかった**、と述べている。

また、百匹目の猿現象が遠く離れた場所でも起きたという話については、次のように述べている。

「他の群れや動物園の個々のサルが偶然にイモ洗い行動を覚えたことはあるかもしれない。

しかし幸島では、イモ洗い行動が他の群れのメンバーに広まったという観察はない」

つまり、百匹目の猿現象は何ら根拠がある話ではなかったということだ。**ライアル・ワトソンによって創作された話**だったのである。事実でないならば、主張されるような画期的な意識改革も絵に描いた餅となってしまう。奇跡に頼るのではなく、地道な活動で輪を広げていく方が賢明だろう。

（本城達也）

■**注釈**：

※①**幸島**（こうじま）…宮崎県串間市、石波海岸の沖合にある小さな島。この島には現在、約100頭のニホンザルが生息しており、ニホンザルを含む島全体が天然記念物に指定されている。

※②**ライアル・ワトソン**（1939～2008）…イギリスの生物学者、動物行動学者。動物園長、イギリス国営放送（BBC）のプロデューサーなどを歴任。作家としても活躍し、超自然現象を扱った著書『スーパーネイチュア』は世界的なベストセラーとなった。

※③**河合雅雄**…霊長類学者。1924年、兵庫県生まれ。長年にわたってサルの行動などを研究。京都大学霊長類研究所の所長を務めた。一般向けの書籍も数多く執筆、霊長類学の普及に努めている。

※④**閾値**（いきち）…ある反応が起こるために必要な、最低の刺激量。しきい値とも言う。

※⑤**イモ洗い行動を獲得**…1962年8月当時、12歳以上だった大人の猿は11頭。そのうちイモ洗い行動

を獲得したのは、子どもがすでに獲得していた2頭の母猿だけだった。それ以外の他の大人の猿は、頑なにイモ洗い行動を身につけようとしなかった。論文では、大人の猿のイモ洗い行動獲得率はとても低いと指摘している。これは百匹目の猿現象の中心である、無関心層や否定的な層にも行動が伝播するという主張が、根本から成り立っていなかったことを意味している。

■参考文献：

ライアル・ワトソン『生命潮流』（工作舎、１９８１年）
ケン・キース・ジュニア『百番目のサル』（佐川出版、１９８４年）
船井幸雄『百匹目の猿』（サンマーク出版、１９９６年）
三戸サツヱ『幸島のサル』（鉱脈社、１９９６年）
Masao Kawai「Newly acquired pre-cultural behavior of the natural troop of Japanese monkeys on Koshima islet」『Primates』（Vol.6, No.1, 1965）
Syunzo Kawamura「The Process of Sub-cultural Propagation among Japanese Macaques」『Primates』（Vol.2, Issue 1, 1965）
Markus Pössel & Ron Amundson「Senior Researcher Comments on the Hundredth Monkey Phenomenon in Japan」『Skeptical Inquirer』（Vol.20, No.3, May/June, 1996）

ニセ科学 FILE 12

【あらゆる分野で効果を発揮する奇跡の細菌】

万能細菌「EM菌」とは？

伝説……

ＥＭ菌は数十種の有用な微生物を培養し、安定的に活動できるようにしたものである。１９８２年、琉球大学農学部の比嘉照夫教授※①が研究の末に生み出した。正式名称は「Effective Microorganisms（有用微生物群）」である。

沖縄発祥の農法として１９９０年代から農業関係者の話題に上るようになった。ＥＭ農法ではＥＭの効果によって、無農薬有機栽培であっても、作物は病気にかからず、害虫の被害も受けないのである。

その後の研究によって、ＥＭは環境浄化、ニオイ対策、生ゴミ処理、建設、健康などの多様な分野において効果的であることが判明した。

真相

EMにあるとされている様々な効果が、**信頼できる研究で示されたことはない**。発明者による説明は**科学というよりオカルトの世界**といっていい。環境教育の一環、放射能対策のひとつとして教育現場でも取り上げられることもあり、警戒する必要がある。

●効果は確かめられているのか

EMの開発者は、まともな検証を避けるような行動を続けている。しかし、EMを有用だと考える利用者が多いため、国内・国外において、いくつか論文が発表されている。論文の結論を総合すると**「効果はほとんどなかった」**ということになる。

具体的に見てみよう。タイでの研究の報告である『EM及びEM資材の有効性の評価とその農業及ぶ環境に与える影響』ではEMの効果とされる「農薬としての効果」「害虫防除の効果」「肥料としての効果」「飼料の消化性への効果」「汚水処理効果」を調査し、そのほとんどは**まったく効果なし**となった。効果が見られるものも、低い効果しか見られなかった。インドネシアやオランダでも実験され、効果なしの結論が得られている。

国内の自治体の調査を見てみよう。２００３年に広島県保健環境センターでは**「室内実験で水質の浄化作用が全く認められなかった」**ために、**ＥＭの使用を推奨しないと発表**している。岡山県や福井県、三重県も同様の結論に達したという。２００８年の福島県での調査では**「高濃度の有機物が含まれる微生物資材を河川や湖沼に投入すれば汚濁源となる」**とし、ＥＭが**水質を浄化するどころか、汚濁源となる**という指摘がなされている。

いくつか効果が確かめられたとする論文もあるものの、その多くにＥＭ開発側、販売側が関わっているという問題がある。また、タイの論文によれば、ＥＭの効果に肯定的な論文は、査読論文でなかったり、ほとんど知られていない論文誌に発表されているとのことだ。

総合的に判断すると、効果があるとしてもその効果は小さく、※②他の微生物資材と同程度が最大の効果といったところである。

●ＥＭの説明はオカルト

ＥＭの開発者による説明には、しばしば**オカルトとしか表現しようのないもの**が見られる。ＥＭの結界によって農作物がカラスやヒヨドリから守られるとか、口蹄疫の防疫ができるなどという話もしている。ＥＭは畑に直接まかなくても、ペットボトルに入れて吊るしているだけで、その**「結界」**や**「波動」**※③によって、作物に影響を与えられるというのである。

このように、オカルトを原理とした効果が根拠となっているため、EMの効果は万能である。EM農法で作った米の上にタバコを乗せると、**ニコチンがビタミンに戻る**、コンクリートに混ぜれば**耐用年数が大幅に上がる**、EMから生成したEMXは、**末期ガンやC型肝炎も良くなる**、EMを撒いた土の上に**ムシロを敷いて寝るだけで病気が治る**……などという話が出てくるのである。EMは万能なので、ひとたび口蹄疫が社会問題になれば、口蹄疫に効き、インフルエンザが問題になれば、インフルエンザに効き、放射能が社会問題になれば放射能（土壌の除染にも、内部被曝にも）にも有効な対策となるのである。

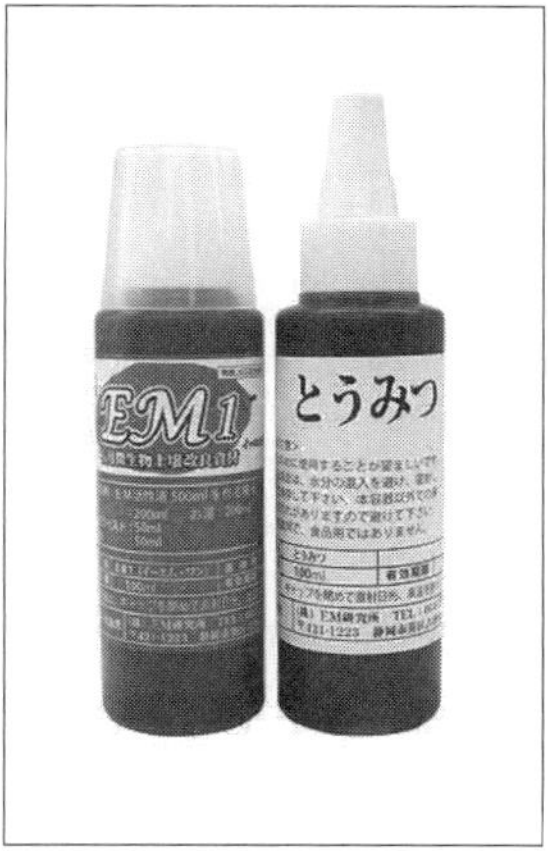

通販でも購入できるEM

開発者の比嘉氏によれば「EMを空気や水の如く使い、あらゆる産業にEM技術を徹底して活用すれば、人類の抱える世紀的な課題はすべて解決することが可能」であり「人間の原罪に本質的な解決策を与えてくれる」という。さらに比嘉氏は**「EMは神様だと考えることです」**として、大きな被害に至らなかった交通事故や自然災害はEMの力で軽減されたと考えるべきだと勧めている。※④

ここまでくると、そもそも菌がいるかいな

いか、どんな菌にどんな効果があるのかといった問題ではなく、**宗教の問題**ともいえそうだ。

岡田茂吉氏による世界救世教[※⑤]は、その重要な教義のひとつである自然農法を研究するため、「自然農法国際総合開発センター[※⑥]」を設立した。琉球大の比嘉照夫教授はセンターの指導を依頼され、同センター内での比嘉教授の研究成果がＥＭとして知られるようになった。ＥＭは元々が宗教的な理想を実現するために開発されたものだったのだ。比嘉氏は世界救世教の信者ではないというスタンスであるものの、比嘉氏の語る話はとても宗教的であり、ＥＭの効果も宗教的奇跡のように万能である。

●教育現場へ入り込むＥＭ

昨今の環境保護運動の盛り上がりを受け、ＥＭによる河川の浄化効果やプールの洗浄効果に着目した教育が、学校に入り込んでいる。既に示したように、ＥＭが河川の浄化などの効果を持たないことは、様々な実験で確かめられているといっていい。しかし、そのことを指摘されたケースでは「学校が水質浄化に関心を持ち、活動してくれること自体が有り難いことだから」といった県の見解や「文化祭では毎年、生徒がＥＭ菌の効果をインターネットなどで調べて発表。効果を否定する情報を見付けた生徒もいたが『**様々な意見はあるけど信じよう**』と指導した」といったような学校の事例も見られるような状況である。

また東日本大震災にともなう原発事故以降には校庭の除染のためにEMが持ち込まれている。こちらについても、効果が確かめられているわけではないし、そもそも単純に撒くだけで放射能が減るということは、常識的に考えられない。

教育の現場では、「いい話」に流され、無根拠なことでも信じるということではなく、**事実にこだわる姿勢を教えてもらいたい**ものである。

●結論

ここまで見てきたように、EMにあるとされている様々な効果が、信頼できる研究で示されたことはない。しかし、効果があるという話だけが先行し、商売になり、自治体や教育現場でもさかんに取り上げられているような状況である。また、新聞などのメディアでも**「地方のちょっといい話」**として取り上げられ続けている。

EMを広めている方々は善意からの行動であるだろう。しかし、効果がないだけでなく、環境[※⑦]への悪影響も考えられるEMを広めるのは問題である。

（蒲田典弘）

■**注釈：**

※①**比嘉照夫**…1941年沖縄県生まれ。琉球大学名誉教授。国際EM技術研究所の所長も務める。

※②**他の微生物資材と同程度**…一般的な微生物資材自体も効果的なものはあまりないようである。

※③**波動**…比嘉氏によると、この波動は重力波かもしれないとのこと。オーリングテストでＥＭの波動レベルが高いことを確かめたという。

※④**発言の出典**…Web Ecopure「新・夢に生きる」（比嘉氏のコラム）より。

※⑤**世界救世教**…１９３５年に大本教の幹部・岡田茂吉が立教した新興宗教。国内に１００万人の信者がいるとする。手かざし療法（浄霊）、自然農法、芸術の推奨が特徴。箱根美術館やＭＯＡ美術館を所有する。

※⑥**自然農法国際総合開発センター**…現在は「自然農法国際研究開発センター」と名前を変えている。

※⑦**環境への悪影響**…学校のプールにＥＭが投入された例では、水棲の昆虫（トンボの幼虫ヤゴなど）が著しく減少するなどの被害もみられる。小さな池への投入では、メダカが死ぬなどの例もあるという。

■**参考文献**：

Thailand Collaborative Research on evaluation of EM and EM Products, Their Feasibility Testing and Effects of their Uses on Agriculture and Environment, Dr. NapavarnNoparatnaraporn（1996）

Effective Microorganisms: Myth or reality?（2006）

Ｗｅｂ／「ＥＭ論文のまとめ」

「ＥＭ菌『推進しません』広島県」（中国新聞、２００３年9月13日）

「県が初の見解『ＥＭ菌投入は河川の汚濁源』」（福島民友ニュース、２００８年3月8日）

Ｗｅｂ／「『水質浄化』ＥＭ菌効果　検証せぬまま授業　青森」（朝日新聞デジタル、２０１２年7月）

ニセ科学 FILE 13

【かつて地球を襲った大異変ふたたび?】

ポールシフトは起きるか?

伝説……

地球は2つの極点（北極点と南極点）を貫く地軸を中心として自転している。

しかし、極点は昔からずっと同じ位置にあったわけではない。1万1600年前（紀元前9600年）まで、地軸は今より約30度ずれており、南極点は南極大陸よりややインド洋側の海上にあった。そのため、西南極[※①]は南極圏の外にあり、温暖で、動植物が栄えていた。極が急に移動し、現在の位置になったため、南極大陸は氷に覆われてしまったのだ。1万2000年前に滅びたと言われる伝説のアトランティス大陸とは、南極のことだったという説もある。

北極圏も同様である。かつて北極圏は現在のカナダのあたりにあり、シベリアは北極圏から遠く離れ、温暖な気候だった。シベリアの地中からは氷漬けのマンモスが多数発見されているが、その胃袋からは豊かな植物が発見されている。マンモスが温暖な気候で暮らしていたことは明らかだ。極の急激な移動でシベリアが寒冷化したため、マンモスは瞬時に凍りついてしまったのだ。

こうした極の移動を「ポールシフト」と呼ぶ。

歴史学者のチャールズ・ハッチンス・ハプグッド教授は、1958年、著書『移動する地殻』※②を出版し、従来のポールシフト説を修正する説を唱えた。ハプグッドの説によれば、地球全体が傾いたのではなく、内部の核やマントル層はそのままで、表面の薄い地殻だけがずるっと滑ったのだという。

ハプグッドが自説の裏づけとして提示したのが「ピリ・レイスの地図」だ。1513年にオスマン・トルコ帝国の提督《ピリ》レイスが製作したといわれるこの地図には、当時まだ発見されていなかったはずの南極大陸が描かれ、しかも氷の下に隠された海岸線まで正確に描かれていたのだ！

他にも16～17世紀の多くの世界地図に、「テラ・アウストラリス（南の大陸）」と書かれた大陸が記入されている。しかし、南極大陸が初めて探査されたのは1820年だ。これらの地図は、手本となった超古代の地図が存在したことを示している。元の地図を描いた者は、まだ氷に覆われていない時代の南極を知っていたのだ。

またポールシフトが起これば、気候が激変し、人類文明はアトランティスのように滅亡してしまうかもしれない。

ポールシフト論者が主張する1万1600年前の南極圏（※③）

真相

ハプグッドが影響を受けたのは、アメリカの電気技師ヒュー・オーキンクロス・ブラウンの説である。ブラウンは1948年、極地の氷が増加して地球のバランスを崩し、地軸が移動して6000年ごとに大異変が起きるという説を唱えた。

ブラウンは次の大災害を防ぐため、**原子爆弾を使って南極大陸の氷を溶かす**べきだと主張、マスコミや下院議員に陳情して支持を取りつけようとした。『ニューヨーク・タイムズ』は1948年9月1日の社説の中で、ブラウンの予言を紹介している。幸いにも、彼の無謀な提案は受け入れられることはなかった。

ブラウンの心配はまったくの杞憂である。地球は極の半径が6356・752キロ、赤道半径が6378・137キロの**楕円体**なのだ。赤道の方が極より2万1000メートルも厚いのである。極の氷が少し厚くなったぐらいで、バランスが崩れることなどありえない。

厳密に言えば、**地軸は完全に安定してはいない**。[※④]極運動というものがある。現在の地軸は、天の北極点より西経90度の方向へ、[※⑤]角度にして約0・3秒ずれたあたりを中心に、半径0・2秒以内の円を描いて、約1年周期で旋回している。

逆に言えば、地軸のゆらぎというのはこの程度のものなのだ。

●ナンセンスな地殻移動説

ハプグッドも『移動する地殻』の中で、極地の氷河の堆積が地球のバランスを崩し、それが原因で地殻の移動がはじまると考えていた。しかし、無理があると考えたのか、1970年の著書『極点への道』ではその説を放棄し、地球内部の正体不明の力が地殻の移動を引き起こすと唱えた。

ハプグッドの説は単なるポールシフト説よりさらにナンセンスである。[※⑥]マントル層は部分的に融解しているが、ほとんどは固体である。マントルの上をプレートが滑るということは、言ってみれば、**岩の上を岩が滑る**ということなのだ。

2011年の東日本大震災では、日本の乗った北米プレートが、南東〜東南東方向に約50メートル移動し、約7メートル隆起していたと判明した。この地震で放出された全エネルギーは約200京ジュールで、**広島型原爆の約3万倍**である。ハプグッドの説によれば、それと同じことが5億1000万平方キロの地球の全表面で同時に起こり、3300キロも移動したことになる。**そんな大異変を起こすエネルギーなど存在しない**し、もし起きていたら、**全世界が徹底的に破壊され、人類も滅亡していたはず**だ。

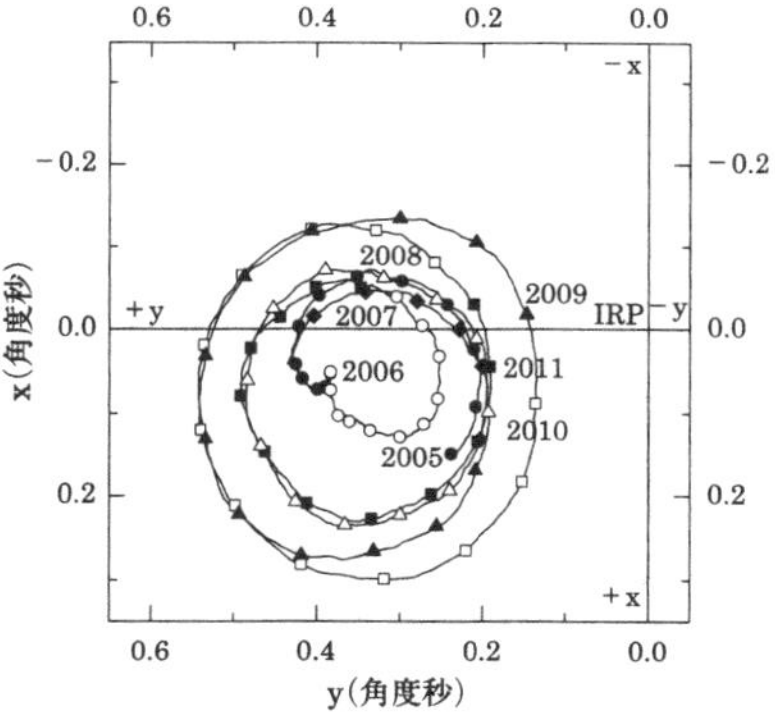

極運動を示す図。単位は角度の秒で、図中の1目盛り(0.1秒)は1度の3万6000分の1である。(『平成24年　理科年表』158ページより引用)

●大陸移動説がポールシフト説を葬った

ハプグッドが地殻移動説を発表した1958年当時、アルフレート・ヴェーゲナー[※7]の大陸移動説はまだ科学界では認められていなかった。

当時すでに大西洋中央海嶺[※8]の存在は明らかになっていたが、それが大陸移動説を説明するものであることが判明するのは、1960年のことである。地質学者ハリー・ハモンド・ヘスが、中央海嶺から海底が拡大している証拠を発表したのだ。世界各地の海底に走る海嶺は、地球深くから岩石が湧き出している場所で、そこから海底が毎年数センチの割合で広がっている。大陸はそれに乗ってゆっくりと移動していたのだ。この発見がプレートテクトニクス理論へと発展する。

確かに数千万年前の中生代には南極は温暖だった。南極点からわずか650キロの地点では、ジュラ紀前期の肉食恐竜クリオロフォサウルスの化石も発見されている。しかし、それは大陸移動のためだ。南極大陸はかつて温帯にあったが、それが**何千万年もかけてしだいに南下し、現在の位置に至った**のだ。

それどころか、南極の氷床[※9]の調査からは、現生人類（約10万年前頃）が地上に出現した頃、**南極大陸がすでに寒冷な土地だった証拠**が見つかっている。たとえばドイツのコーネン基地では、2004年に氷の層を2566メートルの深さまで掘り、約19万年前の氷床コアを採取している。この場所では少なくとも19万年前からずっと雪が降り積もり、それが一度も溶けることなく、重量によって押し固められて、2000メートル以上の厚さに堆積していたということなのだ。コーネン基地は西経0度にあり、ポールシフト説では1万1600年前まで南極圏の外にあったはずの場所だ。

大陸はハプグッドらポールシフト論者が主張するように、最近になって急に移動したのではない。**何千万年もかけてゆっくり移動した**のだ。

●シベリアのマンモスはなぜ死んだのか？

ポールシフトの根拠とされる例は、いずれも単純な誤解、もしくは嘘に基づくものである。

シベリアの氷漬け[※⑩]マンモスの話をポールシフトの証拠だと主張する者たちは、重大な事実を隠している。１８４６年以来、シベリア各地で数十頭の氷漬けマンモスが見つかっているが、地層から推定されるその**死亡時期はバラバラ**なのだ。マガダンで発見された赤ちゃんマンモスの死体は４万４０００年前のもの。テレクチャフのマンモスは３万５０００年前。タイミールのマンモスは１万１５００年前……**たった一度の異変で全滅したわけではない**のだ。

それどころか、マンモスの胃の中から見つかった植物は、モミ、マツ、スゲ、シラカバ、ヤナギ、クルミ、キンポウゲなど、寒帯にも生息する植物ばかりである。**マンモスが寒帯で暮らしていたことは明らか**なのだ。

シベリアで見つかるマンモスの冷凍死体は、自然にできた穴に落ちたり、局地的な洪水や土砂崩れに遭遇して、地下に埋もれたものにすぎない。[※⑪]永久凍土地帯では、夏でも地中は氷

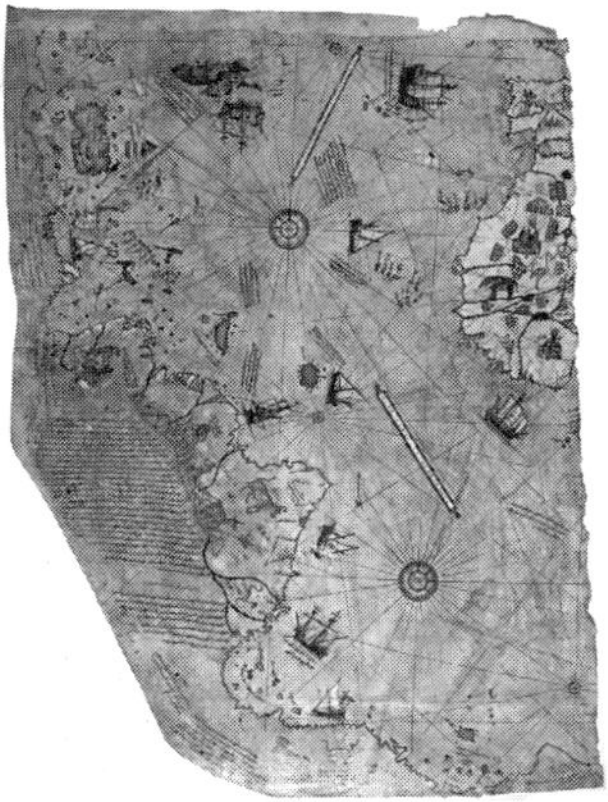

ピリ・レイスの地図

点下である。シベリアに何万頭も暮らしていたマンモスのうち、**地中に埋もれたごく一部の死体だけが凍結保存された**のだ。

ハプグッドが根拠にした[※12]ピリ・レイスの地図も、南極大陸のように見えるものは、**南米の海岸線を描いたものである**ことが判明している。

また、昔の地図製作者は、わからない部分を想像で埋めることがよくあった。西欧では18世紀ごろまで、南半球には北半球と同じぐらいの面積の大陸があると考えられていた。そこで16世紀初頭の地図製作者たちは、世界地図の南半球に、当時想像されていた**架空の大陸「テラ・アウストラリス」**を描きこんだのである。

●ポールシフト説が滅びない理由

こんなにも非論理的で、現代科学で否定されているポールシフト説が、なぜいまだに生き続けているのか。大きな理由は2つ考えられる。

ひとつは、**「超古代には高度な文明が存在した」**[※⑬]と主張するオカルト本の著者にとって、そうした文明が滅びた理由を説明するのに都合がいいこと。

もうひとつは、**「まもなく地球に天変地異が起きる」**と唱える予言者やカルト団体にとって、都合がいいということ。日本では1950年代末、CBA（宇宙友好協会）というUFO研究団体が、1960年に地軸が傾いて大異変が起きると予言し、世間を騒がせた。他にも同様のことを唱えている団体がいくつもある。自分たちの目的のために利用しようとする者がいる限り、ポールシフト説はこれからも滅びないだろう。

（山本弘）

■**注釈：**

※①**西南極**…南極大陸は便宜上、経度0度および180度の線で分割され、西半球側を西南極、東半球側を東南極と呼ぶ。

※②**『移動する地殻』**…未訳。アルバート・アインシュタインが序文を寄せているが、彼はハプグッドの説に興味は示したものの、信じはしなかったという。ちなみに地殻移動説はハプグッドの創案ではなく、1886年、ドイツの小説家カール・レッフェンホルツ・フォン・コルバーグが唱えたものだとされている。

※③**図版の出典**…ランド&ローズ・フレマス『アトランティスは南極大陸だった!!』（学研）、64ページより。

※④**極運動**…地球上の大気や水の移動によって、バランスが変化するためだと言われている。

※⑤**角度にして約0・3秒**…角度の1秒は、1度の3600分の1である。

※⑥**マントル層**…地殻の下、深さ約2900キロまでの層。地球の内部の熱のため、ゆっくりと対流している。そのため、よく「どろどろに融けたマグマ」と誤解している人がいるが、地震波を利用した探査によれば、大部分が固体（かんらん岩を主成分とする岩石だと想像されている）である。固体でも長いタイムスケールでは液体のように振る舞うのだ。

※⑦**アルフレート・ヴェーゲナー**（1880〜1930）…ドイツの気象学者。収集した大量のデータを基に、1912年に大陸移動説を発表するが、当時は大陸移動のメカニズムを説明できなかったため、地質学界では受け入れられなかった。1930年、グリーンランドを探査中に死亡。

※⑧**大西洋中央海嶺**…大西洋の海底を南北に走る、巨大な割れ目。同様の海嶺は世界各地にあり、海底を押し広げ、大陸を動かしている。

※⑨**氷床**（ひょうしょう）…極地に存在する降り積もった雪が圧縮された厚い氷の層。それを取り出した円柱形の氷のサンプルを氷床コアと呼ぶ。氷床コアは古代の大気や火山灰などを封じこめているうえ、積み重なった層を数えることによって年代が測定できるので、地球の過去の気象を知る貴重な資料になる。

※⑩**マンモス**…絶滅したゾウの類縁種。よく「氷河期が来て寒くなったせいで絶滅した」と誤解されているが、実際は約400万年前から棲息しており、絶滅したのは約1万年前、氷河期が終わって地球が温暖化していた時期である。よく巨大なものを意味する言葉として使われるが、シベリアに棲息していたケナガマンモスは体長3メートルほどしかなく、現生のゾウと大差ない。

※⑪**永久凍土**…定義上は、夏をはさんで二冬以上凍結している土壌のこと。シベリア、カナダ、グリーン

ランドなど、地球の陸地の約14%を占めるが、近年、地球温暖化による永久凍土の融解が問題になっている。

※⑫ピリ・レイスの地図…詳しくはASIOS編『謎解き超常現象Ⅱ』（彩図社）265～271ページを参照されたい。ちなみにピリ・レイスの地図に注目し、南極大陸が描かれていると最初に主張したのは、ハプグッドではなくアマチュア考古学者のアーリントン・H・マレリーで、1953年のことである。

※⑬「超古代には高度な文明が存在した」…グラハム・ハンコック『神々の指紋』（翔泳社）がその例である。

■参考資料：

アイザック・アシモフ『大破滅』（講談社、1980年）
ヴェレシチャーギン『マンモスはなぜ絶滅したか』（東海大学出版会、1981年）
ロナルド・H・フリッツェ『捏造される歴史』（原書房、2012年）
ランド&ローズ・フレマス『アトランティスは南極大陸だった‼』（学研、1995年）
国立天文台編『平成24年　理科年表』（丸善、2011年）
Web／「国立極地研究所／南極サイエンス基地」
Web／「The HAB Theory」
Web／「Science: Can the Earth Capsize?」〈タイム〉1948年9月13日号
「東北地方太平洋沖地震に伴う北米プレートの大きな移動を発見」（JAMSTEC NEWS『なつしま』2011年6月号）

ニセ科学FILE14

【生命のオーラをとらえた奇跡の写真】

キルリアン写真はオーラを写す？

伝説……

人の体の周囲には、光り輝く「オーラ」があるとされる。このオーラは一部の特殊な能力者を除くと、通常は見ることができない。

しかし1939年、旧ソ連の電気工学者※①セミヨン・キルリアンは、そのオーラを誰でも見られる写真というかたちで捉えることに成功したとされる。いわゆるキルリアン写真だ。

撮影方法は被写体を写真感光板にのせて高電圧をかけるというもので、被写体としたのは、植物の葉、人間の指など。

撮影されたそれらの周囲には光り輝くオーラ状のものがはっきりと写っていた。

のちにキルリアン写真は世界中で研究されることになる。その結果、人間の場合、感情の起伏や病気の有無などで光の写り方も変化を見せることがわかった。

また植物の葉を半分に切断し、キルリアン写真を撮影すると、切り取ってなくなった部分と同じ葉の輪郭が再現されることもわかった。これは「ファントム・リーフ」（幻の葉）現象と呼ばれる。もとの葉の形が、オーラとして記憶されているために起こる現象だという。

やはり、キルリアン写真はオーラを写したものなのだろうか。

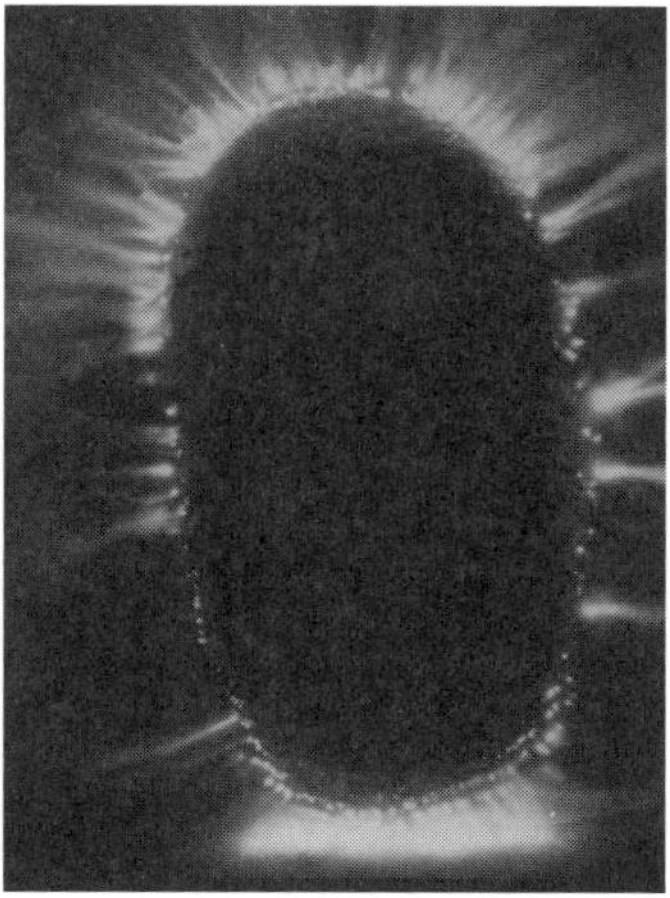

キルリアン写真

真相

キルリアン写真については、これまで海外を中心に何度も研究が行われてきた。なかでもアメリカのドレクセル大学、スタンフォード大学、アリゾナ大学、イギリスのキングス・カレッジの各グループ、ならびに九州工業大学の藤田威雄教授らの研究によって、その正体はオーラではなく、※②**コロナ放電であると結論**されている。

コロナ放電とは、局部的に高電圧が生じ

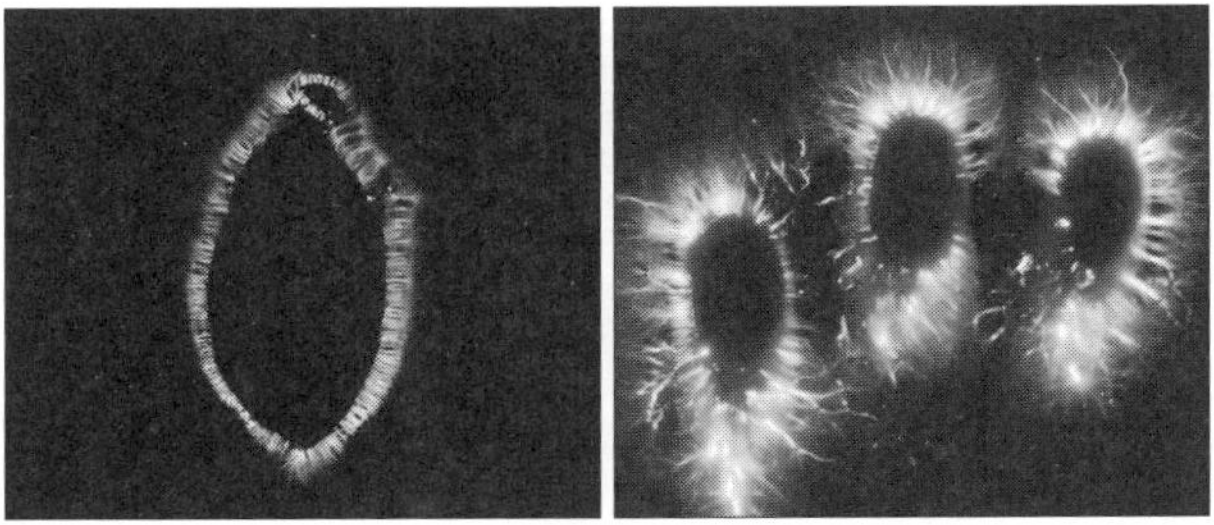

【左】葉を被写体としたキルリアン写真。【右】筆者の指を被写体にしたキルリアン写真。押し付けた指を反らせていくと鮮明なコロナ放電が起きた。

ることによって起きる放電現象で、太陽のまわりをゆらめくコロナのような外観からその名がついたとされる。

キルリアン写真では被写体に高電圧をかける。そのため被写体から**放電現象が起きてフィルムを感光**させ、あのような**オーラ状の写真が撮れる**というわけだ。

各研究によれば、キルリアン写真でよく見られる指を撮影したものの場合、放電現象によって指から流れ出る電流の形は、撮影時に使う電導ガラスに指を押しつける力、角度、湿り気などによって左右されるという。なかでも湿り気は重要な要素であるようだ。

これは自分でも確かめてみたい。そこで筆者（本城）もこれらの条件を確かめるべく実験を行ってみることにした。被写体としたのは、キルリアン写真でよく選ばれる指と葉である。実験では、キルリアン写真の撮影経験があるサイエンス・ライターの※③川口友万氏にご協力をいただき、試行錯誤を重ねた。その結果、実験は成功し、主に次のようなことがわかった。

(1)指の周りに見られる光（放電された電流）の形は、電導ガラスに対する指の角度によって最も左右される。第一関節部分で指を反らせるようにすると全体を覆う鮮やかな光の輪郭が得られる。（右ページ・【右写真】）

(2)指を電導ガラスに押しつける力が弱いと、放電された電流はうまく輪郭状にならない。強めに押しつけた方が輪郭は明確になる。

(3)高電圧であるほど放電も強くなり、輪郭は太く、鮮やかになる。

(4)葉が被写体の場合、その葉に含まれる水分によって放電は影響を受ける。※④水分を多く含む厚い葉であるほど、高電圧によって蒸発する水分も多いため、コロナ放電も起きやすい。

(5)ファントム・リーフ現象は、葉の切り口から出て広がっていく水蒸気が輪郭状になり、そこにコロナ放電が起きることが原因だと考え

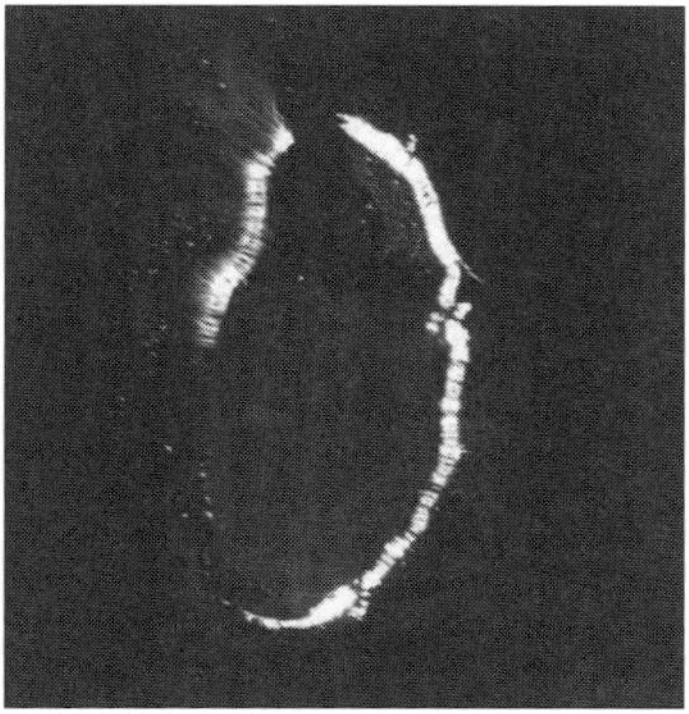

ファントム・リーフ現象を輪郭についていた水分によって再現した写真。上半分の葉は切り取っている。（撮影：谷口雅彦氏）

られる（前ページ写真）。

今回わかったのは、指の場合、湿り気よりも、角度と圧力の方が重要なポイントになりうるということだった。とくに指先の腹から放電の漏れを防ぐ電導ガラスとの角度は重要だと思われた。

ただし角度や圧力は主観的であるため、一定させるのは難しい。キルリアン写真が感情などによって左右されるという主張も、こういった**不安定な要素が一因**だと考えられる。

一方で、葉の場合は水分がポイントになる。とくにファントム・リーフ現象の場合は重要である。薄く水分が少ない葉では、ファントム・リーフ現象は非常に起こりづらい。今回の実験でも薄い葉では切り口から少ない水分が蒸発して、わずかに輪郭が広がることはあった。しかし成功例はひとつもなかった。

ファントム・リーフ現象をオーラの残像だと主張している心理学者の※⑤セルマ・モス博士のグループでさえ、1年間も失敗を続け、1000枚以上も失敗写真を撮り続けたという。もともとファントム・リーフ現象はめったに起こらない現象であることがわかる。

まれに成功したものは、高電圧によって葉の切り口から蒸発した水分が広がっていく際、たまたま元の葉の形と似た状態になった時に撮影できたものだと考えられる。正体はその水蒸気の線に沿って起きたコロナ放電だ。やはりオーラを写したものだとは考えられない。

しかし、だからといって、がっかりすることもないのではないだろうか。キルリアン写真自体は、**「オーラ」という装飾がなくとも十分に美しい**。とくにカラーのキルリアン写真は目を見張るものがある。今後はコロナ放電を利用した美術的な作品としても撮影されるなど、廃れることなく、その魅力が受け継がれてほしいものである。

（本城達也）

■注釈：

※①**セミヨン・キルリアン**（1898～1978）…旧ソ連、現在のウクライナの電気工学者。1939年にウクライナの町クラスノダールの研究所で、電気治療器を修理している際、偶然、手を近づけると火花が散ったのを見て、キルリアン写真を思いついたという。しかし、キルリアン自身はそれがオーラによるものだとは考えていなかったとされる。

※②**コロナ放電**…コロナ放電はネオンサインで使われるネオン管や、スパークプラグなどに利用されている。

※③**川口友万**（かわぐち・ともかず）…「科学に笑いを！」がモットーのサイエンス・ライター。著書に『ビタミンCは人類を救う!!』（学研パブリッシング）、『大人の怪しい実験室』（データハウス）、『あぶない科学実験』（彩図社）などがある。

※④**水分を多く含む〜**…水は電気をよく通すため、水分によって影響を受けるのは当然といえる。

※⑤**セルマ・モス**…アメリカの心理学者。カーネギー工科大学演劇科を卒業後、ブロードウェイで女優として活躍。その後、夫の死をきっかけに心理学者への転向を決意。カリフォルニア大学ロサンゼルス校の大学院を卒業し、博士号を取得した。キルリアン写真はソ連の研究をもとに独自に研究。オーラによるものとしたその研究結果は、キルリアン写真＝オーラ写真の普及に大きな影響を及ぼした。

■**参考文献：**

セルマ・モス『生体エネルギーを求めて キルリアン写真の謎』（日本教文社、１９８３年）
ジョン・テイラー『超自然にいどむ』（講談社、１９８２年）
Arleen J. Watkins, William S. Bickel「A Study of the Kirlian Effect」『Skeptical Inquirer』（Vol. 10, No. 3 / SPRING 1986）
藤田威雄「キルリアン（Kirlian）写真について」『パラサイコロジー・ニュース』（日本超心理学会、１９７９年、27号）
川口友万「オーラを写しだす!?『キルリアン写真』に挑戦‼」『ムー』（２０１２年９月号）
「写真に撮られたオーラ?」『X‐ZONE』（デアゴスティーニ、67号）

ニセ科学FILE 15

【物理学界を揺るがす大スクープ】

相対性理論は間違っている？

伝説……

２０１１年9月、衝撃的なニュースが世界を駆け巡った。名古屋大などが参加している国際共同チーム、長基線ニュートリノ振動実験※①ＯＰＥＲＡの発表によれば、スイス・ジュネーブ近郊のＣＥＲＮ（欧州合同原子核研究機関）から７３０キロ離れたイタリアのグランサッソの地下施設に、地中を貫通してニュートリノを飛ばす実験を行ったところ、同じ距離に光を飛ばした場合より60※②ナノ秒早く到達したという。

読売新聞は「現代物理学の基礎であるアインシュタインの※③特殊相対性理論では、宇宙で最も速いのは光だとしている。今回の結果は同理論と矛盾しており、観測結果が事実なら物理学を根底から揺るがす可能性がある」と報じた。産経新聞も「光速で動く物体が時間が止まった状態だとすると、それよりも速いニュートリノは時間をさかのぼっているのかもしれない。すると、過去へのタイムトラベルも現実味を帯び、時間の概念すら変更を余儀なくされる可能性もある」と解説している。

「相対性理論は間違っている」という主張は以前からあった。相対論に矛盾を発見した者は数多い。しかし物理学者たちは「アインシュタインの説に間違いなどあるはずがない」と思いこみ、検証しようとしなかったのだ。

アインシュタインが特殊相対論を生み出す基礎になったのは、1887年にアルバート・エイブラハム・マイケルソンとエドワード・ウィリアムズ・モーリーが行った「マイケルソン・モーリーの実験」である。

当時、光は真空を満たしている※④エーテルを伝わるとされていた。地球は秒速30キロでエーテルの中を公転しているから、進行方向からの光は速く、反対側からの光は遅く見えるはずである。しかし、マイケルソンらの実験では、光の速度はどの方向でも一定であることが判明し、エーテルの存在は否定された。相対論はエーテルが存在せず、光速が一定であることが前提となっている。

しかし、この実験は19世紀に行われたきり、一度も追試されたことがない。そんなあやふやなものを、物理学者たちは信じているのだ。

国際共同チーム OPERA の実験施設（©OPERA）。光速を超える速さのニュートリノを計測したとして世界中に衝撃を与えた。

たとえ光より速い粒子があったとしても、それで特殊相対論が否定されるわけではない。なぜなら、特殊相対論では、物体が[※⑤]光速の壁を超えることは不可能だと述べているだけだからだ。粒子が生まれたときから光速以上であるなら、光速の壁を超える必要はなく、相対論に矛盾しない。

また、光より速かったとしても、ニュートリノが時間をさかのぼっているわけではない。時間をさかのぼるということは、発射時刻より前に到着することだが、この実験では、光より少し速いだけで、**発射時刻より後に到着している**のだから。

２０１２年５月、ＯＰＥＲＡチームが再実験を行ったところ、ニュートリノと光の速さに明確な差は確認できなかった。６月８日、同チームはニュートリノ・宇宙物理国際会議において実験結果を発表し、ニュートリノが光より速かったという発表を撤回した。

前回の実験の失敗の原因は、グランサッソの地下施設にあった。ニュートリノの飛行時間を正確に測定するため、ＧＰＳ（全地球測位システム）衛星からの信号を地上のアンテナで受け、地下にある時計に光ケーブルで送って時刻を合わせていたのだが、[※⑥]ケーブルの接続不良があり、時計を約74ナノ秒遅らせていた。また、時計の発振器の周波数にも少しずれがあり、時計を約15ナノ秒進ませていた。その結果、**差し引き約59ナノ秒の遅れが生じ、ニュートリノが実際より速く到着したという結果が出た**のだ。

こうして「超光速ニュートリノ」は幻に終わった。

●本職の物理学者ではない批判者たち

「相対性理論は間違っている」と主張する者が、今の日本にも大勢いるのは事実である。

しかし、**彼らは全員、本職の物理学者ではない**。中には物理学以外の分野で博士号を持つ者もいるが、ほとんどの者は科学の高等教育も受けていない。つまり素人である。

１９１５年に発表された一般相対論は難解だが、１９０５年に発表された特殊相対論はきわめて平易で、その気になれば中学生程度の学力でも理解できる。そのため、素人にもとっつきやすい。

確かに特殊相対論には、「双子のパラドックス」[※7]のように、一見すると矛盾のように見える問題がある。しかし、理論を正しく理解したうえでよく考えてみれば、何の矛盾もないことが分かる。ところが素人は、矛盾のように見える部分を見つけると、**「私は相対論に間違いを発見した！」**と早とちりしてしまうのだ。

相対性理論の提唱者、アインシュタイン（左）と妻のエルザ（右）

冷静に考えていただきたい。アインシュタインが特殊相対論を発表して100年以上。もし素人に簡単に見つかるような間違いがあれば、全世界の何万人もの物理学者がとっくに気づいているはずではないか？

「私は相対論に間違いを発見した！」というのは、言い換えれば「私は世界中の物理学者より頭がいい！」と言っているわけで、早い話が誇大妄想である。

物理学者が「アインシュタインの説に間違いなどあるはずがない」などと妄信することもありえない。なぜなら、アインシュタインが**生涯に何度も間違った説を唱えたことがある**のは、物理学を知る者なら常識だからだ。たとえばアインシュタインが1912年に提唱した理論は、重力による光の屈折の数値が実際の半分でしかなかったため、撤回されている。またアインシュタインは、量子力学の基本原理である確率解釈を受け入れなかったことでも知られている。

物理学者が相対論の正しさを信じるのは、矛盾がないうえ、後述のように、**数々の実験で正しさが証明されている**からだ。

●追試されているマイケルソン - モーリーの実験

マイケルソン - モーリーの実験が「一度も追試されたことがない」というのも間違いである。[※8] 20世紀前半だけを見ても、ミラー、トマシェック、イリングワース、ピカードとスタヘル、ヨースら、何人もの学者が追試を行っている。このうち、エーテルの存在を示唆する結果が出たのは、1920年代にウィルソン山でデイトン・クラレンス・ミラーが行った実験だけだ。他の科学者はミラーの実験結果を再現できなかった。約30年後、R・S・シャンクランドがミラーの実験を分析し、**統計誤差と実験室の温度勾配によるもの**だと推測している。

反相対論を唱える者はたいてい、一般向けの入門書しか読んでいない。入門書では、最初に実験をした者の名だけが書かれ、誰が追試したかまでは書かれていない。そのため、「一度も追試されていない」と誤解してしまうのだ。

現代では、レーザー光線を用いて、[※9]光速度を秒速1メートル以下の誤差で正確に測定できる。だが、光速の大きな変動はまったく検知されていない。地球は秒速約30キロで太陽の周囲を公転しているのだから、エーテルが存在するなら、測定する方向によって秒速何十キロもの変動が観測されないとおかしいのだが。

「科学者たちが共謀して真相を隠しているのだ」という陰謀論も成り立たない。マイケルソン-モーリーの実験に用いられた装置は、マイケルソン干渉計と呼ばれ、現代では大学生でもごく普通に実験に用いている。レーザーによる光速度の測定も、よく大学の授業で行われている。いったい

マイケルソン - モーリーの実験を行ったアルバート・A・マイケルソン（左）とエドワード・W・モーリー（右）

NASAの重力観測衛星グラビティ・プローブB（©NASA）

誰が、どうやって、全世界の学生の口をふさげるというのだろう？

●相対論の証拠はいっぱい

相対論そのものも、現代でも頻繁に検証が行われている。たとえばOPERAが「ニュートリノが光より速い」と発表したのと同じ2011年には、NASAの重力観測衛星グラビティ・プローブBが、**一般相対論が予言した「慣性系のひきずり」を発見**したという発表があった。同じ年には、デンマークのコペンハーゲン大の研究チームが、銀河星団から発せられた光を測定し、一般相対論を検証している。星団の重力によって光が[※10]赤方偏移を起こしており、星団の質量から計算されたその大きさが、**一般相対論の予言と一致**したのだ。

他にも、一般相対論は太陽の近傍での重力[※11]による光の屈折の大きさを予言しているし、水星の近日点移動も説明している。相対性理論の予言が実証した例として、メスバウアー効果、[※12]光学式ジャイロスコープに応用されているサニャック効果、シンクロトロン放射の指向性、原子時計の遅れなどがある。

相対論の正しさを最も実感しているのは、粒子加速器で実験をしている研究者たちだろう。加速器で光速近くまで加速された粒子の振る舞いは、**特殊相対論の予言と一致しており、矛盾した結果は出ていない**。

特殊相対論によれば、運動する物体の時間が遅れるとされているが、これも実証されている。光速近くに加速された粒子は寿命が長くなることが判明しているし、時間の遅れの直接の証拠である横ドップラー効果※⑬も発見されているのだ。

●GPSは相対性理論が正しい証拠

相対性理論はわれわれの日常とかけ離れたものだと考えがちだ。しかし現在、一般相対論を取り入れたシステムが、すでにわれわれの身近に存在する。**GPS**だ。

GPSは複数の人工衛星からの電波を受信し、受信時刻のわずかな差を比較することで、現在位置を算出する。電波は1マイクロ秒（100万分の1秒）に300メートル進む。仮に衛星Aと衛星Bが同時に電波を発射し、衛星Bからの電波が衛星Aからの電波より1マイクロ秒だけ遅れてあなたの携帯電話に到達したとすると、あなたが今いる位置から衛星Bまでの距離は、衛星Aまでの距離より300メートル遠いとわかる。複数の衛星からの電波の到着時刻を比較することで、現在位置が割り出せるのだ。

当然、電波の速度は一定でなくてはならない。もし批判者たちが言うように、マイケルソン‐モーリーの実験が間違いで、光速が一定でないのなら、GPSはめちゃめちゃな結果を表示するだろう。

また、人工衛星が信号を発信する周期は、きわめて正確でなくてはならない。1マイクロ秒ずれただけでも、計算上、最大300メートルもの誤差が生じるのだ。そのため、GPS衛星には、精密な原子時計が搭載されている。

しかし、一般相対論によれば、重力が大きくなると時間の流れが遅くなる。GPS衛星が回っているのは地上から2万キロ以上の高度なので、重力は地表より小さく、時間の流れが地表よりわずかに速い。そのため、衛星の時計は1日に38マイクロ秒進む。こんな大きな誤差が生じたら、使いものにならないのは明白だ。

1970年代、初期のGPSを設計したのはほとんどが軍事技術者で、相対論に詳しくない者が多かった。そのため、衛星の発信装置に相対論的効果の補正を組みこむべきかどうかで議論が起きた。結局、補正用のシステムを組みこんだものの、そのスイッチはオフのままで衛星は打ち上げられた。※⑭その直後、誤差の発生が明らかになって、スイッチはオンにせざるを得なくなった。今ではすべてのGPS衛星に、**一般相対論を計算に入れて、信号の周期**

をわずかに遅らせる補正が組みこまれている。

もしアインシュタインが一般相対論を発表しなかったら、GPS衛星の原子時計に誤差が発生する理由は謎のままで、GPSは使いものにならなかっただろう。われわれがGPSを利用できるのは、**アインシュタインのおかげ**なのだ。

（山本弘）

■**注釈：**

※①**OPERA**…Oscillation Project with Emulsion-tRacking Apparatus（写真乳剤飛跡検出装置によるニュートリノ振動検証プロジェクト）の略。名古屋大学の物理学者が提唱したニュートリノ振動という現象の実証のため、名古屋大学F研が中心に行っている国際共同研究。11ヶ国、30機関が参加している。

※②**ナノ秒**…1ナノ秒は10億分の1秒。

※③**特殊相対性理論**…1905年に提唱。10年後には、さらにそれを拡張した一般相対性理論が発表された。

※④**エーテル**…有機化合物のエーテルとは別。宇宙空間に満ち、光を伝達すると考えられた仮想上の物質。

※⑤**光速の壁を超えることは不可能**…物体を加速するのに必要なエネルギーは、光速に近づくほど大きくなる。光速に達するには無限大のエネルギーが必要である。

※⑥**ケーブルの接続不良**…光ファイバーの先端部と、光を検知するフォトダイオードの間に、1・5ミリの隙間ができていた。このため、フォトダイオードが電気信号を発するのが遅れた。

※⑦**双子のパラドックス**…相対性理論によれば、光速に近づくと時間の流れが遅くなる。双子の兄弟の兄がロケットに乗り、光速に近い速度で地球から遠ざかると、地球に残った弟からは兄の時計が遅れて見える。しかし、ロケットに乗っている兄からは、地球の方が動いているので、地球にいる弟の時計の方が遅れる。どちらの時計も相手より遅れるという、おかしなことになる。しかし、2人が時計を比べるためには、兄がUターンして地球に戻らねばならない。このため、両者の関係は対等でなくなる。遅れるのは兄の方の時計である。

※⑧**マイケルソン・モーリーの実験**…アインシュタインがこの実験を元に特殊相対論を作ったというのも実は間違いで、アインシュタインは「特殊相対論の発表以前には実験を知らなかった」と述べている。

※⑨**光速度**…たとえば1987年にD・A・ジェニングスらの行った測定では、光速度は秒速29万9792・4586キロメートルで、誤差はプラスマイナス0・0003キロメートルである。

※⑩**赤方偏移**…光の波長が伸び、スペクトルが赤い方にずれる現象。ドップラー効果によるものと、重力によるものがある。

※⑪**重力による光の屈折**…よく誤解されているが、ニュートン力学でも重力による光の屈折は起こる。一般相対論はその数値（ニュートン力学の2倍）を正しく予言したのである。

※⑫**光学式ジャイロスコープ**…リング状の経路にレーザーを走らせ、サニャック効果による光の干渉から回転を計測する装置。船や航空機の慣性航法装置に使用されている。光ファイバージャイロスコープと、リングレーザージャイロスコープがある。あきれたことに相対論を批判する者の中には、光学式ジャイロスコープこそ相対論の間違いを証明するものだと主張する者がいる。実際は逆なのだが。

※⑬**横ドップラー効果**…光源が光に近い速さで後退している場合、後方から観測すると赤方偏移が生じる。ニュートン物理学では、真横からの観測ではドップラー効果は生じない。しかし特殊相対論では、運動している物体の時間が遅くなるため、波長が伸び、横方向でも赤方偏移が観察される。

※⑭**ほとんどが軍事技術者**…ＧＰＳはもともと軍事利用目的でアメリカが開発したもの。現在では、ロシアのＧＰＳ「ＧＬＯＮＡＳＳ」や中国のＧＰＳ「北斗」も稼動している。

■参考資料：

佐藤文隆、松田卓也『新装版　相対論的宇宙論』（講談社ブルーバックス、２００３年）
霜田光一著、パリティ編集委員会編『歴史をかえた物理実験』（丸善、１９９６年）
松田卓也、木下篤哉『相対論の正しい間違え方』（丸善、２００１年）
「根底崩れた？　相対論……光より速いニュートリノ」（読売新聞、２０１１年9月23日付）
『光速超えるニュートリノ『タイムマシン可能に』専門家ら驚き『検証を』」（産経新聞、２０１１年9月24日付）
「超光速ニュートリノ〝事件〟に幕」〈日経サイエンス〉２０１２年8月号
Ｗｅｂ／「アインシュタインはやはり正しい？　天文学者が『相対性理論を立証』」（AFP BBNews）
Ｗｅｂ／「アインシュタインの一般相対性理論を実証する証拠をまた1つ発見」（Astro Arts）

ニセ科学FILE 16

【アメリカの科学者たちが提唱する新しい科学】

「ＩＤ論」とはなにか？

伝説……

ＩＤ（インテリジェントデザイン）論とは、１９９０年代後半にアメリカの科学者の間から起こった新しい科学の考え方である。

それまでの科学では、生物の進化を含めた世界の成り立ちは、自然の要因によって偶然に起こったものだとしてきた。だが、その中には偶然という言葉では説明できない「デザイン」[※①]――すなわち構想や意図、意志、目的といったものが働いているとしか考えられないものがある。それを科学として認めようという理論と運動が、ＩＤ論なのだ。

21世紀のいま、これまでの科学の前提や方法、哲学はもはや時代遅れになっている。とくに公認学説として権威を振るっているダーウィンの進化論は矛盾だらけだ。一刻も早く新しい科学の枠組みを導入して、現代科学が自ら作り出している限界を突破すべきなのだ。

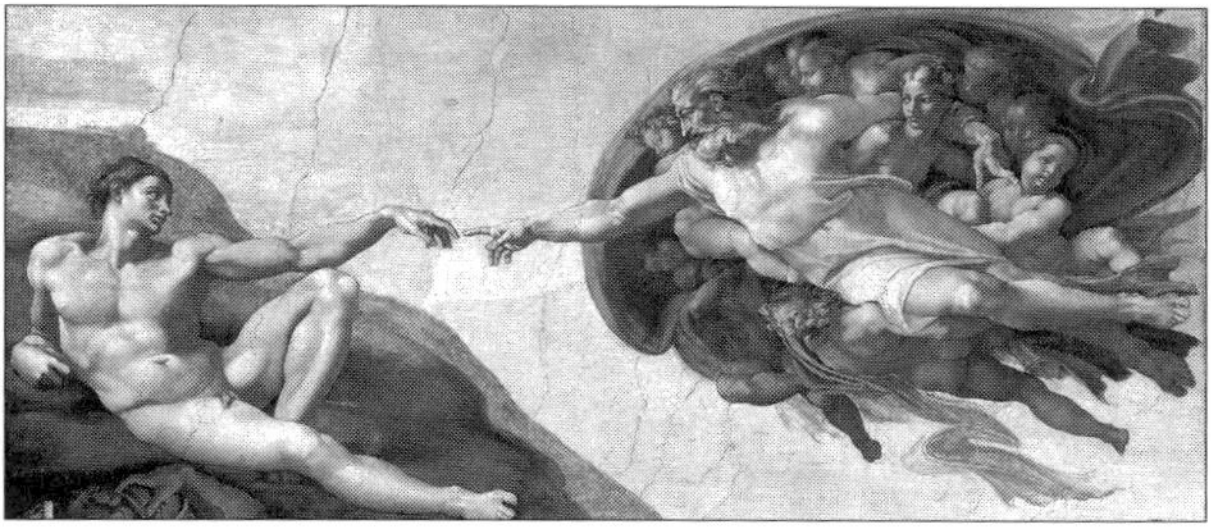

ルネサンス期の画家ミケランジェロが描いた「アダムの創造」。かつて人類は、この世界はすべて〝偉大なる創造主〟が創り上げたものだと考えていた。

インテリジェントデザインは観察と工学的知見に基づいて、知的な設計の存在を認めようという科学である。

このパラダイムシフトによって頑迷な科学では解明できないこともやがてわかる日がくるだろう。我々はこうした柔軟な考え方が教育の現場に取り入れられることを強く希望している。

真相……

ＩＤ論は新しい考え方ではない。

現代科学の夜明けの時代、※②科学的探究は神や聖書といった〝善なる真理〟の存在をはっきりさせることはあっても、否定することはないと考えられていた。

科学技術が日常生活に恩恵をもたらすようになると、さらに多くの人々がいずれ科学は〝善なる真理〟を間違いない事実だと証明してくれると信じるようになった。しかし、残念ながら科学的探究の果てにたどりついた〝真実〟は、多くの場合〝善なる真理〟を裏づけるものではなかった。

真実に失望した人々の中には、それでも諦めず〝善なる真理〟を証明する科学を求めようという動きがあった。科学の枠組みの中で新たな仮説を立てた人もいたし、枠組み自体を変えようとした人もいた。ＩＤ論もそうしたもののひとつに過ぎない。

ＩＤ論のベースになっているのは、**聖書の内容が真実だとする創造科学**[※③]である。創造科学では進化には目的があるというが、その考えは19世紀にスペンサー[※④]が唱えて一世を風靡した説の焼き直しである。ＩＤ論が批判する進化論の限界にしても、**すでに解決済みのものがほとんどで**、進化論に沿って研究をする人々は可能性こそ感じても、限界など感じていない。

●進化論のどこが間違っているのか？

ＩＤ論では、進化論のどこに問題があるとしているのか。創造科学と違い、ＩＤ論では生物の進化そのものまでは否定していない。ただ、**進化には知的なシナリオがある**はずで、**進化が偶然の産物だというのは間違い**だというのだ。具体的な例を見てみよう。

ナショナルジオグラフィックには、生物の進化を巡って「ＩＤ論vs進化論」というテーマの記事が掲載されたことがある。

その記事の中で、ＩＤ論の提唱者である[※⑤]ディスカバリー研究所のケーシー・ラスキン氏はクジラの進化について次のように語っている。

「クジラは世代交代の期間が長く個体数も増えない。これが進化というなら、体組織の発達を急ごうとした結果、最悪のケースを招いたとしか言いようがない。陸生生物がクジラに進化するまでどれだけ突然変異が必要なのか考えてみると、１０００万年やそこらでは不可能で、まったく計算が合わない」

比較的最近になってわかったことだが、クジラの祖先は、カバやラクダのような偶蹄《ぐうてい》類の祖先と近く、細くて長い蹄《ひづめ》を持つ小型の脚のある動物で、淡水の川や池のほとりで水から出たり入ったりしながら暮らしていたと考えられる。それがいまから５３００万年から５０００万年前のことだ。それから４０００万年ほどかけて、[※⑥]古代クジラと呼べるような形に進化を遂げた。

クジラの祖先「パキケトゥス・アトッキ」（国立科学博物館）

なぜそれほどの短期間でクジラが進化できたのか。ＩＤ論の立場にあるラスキン氏はクジラが進化したことは認めつつも、進化論の唱える突然変異だけでは説明できないとする。クジラがそれだけ短期間で進化を遂げることができたのは、なにか特別な存在、つまり**知的なデザイナーがクジラの進化を導いたから**だと主張するのだ。

先のラスキン氏の主張に対し、進化論を支持するオクシデンタル大学の古生物学者、ドン・プロザロ氏は同じ記事の中でこう反論している。

「進化の経過を示す化石が見つかっているんだ。ＩＤ論者のどの反論も、化石に残された事実の前では引き下がるしかない」

進化論では、クジラの進化を突然変異の結果と考える。エサが豊富で競争相手の少ない海辺の暮らしに向いているものが増え、その中でより海での暮らしに適したものが子孫を残す。それが気の遠くなるほど繰り返された結果、ようやくいまのクジラにいきついたのである。

したがって、クジラの祖先が**すべて一直線にクジラに進化したわけではない**。水底を歩くような形のもの、ビーバーのように尾で泳ぐもの、ペンギンのようなヒレのある足を持つものなど、進化の過程で様々な種類に枝別れしており、実際にそれを裏付ける**多様な形態の化石が発見**[※⑦]されている。そしてそのほとんどが絶滅し、今のクジラだけが生き残ったのだ。化石を見ているとＩＤ論に賛同できないとする研究者の意見も当然だろう。

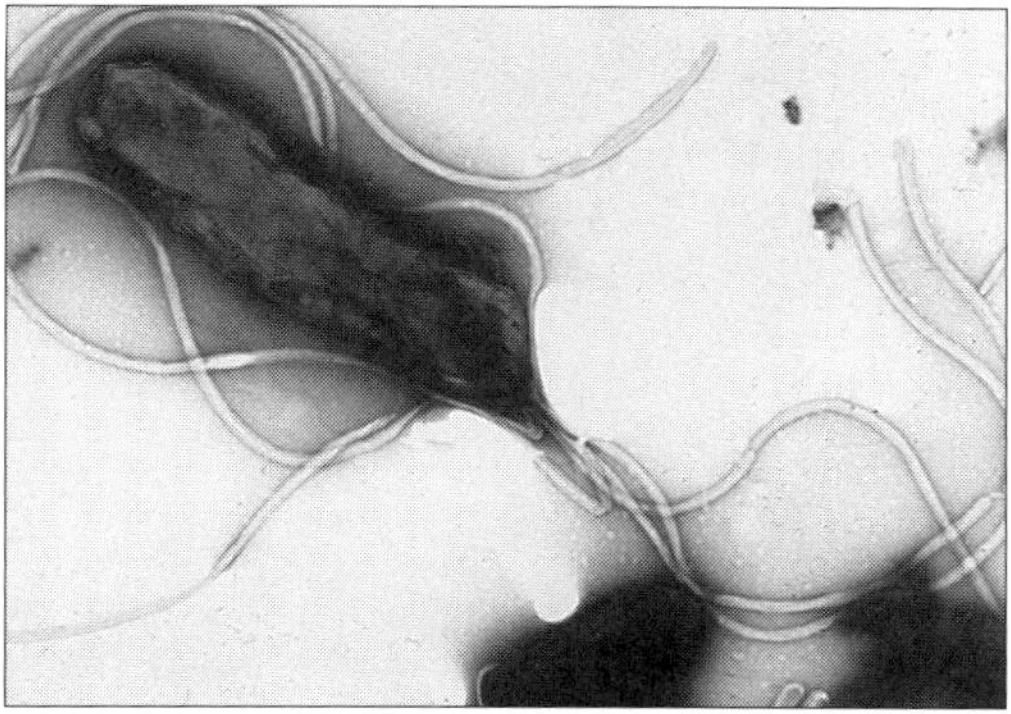
鞭毛を持つヘリコバクター・ピロリ。鞭毛（写真ひも状の部分）の基部にある鞭毛モーターを回転させ、推進力を得て、移動する。

クジラの祖先の中には、ほとんど水中で暮らしていたのに出産だけは地上でするといったものもいた。現在、地球上に生きる動物の中にもそうした例は多い。もしＩＤ論でいうデザイナーがいたとするならば、なぜそんなやっかいな生態を持つ生物を創ってしまったのか。

創造論とＩＤ論の対決で、よく話題になるテーマが**バクテリアの「足」や「鞭毛モーター」**[※8]と呼ばれる仕組みだ。

再びナショナルジオグラフィックの記事を引いてみよう。アメリカのリーハイ大学の生物学者で、ＩＤ論者であるマイケル・ベーエ氏は、

「バクテリアの鞭毛はパーツが1つでも欠けると全体が機能しなくなる。脊椎動物の目と同じように、〝還元不能な複雑さ〟を備えている」

として段階的な進化では説明できないと主張する。これはＩＤ論者お気に入りの主張だ。

しかし、前出のプロザロ氏はこの主張をまたも

一蹴する。

「バクテリアの鞭毛に関しても、その進化過程とみられる**中間的な組織構造が複数発見**されている。バクテリアほど複雑ではない〝**準鞭毛**〟といった組織構造も自然界には存在している」

まるで鞭毛のために作られたように見える仕組みも、元々は別の機能があり、たまたま現在の鞭毛モーターのように動くようになったと考えられるのだという。

●創造科学との関係

ＩＤ論は新しい科学を自称するだけあって、現代科学のすべてを否定するわけではない。多くのＩＤ論者は自分たちの研究は、宗教とは無関係だとしている。だが、もともとの下敷きになっている創造科学を否定するような主張はなるべく避ける傾向がある。

ＩＤ論者が進化論支持者と議論する際も、**地球の古さや人類の起源は話題にしない**ことが多い。生物の進化をもたらした知的デザイナーについても、その正体を追及するのは研究の目的でないとして、**神との関係については触れない**。こうしたスタンスのため、ＩＤ論の主張は、彼らが矛盾だらけと批判する**進化論よりもさらに矛盾に満ちたもの**になっている。

したがって、ＩＤ論をめぐる議論はきわめて難解で抽象的なものになる。ＩＤ論者が科学哲学や宇宙の存在意義、科学の限界などに論点を誘導してしまうからだ。

最初に述べたように現状で進化論が行き詰まっていると考えている研究者はほとんどいないし、ＩＤ論によって定説を覆すような事実が発見されたこともない。科学研究の上ではＩＤ論は必要とされていないのだ。

●主戦場は学校教育

ＩＤ論支持者が進化論批判を続けるおもな理由は教育にある。

アメリカの保守層が多い地域では、子どもにキリスト教に根差した教育を受けさせたいと考える人が多く、**学校で進化論を教えることに根強い反発**がある。[※⑨] 学校で進化論を教え、性教育を行うからという理由で、自宅で両親が子どもを教育する「ホームスクーリング」を選ぶ親もいる。こうした人々を組織して、その意向を州の政治に反映させようとする社会運動が、ＩＤ論を推進しているのだ。

しかし、近年になってアメリカの裁判では、創造科学を宗教だとし、[※⑩] **科学教育にはふさわしくない**とする判決が出るようになってきた。それを受けて、ＩＤ論者は子どもに多様な考え方を教えるために、進化論以外の考え方も学校教育に含めるべきだという主張に切り替えてきている。

こうした考え方は、特定の宗教的信条を持たない人の賛同を得やすいため、オクラホマ、テネシーのふたつの州でＩＤ論推進派の提案にもとづく法案が可決された。これに対して子どもがよりよい科学教育を受ける機会を守りたいとする教師たちは危機感を持っている。

●社会問題としてのＩＤ論

ＩＤ論はアメリカで話題となっているローカルな問題であるが、親が望む道徳的な内容であれば、科学的な成果が見えないものでも子どもに教えてよいのかということを考えると、他人事では済まない面もある。実際、日本でも「道徳的に良い話」を**「科学的に間違っている」と指摘するのは野暮である**と考える人は多い。また権威的な主流への批判は尊重されるべきだという主張に共感する人もいるだろう。

だが、科学教育とは本来、**真実にたどり着くための方法や姿勢を教えるもの**である。本当に子どもたちのことを考えるのだとすれば、ＩＤ論などの〝願望を押し付ける道徳的な良い話〟を教育に持ち込むのは不適切であり、大人たちのエゴだと言えるのではないだろうか。

（ナカイサヤカ）

■注釈：

※①**デザイン**…英単語の「design」には、デザインや設計の他、もともと計画や目的、意図、たくらみ（複

数形の場合）といった意味もある。

※②**科学的探究と神の関係**…例えばニュートンは神学者としての研究も多く残しており、ボイルも自分の遺産の一部を使って無神論に対抗する講義をするようにと遺言した。

※③**創造科学**…宇宙や地球は聖書の記述通り、数千年から古くとも数万年前に創造主によって天地創造された、とする考え方。生物も基本的にいまある姿で創造された、との立場をとるため、進化論も否定する。

※④**ハーバート・スペンサー**（１８２０〜１９０３）…イギリスの哲学者、社会学者、倫理学者。生物だけではなく社会なども含めて万物は進化すると考えた。「進化」「適者生存」などはダーウィンではなく、スペンサーの言葉。

※⑤**ディスカバリー研究所**…米国シアトルに本拠を置くＮＰＯ民間シンクタンク。キリスト教系の組織の支援を受け、ＩＤ論や創造科学の研究推進活動の中心となっている。

※⑥**古代クジラ**…現在のクジラとは異なるムカシクジラ亜目に分類されるものの中で、ひれと尾びれを持って、水中生活に適した形態になったもの。

※⑦**多様な形態の化石が発見**…ひれとして使っていたらしい４本の短い足があるロドケトゥスはヨーロッパ、アジア、アメリカなど広い地域で発見されている。その仲間のマイアケトゥスと名付けられた化石はパキスタンで見つかった。ごく細い足があるイルカのような姿だが地上で出産していたと考えられる。

※⑧**鞭毛（べんもう）モーター**…イオン濃度差という電気的な力で高速回転する。この鞭毛モーターを持つバクテリアで代表的なのは、胃潰瘍などの原因となる、ヘリコバクター・ピロリ。

※⑨**アメリカの保守教派**…「キリスト教右派」、「キリスト教根本主義」、「福音主義キリスト教会」などが

代表的な存在。

※⑩**科学教育にはふさわしくないとする判決**…２００５年にカリフォルニア大学が創造科学の教科書で科学教育を受けた高校生の入学を、大学教育のために適切な科学教育を受けていないと拒否した。受験生側が訴えたが、大学が勝訴。

■参考文献：

Ｗｅｂ／「5分でわかるＩＤ理論」
Ｗｅｂ／「創造デザイン学会ホームページ」
Barbara Forrest, Ph.D, 〝Understanding the Intelligent Design Creationist movement: Its true nature and goals a position paper from the center for inquiry office of public policy〟 Center for Inquiry, Inc. Retrieved 2007-08-06
Ｗｅｂ／「ナショナルジオグラフィック ニュース」（２００９年11月27日）
Ｗｅｂ／「進化論対『ＩＤ』論：クジラ」
Ｗｅｂ／「進化論対『ＩＤ』論：バクテリアの足」
Ｗｅｂ／「ナショナルジオグラフィック ニュース」（２００８年９月11日）
Ｗｅｂ／「古代のクジラはバタフライをしていた?」
〝Victory again in California creationism case〟（2010/1/12）
Ｗｅｂ／National Center for Science Education（NCSE＝全米科学教育センター）

第三章 人体にまつわるニセ科学の真相……

ニセ科学 FILE 17

【人間の性格は血液型で決まっている】

血液型性格判断は信用できるか？

伝説……………

血液型の違いによって、人の性格や行動、相性などが的確に予想できることは、誰もが体験的な事実として知っている。

かつては血液型というと非科学的な占いとバカにする人もいた。しかし、現在では、血液型特有の性格や行動が存在することは、リアルな実感としても、また科学的なデータによっても十分に支持されている。血液型が企業の人事や教育の現場で活用される例が増えていることは、血液型が現実に有効かつ応用範囲の広い適性診断ツールになることを雄弁に物語っている。

現代の血液型性格判断を築いた能見正比古[※①]・俊賢らは、数十万、数百万件ともいわれるアンケートデータや、政治家やスポーツ選手など100ジャンル以上の職業の血液型分布データを分析して、性格や職業が血液型に規定されることを実証的に明らかにしてきた。こうした研究は、その後も着々と進められ、現在では海外の研究者からも肯定的なデータが次々と報告されるようになった。

加えて、近年では医学や遺伝学の研究が進み、血液型によって特定の疾病へのかかりやすさが異なることも明らかになった。たとえば免疫力が強く梅毒にかかりにくいO型は、開放的で社交的な性質を身につけ、逆に免疫の弱いAB型は神経質で内向的な性格を身につけてきたと考えられる。こうした科学的な説明モデルは、血液型性格判断を理論面から裏づけるものとして注目されている。

これらの証拠を偏見なく見れば、血液型と性格の関連性は疑いの余地のない科学的理論として確立されており、現実の人間関係の理解に十分に応用可能であることは間違いない。

真相

●血液型性格判断の現状

筆者（菊池）らの研究グループは、疑似科学への信奉度の調査を継続的に行っている。

2012年に、※②学校教員と高校生を対象に実施した調査では、※③「血液型性格判断はよく当

血液型と性格の間に信頼のある関係があると思うか

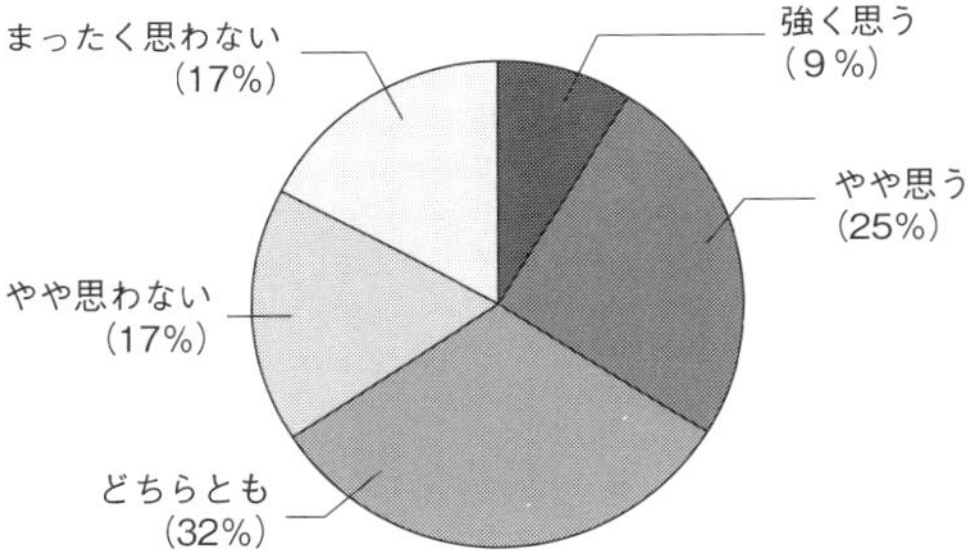

（2005年　長野県の高校生910名を対象とした調査より）

たると思う」という質問に対する肯定率は、**高校生で49%、教員でも36%**であった。また、「血液型と性格の間には科学的に信頼できる関係があると思う」という項目には、**高校生で24%、教員ですら18%**が肯定的に回答している。血液型性格判断が、現在の日本にしっかりと根付いており、単なる占い以上に信頼されている様子がうかがえる。

では、血液型性格判断は、実際のところ、どの程度正しいのか？

これははっきりしており、現在のところ、心理学の研究成果からは**血液型性格判断の有効性は明確に否定**されている。むろん、占いをバカにして頭から否定しているのではなく、多くの研究者の手によって信頼性の高い研究が繰り返し行われた結果、現在の血液型性格判断が主張するような明確な違いが実際には観察されなかったためだ。その一方で、提唱者たちの主張には、**科学的に不適切な方法論や統計のトリックが数多く使われている**ことも明らかにされた。これらの事実から、血液型性格判断は科学的主張として明確に退けられているのである。

ただし、それは血液型と性格の間に何の関連もないということとイコールではない。ひょっとすると、性格の測定法の進歩などによって、将来には微妙な関係性が見つかるかもしれないし、それは科学的な仮説として研究可能なものであるだろう。

しかし、この仮説は現在広く流布している血液型性格判断とは関係がないことは注意しておきたい。血液型性格判断は、「血液型で性格や適性が明確に診断できる」という主張であって、厳密な調査でほんのわずかな（応用は無理なような）関連性が見つかるかも、というのとはまるで別の話である。そのようなわずかな関連性の可能性を持ち出すこと自体、血液型性格判断の主張の否定になっていることは覚えておこう。たとえてみれば、宇宙探査技術の進歩によって他の惑星に生命が見つかる可能性があるからといって、現在、ＵＦＯに乗った金星人が地球に来ているという話が支持されるわけではないのと同じだ。

●血液型性格判断の歴史

ＡＢＯ式血液型は１９００年にオーストリアのラントシュタイナー※④によって発見され日本にも紹介された。これに着目した、※⑤古川竹二・東京女子高等師範学校（現お茶の水女子大学）

ABO式血液型を発見したラントシュタイナー（左）。血液型と気質について研究した古川竹二（右、提供：お茶の水女子大学）。

教授は、血液型と気質の間に関連があるという説を唱え、１９２７年（昭和２年）に研究論文「血液型による気質の研究」を、学術雑誌『心理学研究』に発表した。これをきっかけに、当時の最新の知識であった血液型を応用する試みが多方面で関心を集めた。特に日本軍は、大量に徴兵した若者の適性を効率よく判断し、また健康状態を管理する必要に迫られていたため積極的に取り組んだようだ。こうして昭和の初めに最初の血液型ブームが巻き起こったのである。

この時期の研究は、現在の水準で見れば未熟なものだったが、科学的な態度で取り組まれ、古川の研究は欧米の専門誌にも掲載されるなど、それなりに高く評価されていた。こうして３００以上もの研究が学術論文や学会で発表され議論された結果、最終的には**古川説は誤りであった**という結論が合意を見たのである。これは、一つの仮説が提唱され、科学共同体がその説を追試し、再現性や信頼性などを詳細に検討した結果、当初の誤りが確認されたというよくある話であり、その意味で科学という制度が正しく機能した一例である。

ところが、1971年になって、ジャーナリストの能見正比古の『**血液型でわかる相性**』[※⑥]によって古川学説は突如復活した。能見の主張は、基本的に古川を踏襲しているが、科学的な仮説として検討されたことが仇となった点にも学んだのであろう。能見とそのフォロワー達は、科学の検証のルールに背を向けて、多くの場合、研究経緯不明の自説を**一般向けの書籍で普及させることに専念**したのである。その一連の著書は、有名人のエピソードや実用的なアドバイスを巧みにからめたもので、一般の読者に広く受け入れられるベストセラーになり、現在に至る血液型ブームを不動のものにした。

●心理学者たちによる研究

こうした事情があったため、復活した血液型性格判断は、学術的な研究対象にはならなかった。しかし、80年代以降に血液型が社会的現象になるに従い、心理学者の中にも問題意識や好奇心をもって取り組もうとするケースが出てきた。たいていは、学生が卒論テーマに選んだことがきっかけだったりするのだが、少なくともけんもほろろに拒否する態度だったわけではない。

かくして、80から90年代にかけて、血液型性格判断を検証する研究が数多く行われ、それぞれが論文として公表されている。そして、こうした研究のほとんどすべてが、**これでもかというほど否定的な結論**を出している。[※7]性格理論や調査法について専門的な訓練を受けた研究者が、それなりに実績のある複数の方法で、多方向から独立に調査した結果、軒並み、安定した結果は何も出ないのである。もし、能見らの言うように、血液型によって性格や適性がはっきりと見分けられるとすれば、この網にかからないと考えることは全くもって不自然きわまりない。総合的に判断するならば、血液型性格判断が誤りであると結論づける以外に合理的な選択はないのである。

では、血液型の違いによって罹患しやすい・しにくい病気があるという主張はどう考えるべきなのか。まず、この罹患の差はまだ十分に立証されたものではなく、確定された事実ではない。また、仮に関連があったとしても、**ごくわずかに検出できるかできないかレベル**の話である。そうしたわずかな違いが、進化の過程の中で影響を与えてきたという仮説は興味深いのは確かだが、これも現状ではやはり机上の空論と判断するしかない。いくら、病気のかかりやすさの違いが性格の違いにつながるという因果を論じたとしても、現実の性格や行動の違いが、**再現性をもって確認されていない**のだ。

「免疫に関するモデルで血液型による差は説明できる」という表現は正しいかもしれないが、

前提となる観察事実はそうなっていないのである。説明できることは仮説の証明の必要条件であって十分条件ではない。

●血液型性格学の提唱者達のトリック

一方、主張者たちが根拠にしている実証的データもあるにはあるが、それらを調べてみると、そこには基本的な調査技法やデータ分析方法の誤用を数多く認めることができる。

たとえば、能見は2万人以上からアンケートを集めて、その結果から自説は裏付けられたというが、その詳細が研究論文として公開されたことはない。しかも、そのアンケートは、自著の愛読者カードや、講演会に参加した人たちから集めたと説明している。こんな方法で集めたデータであれば、**自説に有利な結果が出ない方がおかしい**。たとえばコミケに集まった人たちに「あなたはアニメ好きですか？」と聞いているようなものだ。血液型性格学に対して好意的な人、うまく騙されている人たちだけをサンプルにしているのである。このような歪みの大きなデータは何の根拠にもならない。実際に、心理学者が厳密なサンプリング方法で行った調査研究では、**血液型性格判断を支持するデータは得られていない**。

また、この手のデータとしては、スポーツ選手にB型が多いとか、政治家にO型が多いといった数値が出されることがある。これらは嘘ではないにせよ、子細に吟味してみれば、たいていの場合、血液型による差を強調する統計的なトリックが駆使されている。たとえば、手当たりしだいさまざまなグループをさまざまな時期に調査して、**統計的に偏りがありそうなところだけ後付けで解釈する**手法である。こうした方法は、調査統計では「第一種の過誤（タイプワンエラー）」の誤謬を招くものとして戒められているものだ。つまり、下手な鉄砲を数撃って当たった（統計的に差があった）ところだけ取り出して、他の部分は隠してしまえば、自説を支持する客観的なデータはいくらでも作れてしまうのだ。いわば『**聖書の暗号**』[※⑧]**と同じようなもの**である。

こうした統計の誤用やトリックは、調査統計の初学者にとって非常に参考になる実例であるため、血液型性格判断は、大学の調査法の教材にしばしば使われているのである。

●なぜ血液型性格判断は信じられてしまうのか

心理学の研究者たちは、血液型性格判断が、なぜ多くの人たちに信じられてしまうのかを明らかにするために、さまざまな切り口からの研究に取り組んできた。そこで、強い影響力があると考えられたのは「**的中感**」である。信じる人にとっては統計データよりも体験なのだ。つまり、血液型による診断は自分のことを言い当てているように思えるし、血液型がわかると人の行動が理解できるように感じられる。こうした「思い当たるフシがある」が、血液型への信奉を支えている。

しかし、こうした素朴な実感は、自己認知と対人認知の錯覚から容易に生み出される。自分に対するあいまいな性格描写が的中しているように感じられる現象は、**バーナム効果**[※9]（もしくはフォアラー効果）として広く知られている。

たとえば、「あなたには寂しがり屋のところがある」「集中力にむらがある」「現実的な面とロマンチックな面をあわせもつ」などと言われれば、どんな人でも心当たりはあるだろう。人は、自己に関する利用可能な記憶の中から適合例を選択的に見つけ出し、また、あいまいな状況を血液型診断に都合良く歪めて解釈してしまうのである。

また周囲の人たちを血液型の予期をもって見ていれば、それに合致した例は次々と見つけることができるだろう。さまざまな人が、多様であいまいな行動をとる中に、予期に合致することは確実にある。予期に合った例は強く記憶に残り、他は忘れ去られるか例外として無視される。こうした対人認知の歪みから、血液型の信念は具体例で強化されていくのである。

たとえば、心理学者の坂元章[※10]が行った実験では、ある女子学生の行動について書かれた文章を読むときに、その人はA型だという予期を与えておくと、行動記述の中からA型の特徴だけがよく思い出され、B型だという予期があると、B型の特徴ばかりが思い出されるという現象を報告している。

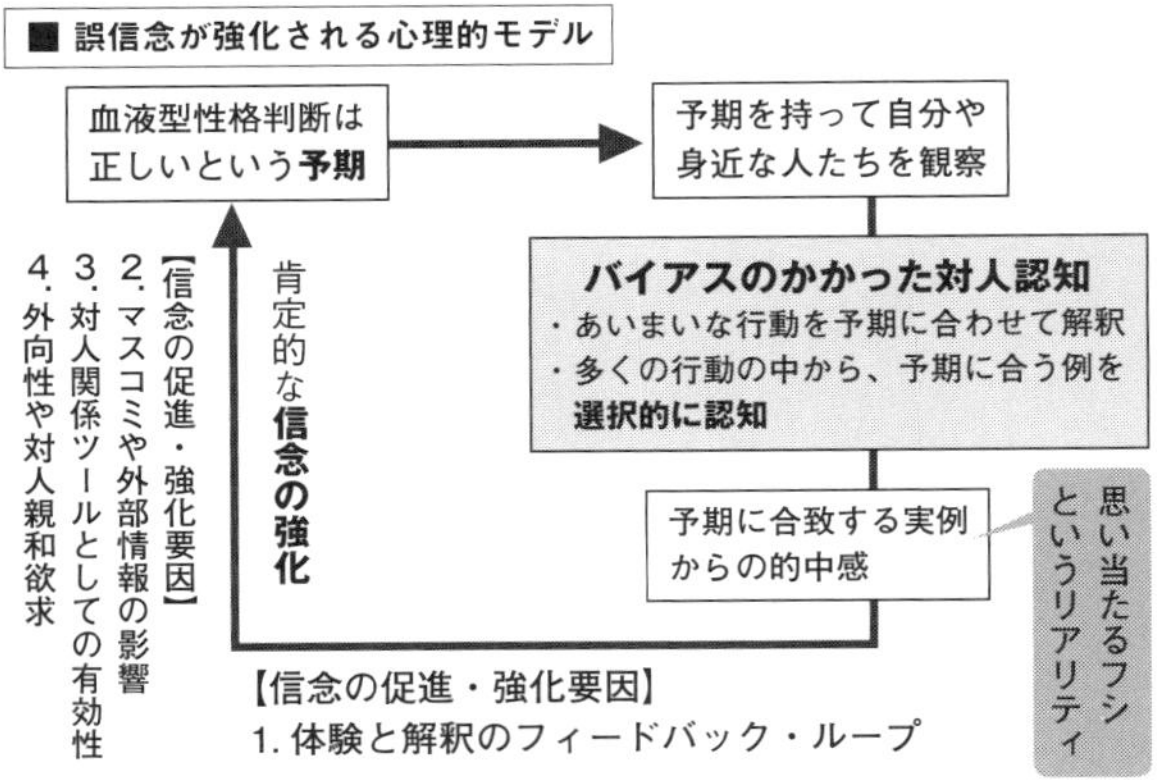

血液型性格判断に対する肯定的な予期によって、的中体験を選択的に認知し、その結果がフィードバックされることで当初の信念が強化される。

血液型性格判断を批判的に研究した心理学者の大村政男[※11]は、血液型性格学の性格描写が誰にでも当てはまることを**「フリーサイズ」効果**と呼んだ。加えて、そう言われるとそう思えるという**「ラベリング効果」**、言われたとおりに思い込んでしまう**「インプリンティング効果」**をあわせてFBI効果と称し、血液型性格判断を信じるメカニズムを整理している。

●血液型性格判断が受け入れられることの危険性

血液型性格判断といったものは占いの一種なのだから、その科学的根拠を云々することを野暮と考える人もいるだろう。しかし、現在の日本における血液型性格判断は、単なるお遊びではなく、実証的な根拠があるかのように受け取られ、社会に対して一定の影響力を持っている。
たとえば企業の採用や人事管理や教育現場で血液型が活用される例は、しばしば**ユニークな活用法として好意的に紹介**されることもある。しかし、遺伝によって決まる血液型をもとに、根拠のない枠組で人間関係や能力が評価され、人事採用や配置、処遇などが決められてしまうことには大いに問題がある。また、血液型による性格表現はB型やAB型などの少数者に不快な決めつけとなることが多く、**ブラッドタイプ・ハラスメント**[※⑫]と呼ばれる問題を引き起こしていることは覚えておきたい。

（菊池聡）

■**注釈：**

※①**能見正比古**〔のみ・まさひこ〕（1925～1981）…ジャーナリスト。東京女子高等師範学校に通っていた姉の影響で血液型と性格の関係性に興味を抱き、研究に着手。血液型性格判断に関する著作を数多く発表し、一大ブームを巻き起こす。1981年に死去した後は、息子の俊賢〔としたか〕（1948～2006）がその研究を引き継いだ。

※②**学校教員と高校生を対象に実施した調査**…小中高教員151名、高校生608名に対する質問紙調査。肯定率は五段階の選択肢で「強くそう思う」と「ややそう思う」と答えた人の割合。日本教育心理学会第55回総会にて報告。

※③**血液型性格判断**…現在の血液型性格判断の隆盛を築いた能見正比古は、自説を「血液型人間学」と称した。これに連なる幾多の言説は、血液型性格学とも血液型診断とも、また単に血液型占いとも呼ばれるが、ここではそれらを総称して血液型性格判断と総称する。

※④**カール・ラントシュタイナー**（１８６８〜１９４３）…オーストリアの病理学者、血清学者。１９００年にＡＢＯ式血液型を発見。この時、発見したのはＡＢ型を除く３つの血液型で、当初はＡ型、Ｂ型、Ｃ型と呼んでいた。１９３０年、その功績を讃え、ノーベル生理学・医学賞を与えられた。

※⑤**古川竹二**（１８９１〜１９４０）…教育学・心理学者、著書に『血液型と気質』（三省堂、１９３２）など。

※⑥**『血液型でわかる相性』**…１９７１年、青春出版社刊。塩澤実信『本は死なず〜売れる出版社の戦略に迫る』（展望社）』によると、同著は１４６万部を売り上げたという。

※⑦**性格理論**…たとえば人の性格を少数の基本的な構成単位（因子）の組合せと強さで表す「性格特性論」の立場からは、性格の基本次元について多くの理論が提唱されて、性格検査を用いた研究が行われてきた。近年は、性格を外向性や神経症傾向などの基本５因子（Big Five）で説明するモデルがよく知られている。

※⑧**『聖書の暗号』**…ヘブライ語で書かれたオリジナルの聖書には、未来の予言が隠されているというもの。アメリカのジャーナリスト、マイケル・ドロズニンは、聖書の文字列から一定の間隔で文字を拾っていくと、ヒトラーの出現やイスラエルのラビン首相の暗殺が予言されていると主張。その結果をまとめた『聖書の暗号』は世界的なベストセラーになった。しかし、後に単なる偶然であったことが判明している。

※⑨**バーナム効果**…老若男女が楽しめるサーカスを率いたアメリカの興行師Ｐ・Ｔ・バーナムにちなんで、あいまいな性格描写が誰にでも当てはまるように感じられる現象はバーナム効果と名付けられた。

※⑩**坂元章**…１９６３年生まれ。お茶の水女子大学教授。メディアと人間心理の関連性に関する多くの研究で知られている。

※⑪**大村政男**…１９２５年生まれ。日本大学名誉教授。血液型性格判断に対する懐疑的研究の第一人者。

※⑫**ブラッドタイプ・ハラスメント**…日常会話の中などで、血液型による性格の決めつけがなされることは一種のハラスメントとなる。多くの心理学者は、これをブラッドタイプ・ハラスメントと呼んで、血液型の話題を強要したり、聞き出そうとすることなどを戒めるべきだと主張している。

■**参考文献：**

藤田紘一郎『パラサイト式血液型診断』（新潮社、２００６年）
宮元博章・田村美恵「血液型性格判断を斬る」菊池聡・宮元博章・谷口高士（編）『不思議現象　なぜ信じるのか　こころの科学入門』（北大路書房、１９９５年）Pp.138-143.
大村政男『血液型と性格』（福村出版、１９９８年）
大西赤人『血液型の迷路　性格判断ブームを検証する』（朝日新聞社、１９８６年）
小塩真司『性格を科学する心理学のはなし 血液型性格判断に別れを告げよう』（新曜社、２０１１年）
坂元章「血液型ステレオタイプによる選択的な情報使用―女子大学生に対する2つの実験」〈実験社会心理学研究 35〉Pp.35-48.
詫摩武俊・佐藤達哉（編）『現代のエスプリ 血液型と性格 その史的展開と現在の問題点』（至文堂、１９９９年）

ニセ科学 FILE 18

ゲームをしすぎると脳がダメになる？

【ベストセラー本が明かした恐るべき事実】

伝説……

2002年、日本大学文理学部体育学科の脳神経学者・森昭雄教授の著書『ゲーム脳の恐怖』（NHK出版）がベストセラーになった。その中では「テレビゲームを長期間おこなっている人の脳波が、重い痴呆の人の脳波にたいへん類似している」（22ページ）というショッキングな研究結果が発表されている。

森教授は独自に開発した簡易脳波計によって、ゲームをやっている被験者の脳波を測定し、「ノーマル脳人間タイプ」「ビジュアル脳人間タイプ」「半ゲーム脳人間タイプ」「ゲーム脳人間タイプ」の4種類に分類している。このうち深刻なのは、週に3～4回、1日に2～7時間ゲームを長くやっている「ゲーム脳人間タイプ」の脳波で、※①β波がα波よりも下がっている。これは重い痴呆の人の脳波の特徴である。β波が下がっているということは、人間の判断力を司る前頭前野の働きが低下していることを意味する。

森教授はこの「ゲーム脳人間タイプ」について、「このタイプにはキレる人が多いと思われます。ボーッとしていることが多く、集中力が低下しています。学業成績は普通以下の人が多い傾向です。もの忘れは非常に多い人たちです。時間感覚がなく、学校も休みがちになる傾向があります」（78ページ）、「主観かもしれませんが、表情が乏しく、身なりに気をつかわない人が多いようです。気がゆるんだ瞬間の表情は、痴呆者の表情と非常に酷似しています。ボーッとしているような印象です。ゲーム仲間で集まることが多いようですが、関わりあいは浅く、ひとりで内にこもる人が多いようです」（100ページ）などと分析している。

真相

森教授は「脳神経学者」を名乗っているが、**脳や神経の研究が専門ではない**。日本大学大学院文学研究科の出身で、博士課程で医学に転向、筋肉に関する論文で医学博士号を取った。日本大学のプロフィールを見ても、教えていたのは「生理学」「解剖学」「運動生理学」である。そのため、**脳波に関する基本的な知識が欠落**している。

森教授はα波を「高振幅徐波[※②]」と呼び、β波の振幅をα波の振幅で割ったβ/α値を脳の異常を示す指標としている。しかし、α波は徐波ではないし、眼を閉じて安静にしていれば自然に発生する程度のものであり、何ら異常なものではない。

『ゲーム脳の恐怖』55ページでは、「考えごとをしたり、頭を使うようなことをすると、β波がよく出ます」とも書いている。これも不正確である。実際は大脳皮質の活動が活発化すると、α波だけではなく、すべての脳波の振幅が小さくなる。ただ、β波が小さくなる割合はα波ほどではなく、α波がより小さくなるのでβ波が目立ってくるのである。

●安静にするのは危険？

『ゲーム脳の恐怖』では、「ゲーム中の脳波は痴呆と同じ」（同書20ページ）とか、「α波とβ波が重なると痴呆」（同書59ページ）などと書かれている。注意深く読まない人なら、危険な状態だと早とちりするかもしれない。しかし61～63ページでは、痴呆者への聞き取り中の脳波と健常者の安静時の脳波が比較され、「痴呆の人の聞き取り中と健常な人がボーッとしているときの脳波が似ていることがわかります」と述べられている。言い換えれば、ゲーム中の脳波は健常者の安静時の脳波に似ているということだ。森教授の理屈だと、**安静にするのは危険**ということになってしまう。

β波は、脳にストレスがかかっているときに強く出る。常識的に考えれば、β波が強い状態の方が脳にとって良くないはずだ。森教授自身、『ゲーム脳の恐怖』112～113ページで、「ホラー映画のような異常な緊張を伴うテレビゲームをおこなうことで、β波が増大していました」と書き、こうした緊張状態が続くと「自律神経のバランスが崩れてしまいます」などと警告している。つまりゲームがβ波を下げるのも上げるのもいけないというのだ。

小学校の掲示板に貼られていた『小学保健ニュース』（2005年10月18日号）。筆者（山本弘）が娘の通う小学校で撮影。

　その一方で森教授は、「ゲーム脳」防止のために、ジョギングなどの運動、お手玉や10円玉立てなどの手先を使った遊びを推奨している。こうした運動をすると一時的にβ／α値は下がるが、終わると回復する。これが脳に良いというのだ。一方、同書24ページには、[※④]「携帯型ゲームの積み木合わせゲーム」をしているときの脳波のグラフが載っているが、こちらもゲーム中はβ／α値が下がるが、終わるとすぐに回復している。

　つまり、運動でもゲームでも同じ結果が出ているのに、**運動は良いがゲームは有害だ**と言っているのである。

スポーツ選手の中には、大事な試合中、緊張を強いられて、強いストレスにさらされている者もいるはずだ。それはゲームのような遊びによるストレスとは比較にならないだろう。しかし森教授は、**スポーツによるストレスは都合よく無視**するのだ。

●信用できない測定装置

β／α値を脳の異常の指標とするのは、森教授の独自の主張であり、根拠がない。精神科医や大脳生理学の専門家は誰もそんな主張を支持していない。「α波とβ波が重なると痴呆」というのも、臨床医からは否定されている。

そもそもα波はおもに後頭葉から強く出る。α波の強さを調べても、前頭前野の活動がわかるわけがないのだ。

それに対し、δ波[※⑤]やθ波[※⑥]は、赤ん坊や子どもには現われるが、健康な成人が目覚めているときには、めったに現われない。こうした脳波が現われると、脳に異常がある可能性がある。たとえばδ波は、統合失調症や認知症の人だと増えることがわかっている。また、棘波[※⑦]や鋭波といった脳波も、脳の異常の指標となる。

ところが、森教授の開発したブレインモニタEMS-2000という装置は、1台90万円もするというのに、**α波とβ波しか測れない**。つまり脳の異常を検知するのに不向きなのである。従来の10万円ぐらいの簡易脳波計でも、δ波やθ波が測定できるというのに。

森教授と共同でEMS‐2000を開発した株式会社イーオス[※8]は、もともと医療機器メーカーではなく、自動券売機や自動販売機、水分計などを作っている会社である。奇妙なことに、この会社は『ゲーム脳の恐怖』がベストセラーになって注目を集めたにもかかわらず、マスコミの取材に応じようとせず、公式サイトからEMS‐2000を含む**活動脳波分析装置についてのページを削除**してしまった。

●脳波を測っていたのではなかった？

それどころか、森教授が測定していたのは「脳波」ではないという指摘もされている。

森教授は、脳波の測定方法について「双極誘導[※9]」だと言い、「おでこに二つの電極をつけ」、それとは別に「不関電極という電極を一つ、おでこの毛の生え際のあたりに貼りつけます」と説明している（『ゲーム脳の恐怖』58ページ）。しかし、不関電極というのは単極誘導[※10]で用いられるもので、双極誘導では使わない。しかも、不関電極は脳波の測定の基準になる点であり、脳波の影響を受けない耳たぶにつけなくてはならない。おでこにつけると、不関電極が脳波をとらえてしまい、**正確な測定ができない**のだ。

■ EMS-2000における脳波の測定法

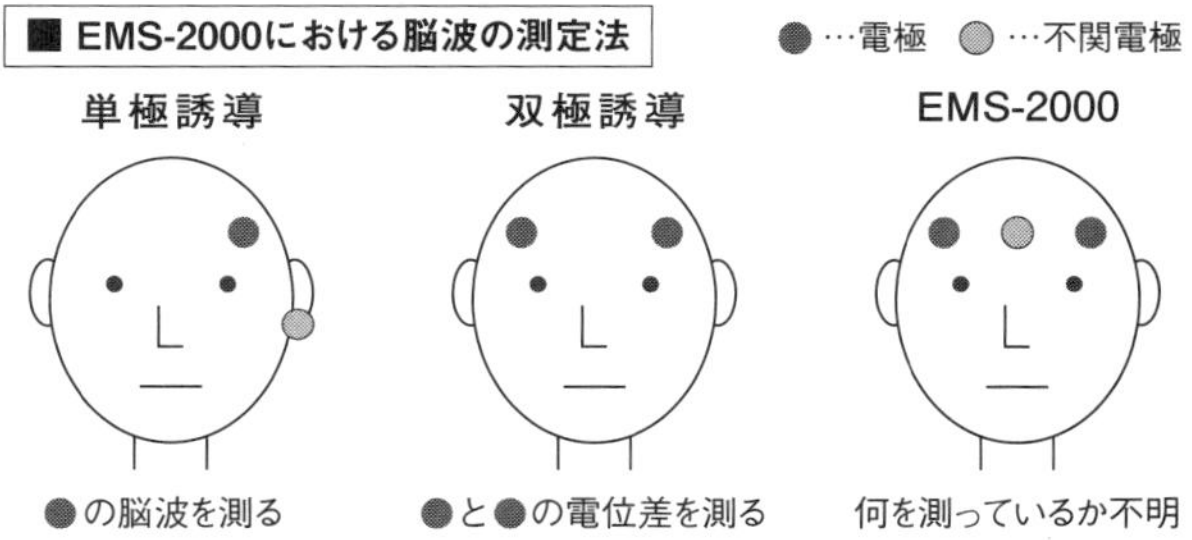

森教授は耳たぶにつける不関電極をなぜかおでこにつけている。（Web「『ゲーム脳』徹底検証　斎藤環氏に聞く ゲーム脳の恐怖 2」を参考に作成）

脳波を測定する際には、アーチファクト[※11]（本物の信号とまぎらわしいノイズ）に注意しなくてはならない。特に、まばたきをしたり、眼を上下左右に動かしたりすると、眼の周囲の筋肉が電気信号を発する。森教授のように、おでこで脳波を測定すると、眼の周囲から出るアーチファクトを拾ってしまうのだ。

メディカルシステム研究所のサイトによると、『ゲーム脳の恐怖』に書かれているのと同じやり方で脳波を測定したところ、13～30ヘルツのβ波の帯域のアーチファクトがとらえられていることが確認されたという。それはまばたきをしただけで増加し、β／α値が見かけ上、上昇した。森教授がβ波だと思っていたものは、実はほとんどが**本物の脳波ではなく、アーチファクトであった**らしい。森教授が実験に用いたのは、おもに携帯ゲームである。ゲームに熱中して、小さい画面を見つめていると、眼球運動の幅が狭くなり、アーチファクトも減るのではないかと考えられる。

●ゲームについて無知

「このタイプにはキレる人が多いと思われます」「表情が乏しく、身なりに気をつかわない人が多いようです」などという記述は、すべて森教授の主観であり、「ゲーム脳」との関連が統計で示されているわけではない。「学業成績は普通以下の人が多い」「学校も休みがちになる」というのも、本当ならきちんと統計を取って示すことは可能なはずだが、やっていない。そもそも『ゲーム脳の恐怖』の中では、何人ぐらいの被験者を集めて、その中の何人が「ゲーム脳人間」だったのかという、基本的なデータすら示されていない。

森教授は脳波だけではなく、**研究対象であるゲームについても無知**である。たとえば実験に用いた「自分が敵にみつかって殺されないように敵陣に進入し、相手を威嚇しながら画面上で突き進んでいくというゲーム」のことを「**ロールプレイングゲーム**」[※12]と呼んでいる（104ページ）。説明からすると『バイオハザード』か『メタルギアソリッド』のようだが、**どちらもロールプレイングゲームではない**。

森教授は、こうしたスリルのあるゲームをやっていると、「ナイフで自分を防御しようと思うようになるかもしれません。さらにエスカレートすると、自分の身を守るために警官のピストルを奪おうとする行為に及んでしまうかもしれません」と警告している。しかし、1998年に発売されたプレイステーション版『バイオハザード2』は日本国内だけで215万本も売れたし、同年の『メタルギアソリッド』も78万本売れている。森教授の言うことが正しいなら、日本中で警官のピストルを奪おうとする者が激増していないとおかしい。

●ゲームに悪影響はあるのか？

そもそもゲームは人間の性格や行動に悪影響を及ぼすのだろうか？

ハーバード大学医学部のローレンス・カトナー博士らが、1254人の中学生を対象にした調査によれば、『グランド・セフト・オート』※⑬のようなM指定（対象年齢17歳以上）の暴力的なゲームをプレイしたことのある子どもは、プレイしたことがない子どもより、けんかをしたり、面白半分にものをこわしたり、教師とトラブルを起こしたりする割合が高いことが判明した。また、いじめの加害者になる割合は、週に1時間未満しかゲームをしない子では1・4％だが、週に15時間以上もゲームをする子どもでは15％にもなった。

しかし、このデータからは、ゲームが暴力的行動の原因だとは断定できない。もともと**暴力的な性格の子どもが暴力的なゲームを好む**のかもしれないし、週に15時間も子どもにゲームをやらせるような**放任主義の親に育てられた子どもは、ぐれてしまうケースが多い**のかもしれないのだ。

ゲームの悪影響についての主張の多くは、架空のものである。たとえば2001年、米国小児科学会公共教育委員会が、「3500件以上行われた研究のうち、18件を除く全研究がメディアと暴力の関係を立証した」と発表したことがある。実際には「3500件以上」という数字はある本から孫引きされたもので、**数字を裏付けるデータは存在しなかった**。

2007年のバージニア工科大学銃乱射事件[※⑭]の直後、チョ・スンヒ容疑者が『カウンターストライク』[※⑮]というゲームに熱中していたというニュースが流れ、ゲームの危険性を訴える声が高まった。しかし、警察がチョ容疑者の学生寮の部屋を捜索したところ、ゲーム機もゲームソフトも見つからなかった。チョ容疑者のルームメイトも、**彼がゲームをしているところは一度も見たことがない**と証言している。

●ゲームは増えたが犯罪は減っている

ゲームが青少年の犯罪に与える影響をてっとり早く知るには、実際の犯罪件数のデータを見るのが一番である。

日本の場合、刑法少年犯のうち、殺人で検挙された者が最も多かったのは1961年で、448人。無論、テレビゲームなどなかった時代である。その後、検挙人数は減少を続け、

■ 未成年の殺人犯検挙数と少年人口（10～19歳）10万人あたりの比率

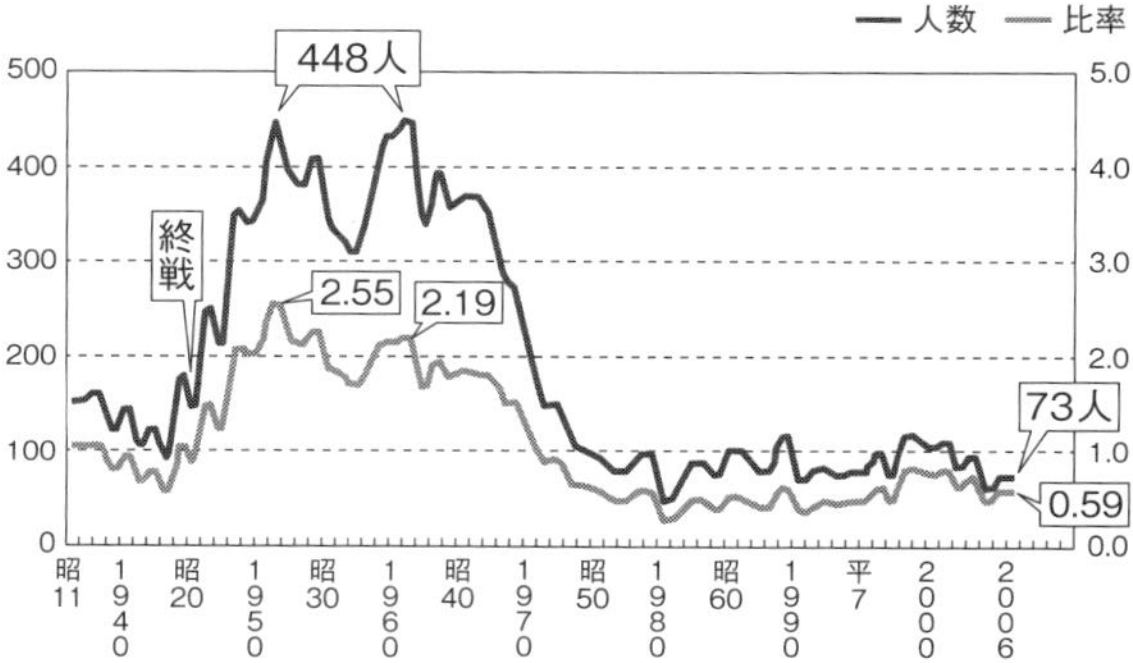

〈少年犯罪データベース〉より。未成年者による殺人事件は、この半世紀でずいぶん減っている。（http://kangaeru.s59.xrea.com/G-Satujin.htm）

１９７０年代後半からは、**年間１００人前後で横ばい**が続いている。１９９８年（つまり『バイオハザード２』が発売された年）は１１７人だったが、２００４年には62人にまで減少した。少年だけでなく全年齢で見ても、日本の殺人事件は[※16]**この半世紀で大幅に減少**している。

アメリカでも同様で、１９９３年には殺人事件による青少年の逮捕者数が３７９０人に達したが、２００４年には１１１０人に激減している。『グランド・セフト・オート』のような暴力的なゲームが増えているのに、犯罪は減っているのだ。

無論、ゲームにまったく害がないとは断言できない。子どもが１日に何時間もゲームに没頭していたら、成績は下がるだろう。それに、親が週に15時間も子どもにゲームをやらせたり、子どもが成人向けのゲームをやっているのに気づかないほど無関心だったりするのは、とうてい教育上良いとは言えない。

しかし、それはゲームではなく親の責任だ。「ゲームばかりしていないで勉強しなさい」と叱ればすむことである。

「ゲーム脳」は明らかに**科学の皮をかぶったニセ科学**である。そんなものを子どもに教えるのは、逆に子どもにとって有害だ。

（山本弘）

■**注釈：**

※①**α波とβ波**…α（アルファ）波は、おもに後頭部に発生する周波数8～13ヘルツの脳波。β（ベータ）波はおもに前頭部から発生する14ヘルツ以上の脳波。

※②**徐波**…α波より周波数の低い、8ヘルツ以下の脳波のこと。α波の周波数が下がってδ波やθ波などの徐波に変化することはあるが、定義上、α波自体は徐波ではありえない。

※③**ゲーム中の脳波は痴呆と同じ**…これについて森教授は、続編の『ネトゲ脳、緊急事態』（主婦と生活社、2012年）の中で、「反論の多くは、前頭葉の活動の低下を示すゲーム依存者と認知症患者の脳が類似していることの科学的根拠を求めるものでした」と事実に反することを述べたうえ、「(ゲーム脳では)認知症の症状は一切伴わない」と、筋の通らない弁解をしている（140ページ）。

※④**携帯型ゲームの積み木合わせゲーム**…『テトリス』のことと思われる。ちなみに2009年、米ニューメキシコ州のマインドリサーチ・ネットワークが行った研究によれば、26人の思春期の少女に3か月間、毎日30分、『テトリス』で遊んでもらったところ、『テトリス』で遊んでいない対照グループの少女たちと比べて、大脳皮質の厚みが増え、脳の活動能率が上がっていることが観察されたという。

※⑤**δ（デルタ）波**…0・5～4ヘルツの脳波。おもに就寝中に発生する。

※⑥**θ（シータ）波**…4～8ヘルツの脳波。うとうとしている時に発生する。

※⑦**棘波（キョクハ）と鋭波（エイハ）**…どちらも突発的に出現する波形が尖った脳波で、棘波は20～70ミリ秒、鋭波は70～200ミリ秒ぐらいしか続かない。

※⑧**株式会社イーオス**…その後、「イオス商事」と名を変えた模様。業務内容は「医療機器及び医療消耗品、介護機器・用品の販売」とあったが、2024年12月現在、イオス商事のHPは消えている。

※⑨**双極誘導**…不関電極を用いず、複数の電極間の電位差を測定する方法。

※⑩**単極誘導**…耳たぶに測定の基準となる不関電極をつけて、他の電極との電位差を測定する方法。

※⑪**アーチファクト**…他にも、咳、くしゃみ、あくび、けいれん、金属の入れ歯の噛み合わせなどによっても電気信号は発生するし、間違って電極を血管の上に付けたために脈拍をとらえてしまったり、電極のリード線が揺れてアーチファクトが発生することもあるという。

※⑫**ロールプレイングゲーム**…本来、役割（ロール）を演じる（プレイ）という意味で、架空のキャラクターになりきって遊ぶゲームの総称。『バイオハザード』や『メタルギアソリッド』のようにキャラクターのアクションが重視されるものはアクションゲームに分類される。

※⑬『**グランド・セフト・オート**』…米ロックスター・ゲームスが1997年に第一作を発表した人気シリーズ。プレイヤーがゲーム内で犯罪を行うことが可能で、暴力表現や性的表現のためにしばしば非難されている。
※⑭**バージニア工科大学銃乱射事件**…2007年4月16日の朝、在米韓国人の学生チョ・スンヒが校内で無差別に発砲、教員5名と学生27名を殺害したのち自殺した。
※⑮『**カウンターストライク**』…米バルブ・ソフトウェア社が1999年にリリースしたオンライン・ゲーム。テロリストと特殊部隊の銃撃戦を題材にした、ファーストパーソン・シューティングゲームである。
※⑯**この半世紀で大幅に減少**…終戦直後から1970年代まで、殺人事件の認知件数は年間2000件を超えていたが、減少を続け、2023年には952件を記録。検挙率も95・6%という高成績を誇っている。

■参考文献：

ローレンス・カトナー&シェリル・K・オルソン『ゲームと犯罪と子どもたち――ハーバード大学医学部の大規模調査より』（インプレスジャパン、2009年）
岩波明『狂気の偽装』（新潮文庫、2008年）
森昭雄『ゲーム脳の恐怖』（NHK出版、2002年）
森昭雄『ネトゲ脳、緊急事態』（主婦と生活社、2012年）
Web／Science Diary「Is Tetris Good For The Brain?」
Web／ゲイムマンのダイスステーション「斎藤環氏に聞く『ゲーム脳の恐怖』」
Web／「少年犯罪データベース」

ニセ科学 FILE 19

【潜在意識から記憶を取り出す治療法】

逆行催眠で記憶が甦る？

伝説……

私たちの心の深層には、広大な無意識の世界が広がっている。この無意識を探求し、それまで迷信にとらわれていた精神病の治療に科学的なアプローチを導入したのが精神分析学者ジグムント・フロイト[※①]である。

彼が創始した精神分析の理論によれば、私たちの無意識の領域には、自我を脅かすような願望や衝動をはじめ、過去の心的外傷体験などのネガティブな記憶や感情などが「抑圧」されて封じ込められている。これらは全く意識されることはないが、完全に消え去ったわけではなく、しばしば形を変えて意識や身体に浮上してくる。これが心身の病理的症状を引き起こし、人を苦しめるのである。

フロイトは神経症の治療のために、催眠[※②]を用いて無意識にアクセスした。抑圧された記憶

19世紀のフランスの神経科医、ジャン＝マルタン・シャルコーによる催眠術のデモンストレーションの様子を描いた絵画。

でも、意識の防衛が緩い催眠状態であれば呼び出すことが可能になり、それを意識化して解放することで症状が消失するのである。この無意識の働きを理論化したフロイトの業績は単に精神医療を進歩させたにとどまらず、現代思想にも大きな影響を与えたことで知られている。

　以降、催眠技法は、無意識に抑圧された過去の記憶を引き出すために、広く活用されてきた[※③]。催眠の中で過去の時間にさかのぼる技法を、逆行催眠もしくは退行催眠と呼ぶ。この技法は、心理治療に有効なばかりでなく、たとえば犯罪の捜査に用いれば、目撃者が思い出すことができなかった詳細な記憶までも引き出すことができる。実際にアメリカでは犯罪捜査に使われ、事件解決に貢献した例が数多く報告されている。

　また、過去にさかのぼるうちに、出生以前の記憶や、前世の記憶までもよみがえることも発見された。たとえば、コロラド州のバージニア・タイという主

真相

婦は、催眠療法によって前世までさかのぼり、18世紀末にアイルランドに住んでいたブライディ・マーフィーという人物だったことを思い出した。そして町の様子をはじめ、両親や結婚相手の名前・職業などをアイルランドなまりの英語で詳細に語ったのである。この顛末は出版されてベストセラーとなり、他にも数多くの事例が世界中から報告されるようになった。このような前世の記憶を手がかりに心理的な問題を解決する「前世療法」は、精神科医[※④]ブライアン・ワイスによって体系化され広く普及している。

また、逆行催眠は、本人が忘れ去っていた意外な事件も明らかにした。1961年、ニューハンプシャー州に住むヒル夫妻は、夜間ドライブ中に不思議な光を放つＵＦＯを目撃した。一時的に意識を失った夫妻は、そのまま帰宅したが、その後、奇妙な感覚や悪夢に襲われるようになった。2年後に医師による逆行催眠を受けたところ、夫妻は宇宙人の円盤に連れ込まれ、さまざまな機械を使って身体検査を受けていたという記憶がよみがえったのである。その後、アメリカでは、宇宙人によって誘拐《エイリアン・アブダクション》されて記憶を消された人々が逆行催眠でそれを思い出すケースが相次いで知られるようになった。

●催眠と精神分析

フロイトの精神分析理論をめぐっては、それが科学と言えるのかどうか大きな議論がある。科学哲学者カール・ポパー[※⑤]が指摘したように「無意識への抑圧」という概念を乱用すれば、おおよそどんな心理・行動でも説明可能になり、フロイト説が誤っていたとしてもその証明が不可能になってしまう。これは「反証可能性」という科学の要件を欠いていることになり、無意識の抑圧を中心概念とした精神分析や深層心理学は、科学とは言えないとされてきた。これらは科学哲学の歴史の中でも重要な論点になるもので、詳細については科学哲学の概説書などを参照いただきたい。

一方で、催眠という技法は、現代の心理療法の主要な手法とは言いがたく、また科学的検証が十分ではないことも確かだが、**適切に用いることで一定の有効性を発揮できる**と経験的に考えられている。その技法には、催眠を受け入れて緊張を解消する過程そのものに効果を期待する場合と、他の心理療法の効果を促進させるために利用される場合がある。後者の場合、暗示によって恐怖症や悪癖を除去する手法が一般的なものだが、積極的に過去の記憶まで遡り、現在の問題を引き起こしている体験や感情を理解把握しようとする治療も行われている。

ただ、催眠という心理生理状態のメカニズムについては、未だに完全に明らかにされているわけではない。催眠状態に共通してみられる特徴としては、意識の清明度の低下と、意識を一点に集中するための意識の狭窄がある。そのために意識のコントロールが低下し、ふだんであれば受け入れがたいような暗示でも受け入れやすくなる。この被暗示性が高まった状態が恐怖症の治療などを促進するが、これは場合によっては深刻な問題につながる。治療者による暗示によって、もしくは治療者と患者が共同して作りあげる物語によって、実際には存在しなかった**偽の記憶が形作られてしまう**のである。

●記憶回復療法と偽記憶症候群

心理療法による偽記憶は、児童虐待（特に女児が父親や近親者の男性から性的虐待を受ける問題）との関係から、欧米では90年代に大きな社会問題に発展した。

精神分析の流れをくむ抑圧理論では、性的虐待のようなトラウマ体験は意識から抑圧され思い出すことができなくなっている。そして、これが原因不明の抑うつや摂食障害、不安などを引き起こす元凶だと考えられる。そのため、こうした症状を訴える患者に対して、一部の心理療法家たちは抑圧された記憶を回復させる治療を試みた。その結果、多くの女性患者たちは、**数十年前に受けた性的虐待の記憶を取り戻す**ことで症状を回復させるようになったのである。※⑥

　これが結果として社会に深刻な問題を引き起こすことになった。つまり、記憶が回復することで、**それまで問題のなかった家庭は崩壊に直面**し、さらには多くの被害女性たちが、**父親や関係者を児童虐待で訴える**ようになったのである。1992年、アメリカで、こうした訴訟の被害者を救済するために「偽りの記憶症候群協会（FMS）」が設立されると、2年あまりのあいだに、子どもから訴えられた親から**1万3000件もの相談が寄せられた**という。同様の事態はイギリスでも社会問題化した。

　もちろん、回復された記憶のすべてが偽りの記憶だということではない。実際に虐待があったケースもあったに違いない。しかし、虐待があったという証拠は、10年以上前の児童期の出来事を治療の過程で思い出しただけなのである。

　認知心理学者たちは、これらのケースのほとんどが記憶回復療法で作り出された偽の記憶ではないかと考え、この心理療法に類似した方法を用いれば普通の人に**偽の記憶を植え付けられる**という実験結果を相次いで発表した。記憶心理学の大家で、この論争の正面に立って論陣を張った※⑦エリザベス・ロフタスによれば、実際にはなかった出来事であっても、繰り返し思い出すように求め、イメージを喚起させて、それを疑わずに補強証拠を与えていくと、偽りの記憶は植え付けられるのである。しかも、それは現実の記憶と区別がつかないリアルな体験として思い出される。

心理療法では、治療者と患者が協力しあって、あいまいで漠然としたイメージの断片をふくらませながら、問題の解決に向かってセッションを繰り返す。当然、抑圧理論を信奉する治療者は虐待が原因だと期待し、また患者もその原因の発見を期待する。その双方の努力の中で、虐待の物語が作り出され、同時に症状が回復に向かうのである。

この問題は90年代を通して法廷やマスコミを舞台に激しく論争が行われたが、ほとんどの虐待の記憶は心理療法家によって作り出された偽記憶だと考えられるようになって終息に向かった。現在、多くの州では、トラウマを受けた被害者に催眠を用いた記憶亢進《こうしん》を図った場合、**回復された記憶は法廷では証言することは許されない**ことになっている。

●事件目撃の記憶

一方、アメリカの犯罪捜査の現場からは、目撃者に催眠を施すことで記憶の引き出しに成功し、それが事件解決につながったという報告が多くなされているのも事実である。とはいうものの、心理学者の見解では、必ずしも催眠という特殊な状態が想起を促進するのではなく、普通に警察官が矢継ぎばやに質問するよりも、催眠のためにリラックスさせ、ゆっくりとイメージさせることの効果が重要だと考えられている。

また、催眠を用いる捜査手法にも、性的虐待についての偽りの記憶症候群と同じ問題がつきまとう。つまり、取り調べ官側が、意図的にせよ無意図的にせよ発する暗示や誘導的な質問に、被暗示性が高まった証言者が同調してしまい偽の記憶が証言されてしまうのである。これが冤罪につながることは言うまでもない。そのため、実際には催眠状態での証言がそのまま法廷証拠になるのではなく、物的証拠を得るための**一つの手がかり**として用いられるにすぎない。

催眠が事件目撃の記憶を促進するかどうかについては、実験的な手法でも多くの検討も行われたが、明確な有効性が確認されたわけではない。一連の実験結果を統計的に再分析（メタ分析）[※⑧]した研究からは、確かに催眠には想起を促進する効果が生じる場合もあるが、その効果が期待できるのは、たとえば記銘材料が日常的や現実的なものである場合や、1日か2日前の目撃である場合など、限定的な条件下のみであって、条件によっては**催眠がかえって記憶の想起に負の影響を与える**こともあると指摘されている。

●逆行催眠による前世の記憶とUFOアブダクション

前世の記憶をよみがえらせた場合、それが本人の知るすべてのない歴史的な事実と一致していたことが前世の証拠となった。しかし、事実はそうした伝説とは異なり、そもそも事実確認がなされていないか、詳細な調査が行われると**前世記憶と事実が一致していない**ことが明らかになるケースがほとんどである。

ブライディ・マーフィーの事例では、マスコミで語られたこととは異なり、詳細な調査が行われた結果、該当の人物たちの実在をはじめ、**確かな証拠は確認されなかった**。また、彼女の証言は、必ずしも前世の記憶を想定しなくても説明がつくものであった。認知心理学では、情報そのものは想起できても、その情報源となる情報（ソース情報）が欠落してしまう現象はよく知られており、これが原因で記憶の錯誤がしばしば起こるのだ。

また、[※⑨]ヒル夫妻誘拐事件に始まるUFOによる誘拐事件以来、アメリカでは数多くの人々が、催眠下で自分もUFOに誘拐され、人体実験をされたり、身体に何かを埋め込まれる体験したことを思い出した。しかし、これに対応する**客観的な事実が確認されたことはない**。

こうした、前世の記憶や誘拐事件《アブダクション・ケース》は、荒唐無稽な話として一笑に付すことはできるかもしれない。しかし、幼児期虐待の記憶も含め、共通した要素になっているのは催眠が心理療法の一環として用いられたことである。心的な問題を抱えた人が、その不幸の原因を自分の過去の体験にもとめて心理療法を頼りにし、心理療法家は、その問題の解決のために、逆行催眠を有効な手法と信じ、患者と共同しながら解決を探ったことがこの錯誤をもたらした。そこには、心の回復に必要な、一つの「物語《ナラティブ》」を作りあげていく過程がある。症状は過去のトラウマが原因であって現在の自分には責任がないこと、自分はこの世界で孤立した存在ではなく前世から精神はつながっていること、また自分はこの宇宙の中でかけがえのない特別な存在であるということ、こうした物語が、心理療法に有効に働いたということはあるかもしれない。

エイリアン・アブダクションの最初の事例となった、ヒル夫妻。催眠療法によって、失われた記憶が明らかになったとされている。

心理療法では、その物語が治療に有効であって、患者が心的な問題を解決できることが目的であり、その物語の**客観的な真実性は問題にされない場合が多い**。客観的な事実が明らかになっても、それで患者の問題が解決しなければ何にもならないのである。

ここで必要なのは、**治療現場の臨床の知と、客観的な科学の知の切り分け**である。そこに明確な悪意は存在しないとしても、心理療法の文脈での物語を、あたかも科学的な文脈での事実と混同させ、社会的に通用する事実と思い込むことや、その真実性を疑うことなく宣伝することは、科学的真実と心理療法の双方にとって不幸な事態であると言わざるをえない。※⑩

（菊池聡）

■**注釈：**

※①**ジグムント・フロイト**（１８５６〜１９３９）…オーストリア出身の精神科医。

※②**催眠を用いて無意識にアクセス**…フロイトは、当時ヒステリー治療に催眠を用いて効果を上げていたフランスのシャルコーのもとで催眠をも学び、ウィーンでその技法を実践した。しかし、催眠が必ずしも有効ではない患者も多かったことからフロイト自身は催眠技法をあきらめ、患者がリラックスした状態で心に浮かぶことを言葉で話す自由連想法を確立した。精神分析の流れをくむ現代の心理療法現場では、催眠を含むさまざまな無意識へのアクセス技法が用いられている。夢判断も、フロイトが無意識を知るために試みた方法の一つである。

※③**催眠技法は〜広く活用されてきた**…余談だが、日本において催眠の科学的研究のさきがけとなったのは、千里眼事件で東大を逐われたことで知られる福来友吉博士である。

※④**ブライアン・ワイス**…１９４４年生まれのアメリカの精神科医。前世の記憶やリインカーネーション（生まれ変わり）などの分野を研究している。

※⑤**カール・ポパー**（１９０２〜１９４４）…オーストリア出身のイギリスの哲学者。「どのような方法をとっても、その仮説が間違えていると証明できないものは、科学とはいえない」として、科学には「反証可能性」が不可欠だと主張。精神分析やマルクス主義を批判した。

※⑥**記憶回復療法の手法**…記憶回復療法では、すべて催眠が用いられるわけではなく、催眠を中心に誘導

イメージ法や薬物の利用などの多様な方法が、過去において体験した性的な虐待の記憶を回復させるために用いられた。

※⑦**エリザベス・ロフタス**…1944年生まれ。アメリカの認知心理学者。記憶は自在に変化し、書き換えることが可能だと主張。「抑圧された記憶」を批判し、与えられた情報によって記憶が変容する「偽りの記憶」などについて研究する。

※⑧**メタ分析**…個々の研究データにはさまざまな誤差がつきものであるため、同じ現象を対象とした複数の研究結果を統計的に処理して、真の効果の程度を明らかにする研究方法。

※⑨**ヒル夫妻誘拐事件**…1961年、ニューヨーク州北部とカナダのケベック州で休暇を過ごしていたヒル夫妻が、ポーツマスの自宅に向かって車を走らせていた際、強い光を放つ謎の飛行物体に遭遇した、とされる事件。失った記憶をよみがえらせるために、催眠療法が使われた。事件の真相については、『謎解き超常現象』（彩図社）参照。

※⑩**心理療法を受ける際の注意点**…催眠を用いる心理療法には、特別な資格は必要とされないために、来談者を悪意を持ってコントロールするニセ療法家もいないとは限らない。催眠療法を試みる上では、精神科医師や臨床心理士など、十分な訓練と適切な資格を持つ専門家を選ぶことが大切である。

■**参考図書**：
S・A・クランシー『なぜ人はエイリアンに誘拐されたと思うのか』（早川書房、2006年）
E・F・ロフタス&K・ケッチャム『抑圧された記憶の神話』（誠信書房、2000年）

成瀬悟策『催眠の科学』（講談社、１９９７年）
大谷彰「ＰＴＳＤと催眠　記憶・偽りの記憶」〈臨床心理学 8 (5)〉Pp.652-660.
越智啓太「犯罪捜査における催眠の利用」〈臨床心理学 8 (5)〉Pp.683-684.
越智啓太「催眠による目撃者の記憶の想起促進」〈催眠学研究 47 (1)〉Pp.23-30.
Ｐ・エドワーズ『輪廻体験—神話の検証』（太田出版、２０００年）
高橋雅延『偽りの性的虐待の記憶をめぐって』〈聖心女子大学論叢 89〉Pp.89-114.
矢幡洋『危ない精神分析』（亜紀書房、２００３年）（文庫版：『怪しいＰＴＳＤ 偽りの記憶事件』中公文庫、２０１０年）

ニセ科学FILE 20

母乳神話の真相

【乳幼児の食事で母乳にまさるものはない】

伝説……

「母乳は赤ちゃんにとって最適な食事である」

これは誰もが経験的に知っているものであり、世界中の常識といってよいだろう。WHO※①およびUNICEF※②が共同して発表した「母乳育児を成功させるための十か条」には、医療関係者は全ての赤ちゃんに母乳が与えられるよう援助すべきだと書かれている。赤ちゃんに母乳以外のものを与えることはもってのほかであることが、その十か条を読めばわかるだろう。

「母乳育児を成功させるための十か条」

①母乳育児についての方針を文書とし、すべての医療従事者がいつでも確認できるように

すること
②この方針の実施に必要なスキルが獲得できるよう、すべての職員に指導すること
③すべての妊婦に母乳育児によって得られる利益と母乳育児の実施に必要な手順を提供すること
④母親が分娩後30分以内に母乳を開始できるように手ほどきをおこなうこと
⑤母親に母乳の与えかたについて実際にやってみせ、もし赤ちゃんと離れなければならないときでも母乳分泌を維持できる方法を教えてあげること
⑥医療上必要のあるときを除き、新生児に人工乳や食べもの、水分など母乳以外のものを与えないこと
⑦母子同室にすること。赤ちゃんと母親が1日24時間ともに暮らす事ができるようにすること
⑧赤ちゃんの要求のあるときに要求どおりに母乳を与えるように勧めること
⑨[※3]人工乳首やおしゃぶりなどは母乳を飲んでいる赤ちゃんには与えないこと
⑩母乳育児のための支援グループを創設、育成し、病院や医院からの退院の際にグループを母親に紹介すること

母乳育児には、数多くのメリットがある。その中でよく知られたものをいくつかあげてみよう。

「母乳育児のメリット」※④

①母乳には有害な病原微生物から赤ちゃんを守ってくれる物質が含まれているので、母乳で育てた子どもは病気に罹りにくい
②母乳は脳や神経の発達に好ましい影響を与えるため、母乳で育った子どもの方が知能指数が高い
③母乳で育った子どもは大きくなったときに我慢強い傾向があるが、粉ミルクなどの人工栄養で育った子どもはキレやすい
④赤ちゃんに必要な栄養素を全てバランス良く含んでいる
⑤母親とのスキンシップを通じ、母子間の愛情が深まる
⑥母乳で育った子どもはアレルギーになりにくい
⑦母乳育児を行った母親は乳がんに罹りにくい

この他、最新の研究においても母乳育児のメリットが次々と明らかにされており、母乳の

素晴らしさは科学的にも証明されているものである。

しかし、残念なことに日本において、完全に母乳だけで子育てをしている母親の割合は4割程度にとどまっている（左ページグラフ）。その背景には、乳幼児用粉乳メーカーが病院を通じて熱烈な売り込みをしていることや、産院などでの母親に対するアフターケアが不十分であること、さらには母親が母乳が出ないとすぐに諦めてしまったり、仕事を優先してしまったりすることなどが関係しているという。

はじめは母乳が出にくかったとしても、赤ちゃんに吸わせ続ければ出てくることも多い。それでも出ない時には、助産師による母乳マッサージを受けるなど、母乳を出す努力をすることが重要だ。

母親にとって、赤ちゃんを母乳で育てることは最低限の義務である。家族や周囲の人間も母親が母乳育児の大切さを理解できるよう、サポートすることが必要なのだ。

真相

母乳は赤ちゃんにとってたしかに優れた食事である。しかしながら母乳信奉者の主張には、少々行き過ぎたものもある。良いものだから薦めたくなる気持ちはわかるが、実際よりも効

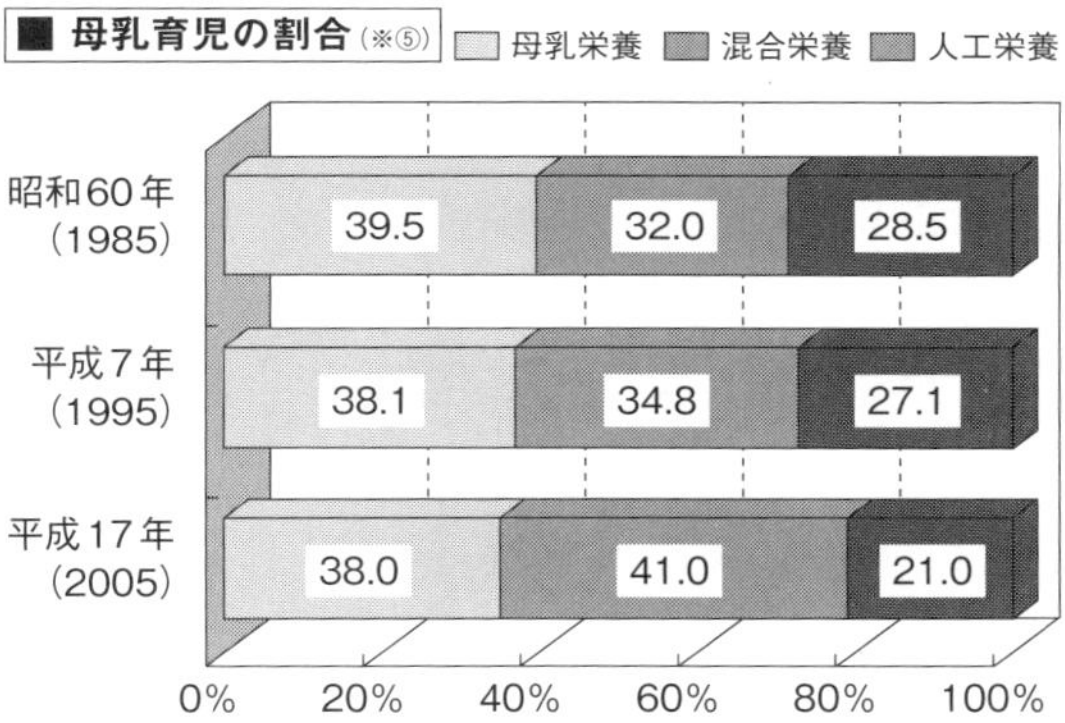

果を過大に主張したり、虚偽の説明を行うことは望ましいものではない。

●母乳は本当に万能か？

まずは【伝説】で主張する「母乳育児のメリット」について検討してみよう。

母乳育児のメリットの中には、事実と合致しているものもある。①の「感染症などへの防御作用」はたしかに主張の通りである。

分娩後、数日間分泌される初乳は、通常の母乳とは成分が大きく違う。初乳に特徴的な成分には、各種抗体や分泌型免疫グロブリンA、ラクトフェリンなどがあるが、それらは病原微生物から赤ちゃんの身体を守る働きを持っている。母乳を与えられた赤ちゃんが、そうでない赤ちゃんに比べ、感染症に罹りにくくなるということは事実だ。

⑦の「母乳育児と乳がんの関係」についても、授乳期間が長いほど乳がんのリスクが低下するという研究論文は確かに存在する。授乳期間が1年延びれば乳がんリスクは数パーセント下がることが示されており、これも正しいといえるだろう。[※6]

他にも、母乳の消化吸収の良さは赤ちゃんに負担が少なく、人工栄養に含まれているようなアレルゲンとなる異種タンパク質をあまり含まないことなどから、アレルギー発症リスクを少なくすると考えられている。しかし、アレルギー予防効果についてはまだはっきりしていないのが現状であり、今後の調査報告を待つ必要があるだろう。[※7]

それ以外のメリットは、いまのところ、**まだ真偽がはっきりしていない**のが現状である。「母乳を飲ませた子どもは知能指数が高い」ことを示した研究はあるにはあるが、調査の精度が低かったり、逆の結果が出たという報告もあるなど、母乳で育った子どもは頭が良いといえる明確な根拠はいまのところみつかっていない。[※8]

母乳は、子どもの対人関係に好ましい影響を与えることを示唆する研究はいくつも発表されている。しかし、子どもの生活環境や親の養育態度の違いといった原因を除外できないため、それが母乳だけの影響であるかどうかまでは断定できない。「人工栄養で育った子どもはキレやすい」という説については根拠がなく、そもそもキレるという状態がどのようなものなのかも明示されていない。このように母乳育児のメリットの中には、**信頼できるものと、**

根拠がなく信頼できないものが混在しているのである。

●母乳の栄養面は？

では、母乳は栄養面から見るとどう評価できるのか。

赤ちゃんにとって栄養面で最適とされる母乳であるが、実は**必要な栄養素が十分に揃っているわけではない**。このことはよく見過ごされているので、覚えておいてほしい点だ。

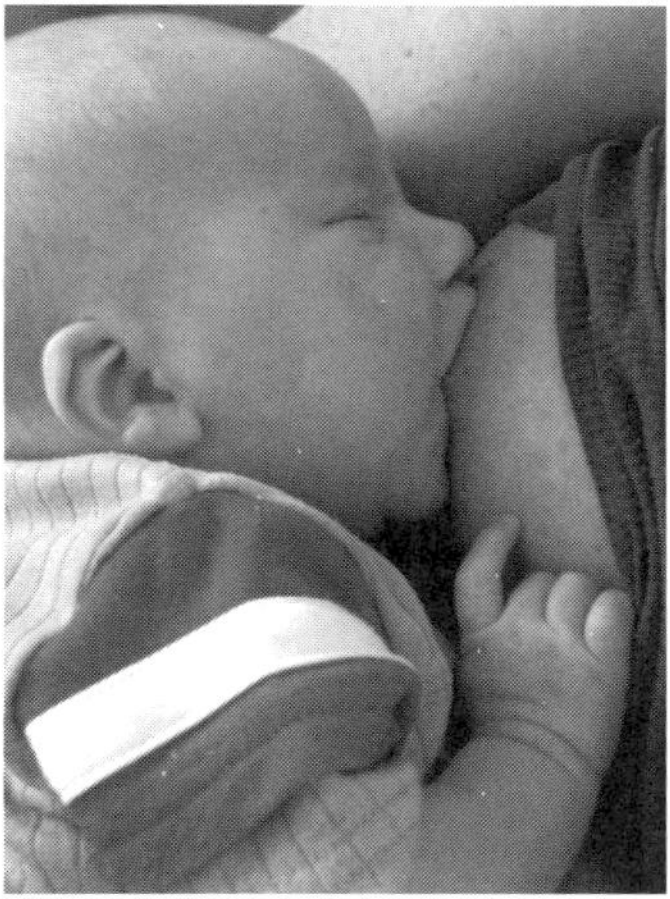

母乳を飲む乳児（©andyk）

まず**ビタミンK**という栄養素は、母乳だけでは十分に確保することができない。そのため、出産の現場では生後間もない赤ん坊に[※9]ビタミンKを与えている。これを怠ると、命にかかわる重大なトラブルをまねくこともあるため、注意が必要である。

また、母乳には大事な栄養素のひとつである**鉄分が不足**している。早期に影響が出るわけではないが、長期間、母乳だけで育てていると、赤ちゃんが貧血になる可能性がある。

母乳だけで育てた場合、赤ちゃんの体内に蓄えられている鉄が徐々に減っていき、6か月以降に貧血のリスクが高くなることがわかっている。そのため、生まれて半年ほど経ったら母乳に併せて鉄分などを含む補食を与えることが推奨されている。ただし、低出生体重児の場合は、もともと身体に持っている鉄分が少ないことが多いため、通常の乳児よりも早く貧血になるリスクが高いことが知られている。

小さく生まれてきた子どもの場合には、貧血に注意をし、不足が予測されるときには鉄分を多く含む育児用ミルクも赤ちゃんにとって望ましい選択肢の一つであるといえるだろう。これは医療上必要な対応であり「母乳育児を成功させるための十か条」の6番目の項目とも矛盾しないものである。

●十か条を考える

育児の現場では、母乳と鉄のケースのように、状況に応じて対処しなければならない時がある。そのなかでもとくに緊急性が高いのが、新生児の低血糖問題だ。

新生児が低血糖症になると、脳に重大な障害が起こる危険性がある。とくに注意しなければならないのが、※⑩体重2500グラム未満で生まれた小さな赤ちゃんである。小さな身体の赤ちゃんは、母乳を飲ませようと思っても飲んでくれないことがある。完全母乳育児を推奨するあまり、**赤ちゃんの低血糖症を招いてしまったケース**が実際に報告されているのだ。

完全母乳を推奨する医療関係者であっても、初めての出産時には母乳の分泌が十分でない人が多いことや、母乳の分泌量には個人差があることを踏まえて、母乳以外の選択肢についても柔軟に対応する必要がある。十か条の「母乳以外のものは与えない」というのは、あくまで母乳を十分に与えられるケースについてのものであることを忘れてはならないだろう。

●母乳神話

ここまで見てきたように、母乳には素晴らしい点も多いが、少ないながらも欠点がある。そして、なんらかの理由で十分な母乳を与えられないケースがあるのが現実である。

そうした状況を無視し、実際以上に母乳の効果を宣伝し、まるで欠点がないかのように伝え、「出ないおっぱいなどない、努力すれば必ず良いおっぱいが出る」などと極端な主張をしてしまっては**「母乳神話」**と呼ばれても仕方がないだろう。

母乳を勧めるのは、そもそも子どものためである。母乳以外の選択をしたとしても、それが子どものためになるものであるならば、まったく悲観する必要はない。むしろ「母乳神話」に惑わされ、母乳でなければ子どもの将来がまっくらであると思い込み、母親が強い罪悪感を抱いてしまうことの方が、子どもにとっては不利益である。

母親にとって、育児の負担は非常に大きなものだ。

母親ひとりで問題を背負い込むことがないよう、**家族や周囲のサポート体制を充実させる**ことの方が、完全母乳を推進させることよりも重要なのではないだろうか。

（道良寧子）

■注釈：

※①**WHO**…世界保健機関。人類の健康を目的として、１９４８年に設立された。本部はスイスのジュネーブにある。

※②**UNICEF**（ユニセフ）…１９４６年に創設された国際連合の補助機関。国際連合児童基金。開発途上国や戦争・内戦で被害を受けている地域の子どもの援助を主な目的としている。日本も第二次大戦後に、粉ミルクや医薬品の援助を受けた。

※③**人工乳首**…哺乳瓶などの先端にある、乳幼児が口をつける部分のこと。

※④**母乳育児のメリット**…「ラ・レーチェ・リーグ日本ウェブサイト」の母乳育児のよくある質問集を主として参考に、インターネット上での質問や筆者の聴き取り調査から7つの項目を作成した。人工栄養でキレやすくなるという項目については母乳育児推進団体等の主張ではなく、牛乳のタンパク質が子どもに悪影響を与えるという牛乳有害論と関係したもののようだ。

※⑤**図表の出典**…『平成17年度乳幼児栄養調査結果の概要』（厚生労働省）より。

※⑥**乳がんのリスクが低下するという研究論文**…子どもの数と授乳期間の長さが乳がんの発生に影響を与えていると示唆しているが、乳がん予防のために子どもをたくさんもうけ、授乳期間を長くするということが予防政策として推奨されるかどうかは別問題だろう。

※⑦**まだはっきりしていない**…母乳とアレルギーの関係については、いくつかの疫学調査の結果があるが、予防的に働くとするものや、逆にアレルギーを増やしてしまうとする結果がでたものもあり、一貫していないのが実情である。「アレルギー予防のために母乳育児を」とまではいえないのが現状なのだ。

※⑧**逆の結果が出た**…介入して研究することが難しい生活習慣などの問題では、研究によって正反対の結果が出ることはよくあることである。一つの報告に飛びついて行動を変えることはあまり望ましくないといえるだろう。

※⑨**ビタミンK**…ビタミンKは血液を凝固させるなどの働きがある必須微量栄養素。新生児が不足すると、胃腸や皮下での出血が起こりやすくなり、最悪の場合は頭蓋骨内出血を起こすこともある。ビタミンKは人工栄養を与えている乳幼児でも不足することがあるので、注意が必要だ。

※⑩**体重2500グラム未満**…出産時の体重が2500グラムに満たない場合を低出生体重児と呼ぶが、1500グラム未満の極低出生体重児ではカルシウムやリン、ナトリウムなども不足することが予測されることから、母乳に栄養素を添加する強化母乳栄養が行われている。近年は低出生体重児の割合が増えつつあるため、赤ちゃんの栄養状態に対する配慮はますます重要になってくると考えられる。

■参考文献：

仲井宏充、濱崎美津子「母乳育児を成功させるための10か条」の解釈について J.Natl.Inst.Public Health, 58(1):2009

Ten Steps to Successful Breastfeeding http://www.unicef.org/newsline/tenstps.htm

下条直樹、森田慶紀、河野陽一「アレルギーと母乳．小児内科」２０１０年10月号

児玉浩子、藤澤千恵「母乳栄養で過不足に注意すべき栄養素」２０１０年10月号

Eisinger F, Burke W. Breast cancer and breastfeeding. Lancet. 2003 Jan 11;361(9352):176-7; author reply 177.

Jain A, Concato J, Leventhal JM.How good is the evidence linking breastfeeding and intelligence? Pediatrics. 2002 Jun;109(6):1044-53.

Merjonen P, Jokela M, Pulkki-Råback L, Hintsanen M, Raitakari OT, Viikari J, Keltikangas-Järvinen L. Breastfeeding and offspring hostility in adulthood. Psychother Psychosom. 2011;80(6):371-3. doi: 10.1159/000324748. Epub 2011 Sep 28.

Dewey KG, Cohen RJ, Rivera LL, Brown KH. Effects of age of introduction of complementary foods on iron status of breast-fed infants in Honduras. Am J Clin Nutr. 1998 May;67(5):878-84.

Kramer MS, Kakuma R. Optimal duration of exclusive breastfeeding. Cochrane Database Syst Rev. 2012 Aug 15;8:CD003517. doi: 10.1002/14651858.CD003517.pub2.

山西みな子『自然育児のコツ』（新泉社、２００２年）

ニセ科学FILE 21

【ガン細胞は汚れた血液から生まれる？】

千島学説は信用できるか？

伝説……

医学が発達したとされる現代でも、治らない病気はある。とくに治療の難しい種類のガンになると、手術を受け、抗ガン剤を投与されたとしても病状がまったく回復しないことがある。どうして最先端の治療でも病気を治せないのか。それは現代医学の治療法が根本的に間違っているからではないか。

そう異議を唱えるのが、近年、再び注目を集めている「千島《ちしま》学説」である。

千島学説とは、1963年当時、岐阜大学の生物学の教授であった千島喜久男博士※①が提唱した学説である。それまでの生物学や医学の常識を覆す、きわめて革新的な内容を持つ学説であったため、他の科学者の反発を招き、今日まで正統な評価を受けられなかった不遇の学説だ。

千島博士は、ガンや感染症の原因は汚れた血液にあることを看破し、汚れた血液の原因は不適切な食事にあることを発見した。食事療法などを行うとガンが改善することがあるが、千島学説に基づけば、そのメカニズムもすべて理解できる。

現代医学が行きづまる今、再び注目を浴びる千島学説。心ある科学者の手で研究が進められれば、病に苦しむすべての人にとって福音が訪れる日がくるかもしれない。

真相

最初に言ってしまうと、千島学説は検証するまでもないほど間違っている。

どの分野の学問にも、従来の定説を否定しようとする意見はあるものだ。しかし、千島学説ほどその分野の基礎的な事実をすべて否定しようとするものは珍しい。ある意味、非常に稀有な存在である。[※②]千島学説の根幹をなしているのは、**「赤血球分化説」**と**「細胞新生説」「腸造血説」**である。なにが間違っているのか、確認してみよう。

●細胞は赤血球から生じる？

千島学説の根幹をなす「赤血球分化説」と「細胞新生説」、そのふたつを簡単に説明すると次のようなことになる。

「現代医学では細胞は幹細胞から分裂して増えるということになっている。しかし、それは間違いで、細胞は分裂などせず、血液中の**赤血球から**[※③]**5つの形態で自然に誕生**する。また、現代医学では血液は骨髄の造血幹細胞で作られるというが、それも誤りである。骨髄の造血幹細胞など存在しない。血液は食物の栄養をもとに**小腸内の繊毛《せんもう》**で作られている」

さて、これが間違いであることは中学生でもわかるだろう。

細胞が赤血球から自然発生するのではなく、**遺伝情報を持つ幹細胞から分裂して増えている**のは常識である。人の身体のはじまりは、卵子と精子が合体した受精卵である。そこからどんどん細胞分裂を繰り返して、身体が形作られていくのだ。もし細胞が分裂しないとしたら、生物の教科書に必ず載ってい

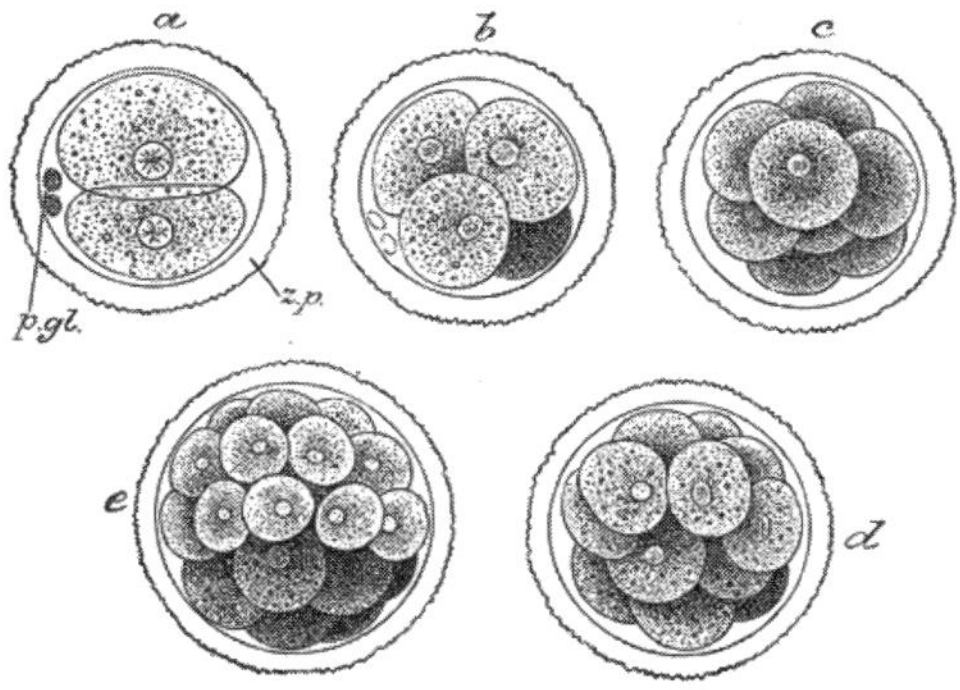

【図】細胞分裂する哺乳類の受精卵

る「細胞分裂している胚」の写真はいったい何なのだろうか。

造血に関しても、※④**骨髄の造血幹細胞で作られている**ことは、もはやはっきりしている。千島学説では、ガン細胞は偏った食事などによって汚れた血液から生じるとするが、現代医学の定説では細胞に**何らかの突然変異が発生し、それが分裂を繰り返したものがガン細胞**である。

千島学説の根幹に関わるものは、すべて現代の生物学や医学で否定されている。支持者はそれは千島学説の正当性を説明する際、他の科学者による反証する研究が一切行われていない、それは千島学説を否定することができないからだ、などと主張する。しかし、**わざわざ反証するまでもない**というのが、本当のところだろう。よく屋台骨が揺らぐなどというが、揺らぐどころか、最初から屋台骨自体が存在しないのが千島学説なのである。

●生物学も千島も若かった

不思議なのが国立大学の教授まで務めた千島が、なぜこうした珍妙な説を主張したのか、ということである。だが、千島がこの説を唱えた当時を振り返ってみると、奇想を得るのも仕方がなかった事情があった。

千島が自説の着想を得たのは、昭和14（1939）年のことだとされている。

昭和14年といえば、20世紀の前半。現代では確立された定説も、当時はまだひっくり返る余地がある仮説だった。

たとえば、細胞内の染色体に遺伝子があるというのは、いまでは定説になっているが、仮説として唱えられたのは１９０２年のこと。[※⑤]ウォルター・S・サットンが最初だった。それが検証され、どうやら間違いなさそうだということになったのは、１９２０年頃。遺伝子の正体がＤＮＡであることがわかりはじめたのが、それから約20年後の１９４０年代、ＤＮＡが遺伝物質であることが確実になってきたのが１９５０年代、ＤＮＡの構造とその仕組みが明らかになってきたのは、それ以降のことだ。

ウォルター・サットン（左）とトロフィム・ルイセンコ（右）

　現在では遺伝子が生物の身体を維持するためにどのように働いているのか、そのメカニズムも明らかになってきている。いまならば遺伝子のないところから細胞が生まれるという発想を持つこと自体が不思議なわけだが、千島が着想を得たときは**それも仮説、あれも仮説という状態**だった。問題があるとするならば、研究が進み、新事実が次々と積み重ねられても、それらに懐疑的な目を向けるばかりで、独自の道を突き進んでしまった、という点だろう。

●千島学説とルイセンコ派の関係

赤血球や白血球などの血液成分を生み出す造血幹細胞があるという説は、20世紀の早い段階からあった。しかし、研究者たちがいくら熱心に顕微鏡を覗いても、「これが幹細胞だ」という特徴のあるものはみつからなかった。その一方で、放射線由来の白血病になったマウスが、骨髄移植で回復するという報告が出てきた。

はたして顕微鏡で見えない造血幹細胞なるものが、本当に骨髄に存在しているのか。千島は目で見て確認できない造血幹細胞の存在に疑問を覚え、独自の仮説を打ち立てる。それが小腸内部で血液が作られ、赤血球から体細胞が作られるという千島学説であった。

実は20世紀前半、細胞の自然発生説を主張したのは千島ひとりではない。ソビエト連邦（現ロシア）のレペシンスカヤ[※⑥]という同時代の研究者も、細胞は自然発生するという説を唱えている。レペシンスカヤはスターリン政権下の1920～50年代のソ連で一世を風靡した**「ルイセンコ・グループ」**に属する研究者だった。

グループのリーダー、ルイセンコ[※⑦]は農学者で小麦を低温処理すると開花時期が変化するこ[※⑧]

とに注目、そこから生物の進化では環境によって獲得した形質が遺伝すると唱えた。ルイセンコの説は、それまでの科学の定説であった※⑨**メンデルやダーウィンの説を否定するもの**だったが、スターリンに気に入られ、ルイセンコはソ連の科学研究の要職を歴任。その結果、ルイセンコ説に**対立する主流派の科学者は弾圧**の憂き目に遭うことになった。

遺伝子を無視したレペシンスカヤの細胞新生説は、それまでの進化や遺伝といった考え方を否定するルイセンコ説と相性がよい。そのため、レペシンスカヤはソ連の革新的な研究者として扱われることになっていく。

1950年代に入り、レペシンスカヤの学説が日本に持ち込まれると、研究者の間で賛否両論の議論が巻き起こった。多くの科学者が否定的な立場をとる中、賛成派の主要な論客として論を張ったのが、他でもない千島であった。千島は自説と相性が良いレペシンスカヤ説がソ連という大国を代表する学説になっていること、それに影響を受けて主流派の定説に疑問を持つ研究者が日本にも増えてきたことに意を強くしたのか、レペシンスカヤ説を強く擁護したのだ。

しかし、その後、DNAや遺伝子に関する研究が進むにつれ、**ルイセンコらの主張は次々と否定**されていく。結局、ルイセンコらの学説は科学として成立しておらず、ソ連の科学研究をいたずらに混乱させるだけに終わった。それにともない日本でも**ルイセンコの支持者は**

激減、数年後には顧みられることすらなくなったのである。

千島学説の支持者は、千島学説が正しいことがわかると定説が覆るため、権威的学会に抹殺されたと主張する。だが、千島学説にもたしかに晴れの舞台はあったのだ。

●細胞は分裂し、造血は骨髄で

千島が亡くなった1970年代以降、医学は急速に進歩を遂げた。

骨髄移植で血液ガンや再生不良性貧血などの病気が治るようになり、※⑩フローサイトメーターの登場で**長らく謎だった造血幹細胞の分別が可能**になった。電子顕微鏡の普及でウィルスが見えるようになり、遺伝子の研究も飛躍的に進んだ。もう千島学説が生き延びる余地はないと言っていい。

すでに述べたように、現代の医学、生物学では造血幹細胞から血液が作られることは定説になっている（左ページの図）。造血幹細胞から細胞が分化し、それが数段階の変化を経て**リンパ球や白血球、赤血球になる**のだ。

骨髄液の移植を受けた人は、**ドナーと同じ血液型になる**。自然に考えるならば、※⑪移植した骨髄液が新しい血液を作っていることになる。千島の言う「小腸造血説」も通用しない。

小腸を外科手術で切り取ったり、人工栄養が長く続いて腸から食べ物がとれないと貧血が

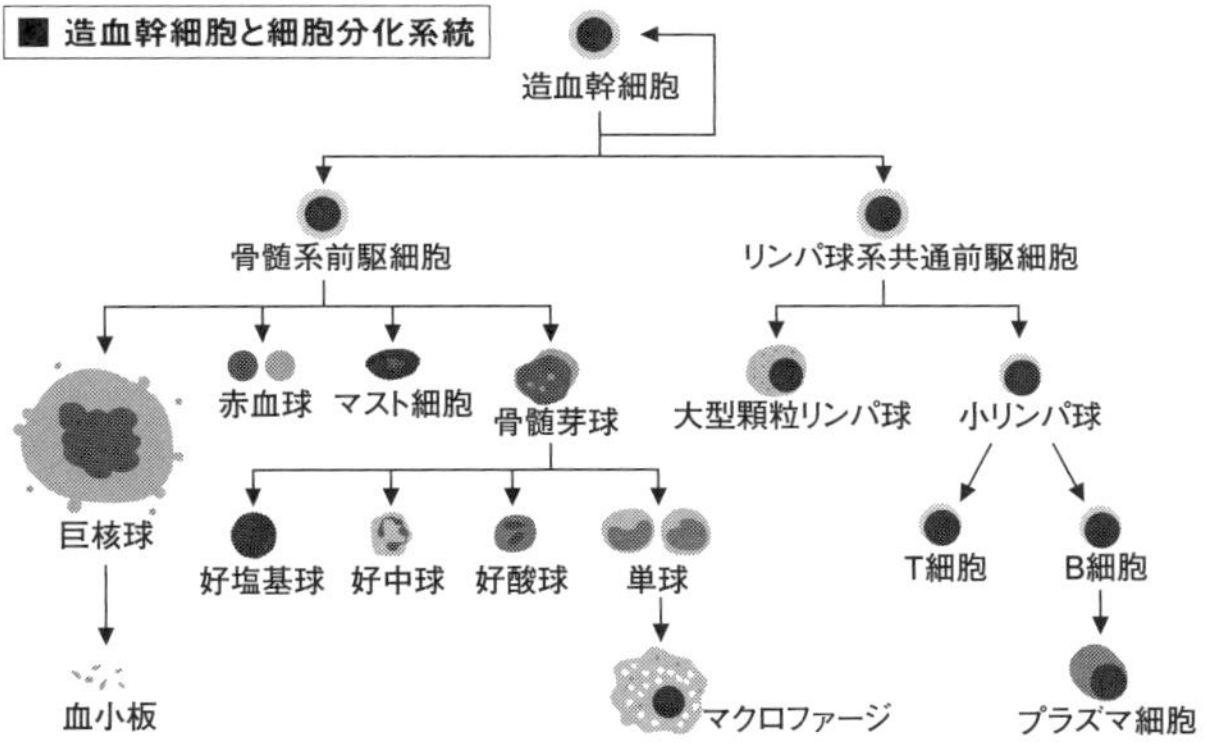

造血幹細胞からの細胞分化系統を示した図。造血幹細胞は様々な細胞に分化する。

起こることがあるが、これは腸から吸収される栄養の問題だとされる。もちろん小腸は非常に大切な臓器で、小腸の不調も命に関わるが、そこが造血組織だからというわけではない。

千島学説の支持者の中には、大腿骨の骨髄を見ても脂肪ばかりで造血細胞はない、と主張する者もいる。しかし、最近の研究では成人の造血は骨盤や肋骨など身体の中心にある薄い骨の骨髄で行われているという。その程度の骨髄で必要な量の血液が作れるのか、疑問に思う人がいるかもしれないが、実は骨髄の重さは成人で2・6キロにもなる。人体では最大の臓器のひとつなのだ。

●社会問題としての千島学説

どんな奇想天外な説でも主張する自由はある

し、これが本当ならと信じる自由もある。

しかし、現在、千島学説は「標準医療はアプローチが間違っているので、治療できる病気も治らない。食事療法が一番効果的」とする主張の根拠として都合良く使われている。

ある種のガンなど、今はまだ有効な治療法がない病気があるのは事実だが、現在までのアプローチが間違っているのは、千島学説の方である。誤った考えに基づく治療を推し進めると、患者の不利益につながることになる。

もっとも、ガンなどの場合は本人や周囲が納得して千島学説に基づく治療法を選択する分には仕方がない。問題なのは、感染症に関してである。感染症は病気を引き起こす細菌やウィルスが人から人や、動物から人に感染することによって引き起こされる。しかし、千島学説ではそうではなく、細菌やウィルスは体内で自然に発生するものだとする。こうなると被害は個人の範囲ではすまなくなるおそれがある。

たとえば、結核のように明らかな感染症にかかったとしても、千島学説では結核菌が検出[※⑫]されるのはどこかで感染したからではなく、**身体の不調によって自然に生じた**ことになり、その治療法も栄養不足にならないよう、**無添加の自然食品を食べよう**ということになる。結果、**結核菌はバラ撒かれ、周囲の人々が感染の危険にさらされる**のだ。

人類は種としての存続をかけて感染症と戦ってきた。その結果、健康に害をもたらす細菌やウィルスを発見し、有効な感染防止策とワクチンを開発してきたのだ。感染症との戦いは現在進行形だ。油断や誤解が広がれば、新型インフルエンザのみならず結核、風疹、麻疹など克服したはずの感染症で人生を破壊される人も出てくることだろう。

こうなると定説と権威に疑問を投げかけるプラスの役割より、人々が築き上げてきたものを捨てさせるマイナスの役割が大きくなる。そうした学説には速やかに退場を願おう。

（ナカイサヤカ）

■**注釈：**

※①**千島喜久男**（１８９９〜１９７８）…生物学博士。盛岡高等農林学校（現岩手大学）の農獣学科卒。１９５３年から10年間、岐阜大学で教授を務める。１９６３年に千島学説を提唱、その普及活動を行った。

※②**千島学説の根幹**…千島学説は８大原理と呼ばれる８つの説で構成されている。本文記載の３つ以外では、「組織の可逆的分化説（赤血球から生じた細胞は赤血球に戻ることがある）」、「バクテリア・ウィルスの自然発生説」、「進化論の盲点（生物は弱肉強食で進化したのではなく、共存共栄で進化した）」などがある。

※③**５つの形態**…「細胞が溶け合って生まれるＡＤＦ出芽」、「細胞質放出」、「胞子形成」、「食物からの赤血球の発生」、「逆分化」の５つ。

※④**骨髄の造血幹細胞で作られている**…小腸内部でも造血幹細胞が存在すれば血液は作れるのかもしれない

が、いまだに見つかっていない。

※⑤**ウォルター・S・サットン**（1877〜1916）…アメリカの生物学者。バッタの染色体を観察して、メンデルの法則と合致することから、染色体遺伝子仮説を唱えた。

※⑥**オリガ・レペシンスカヤ**（1871〜1963）…ソビエト連邦の生物学者。1933年にオタマジャクシの観察などを通じて、赤血球から細胞が新生される様子を確認したと主張。翌年に新しい細胞は細胞の構造を持たない「生きる物質」からも新生すると発表した（後に科学的に否定されている）。第二次世界大戦の影響もあり、日本に彼女の説が持ち込まれたのは、戦後の1951年になってのことだった。

※⑦**トロフィム・ルイセンコ**（1898〜1976）…ソビエト連邦の農学者。麦の低温処理での経験から、後天的に獲得した形質が遺伝すると主張。メンデル遺伝学をブルジョワ的として批判していたスターリンに重用されるも、後にその学説は否定されている。ルイセンコはまた、農業生産拡大のために農法を指導したが失敗。ソ連の農業生産性は減退し、同じくルイセンコの学説を採用した毛沢東時代の中国や北朝鮮でも飢餓が生じることになった、ともいわれている。

※⑧**小麦を低温処理**…いわゆる春化処理のこと。植物を寒冷な状態に一時的におくことで、開花時期を調整する。開花時期を変えられたからといって遺伝や進化とは特別な関係はないとされる。

※⑨**メンデルやダーウィンの説**…メンデルの法則は、大雑把にいうと親から子に形質が伝わるという法則。ダーウィンの進化論は、自然環境が生物に起こる突然変異を選別し、進化に方向性を与えるという考え方（自然選択説）。対するルイセンコ説は形質が親から子に受け継がれたり、自然淘汰されるのではなく、後天的に獲得したものが遺伝するとした。

※⑩**フローサイトメーター**…細胞を光学的に分析する装置。

※⑪**移植した骨髄液**…現在は造血幹細胞の分離が可能になっているので、骨髄液を移植することはなくなっている。また化学療法の成績も上がってきており、移植が唯一の治療法ではなくなってきている。

※⑫**結核菌**…1882年にドイツの細菌学者ロベルト・コッホが発見。自然界では生きていくことができない、人に寄生する細菌で保菌者のせきやくしゃみなどから感染する。代表的な患部は肺だが、他の臓器に寄生し、炎症を起こすこともある。特殊な細胞壁を持っているため、消毒や乾燥に強い。

■参考文献：

Web／「千島学説（腸内造血説）に関するFAQ」
酒向猛『隠された造血の秘密』（Eco・クリエイティブ、2010年）
忰山紀一『千島学説入門』（地湧社、1983年）
Web／「新生命医学会」「造血幹細胞の多能性を維持する仕組み発見」
「ES／iPS細胞と同様の遺伝子抑制が重要な役割」
（幹細胞を誘導・分化させる操作技術の改良に寄与する新知見）
Web／科学技術振興機構（JST）千葉大学
Web／熊本大学教授　岡田誠二「造血幹細胞の同定と純化」
中村禎里『日本のルィセンコ論争』（みすず書房、1997年）

ニセ科学 FILE 22

【網膜に残された死者の記憶】

死者の網膜写真は実在するか？

伝説……

※①江戸川乱歩の随筆集『続・幻影城』には、「類別トリック集成」という面白い項目がある。これは、乱歩が古今東西の推理小説に用いられたトリックを収集、分類、解説したものだ。

その中に、「網膜《もうまく》残像」と名づけられた興味深いトリックが紹介されている。いわく「死の刹那に見た犯人の顔が網膜に残っていて、犯人推定の手がかりになる」のだという。また「科学的には否定されていたところ、最近は肯定するような研究も発表されるに至った」とも解説されている。これは、いわゆる「網膜写真」だ。網膜に残った生前最後の光景を写真のかたちで復元するものである。

もし、殺された被害者の最後に見た光景が網膜に残り、それを検出することができれば画期的なことである。犯人の顔などが写っていた場合、犯罪捜査において大きな手がかりになるだろう。

だが実用化されれば画期的なはずの網膜写真は、実際の犯罪捜査で使われているという話を聞かない。はたして、どこまで実現可能な話なのだろうか。

真相

網膜写真は、海外では「オプトグラム」(optogramme, optogramm)とも呼ばれる。死者の最後に見た光景が網膜に残るという話は、乱歩が前掲書に「こういう話は昔からあって」と書いているとおり、海外や日本でも比較的よく見かける話だ。たとえば日本では、手塚治虫が『ブラック・ジャック』[※②]で、松本清張が『死者の網膜犯人像』でそれぞれ題材としている。

フィクションではなく、現実でもこの話は注目されていた。1948年2月6日付けの『読売新聞』に、**「網膜から犯人像検出　明日の科学捜査」**と題された記事が掲載されたことがある。記事によれば、「人間が死ぬ最後の瞬間に眼にうつったものは死後も眼底に焼きつき検出出来るといわれ、一時ドイツで研究に成功したと考えられている」という。また鑑識課の話として、「将来成功の可能性ありと見ている」との話も紹介されている。決して荒唐無稽な話というわけではなさそうだ。

●目とカメラの構造の類似

そもそも目の構造は、カメラの構造と似ているとされる。「虹彩《こうさい》」が光量を調節する「絞り」、「水晶体」は「レンズ」、「網膜」は「フィルム」にそれぞれ相当するといった具合だ。

人間が物を見ると、その光は虹彩を通り、水晶体に入って屈折、そして網膜上に焦点が合って像を結ぶ。像が結ばれる網膜には光情報を感受する視細胞がある。この視細胞には、形や色、明暗を感じる細胞があり、そのなかで働くロドプシンという物質によって、**網膜に光の濃淡が焼きつくような仕組み**になっている。網膜に生前見た光景が写っているのでは、と言われる理由は、こうしたフィルムのような網膜の役割によるところが大きい。

ただ問題は、そうした役割があっても、実際に網膜を摘出して像を得ることが可能なのか、ということだ。このような疑問や期待は一部の研究者の間でも存在しており、前出のドイツなどで研究が行われていたことがわかっている。

●ドイツの研究

ドイツで行われていた研究とは、ドイツの生理学者、ウィルヘルム・キューネ教授[※3]の研究である。キューネ教授の研究が始まったのは1870年代。最初はカエルの網膜を観察していたところ、偶然思いついたアイデアだったという。

彼はその後、ウサギの網膜を使った実験を考えつく。ウサギの目から網膜を摘出し、その網膜をカメラのフィルム代わりに使って露光する実験である。報告によれば、露光した網膜を2％の塩化白金《はっきん》液で処理すると、露光した部分は白く、陰影部分はオレンジ色に変化して、網膜上に何らかの写真像を得ることに成功したという。

ところがこの実験は、網膜写真の成功例とするには少し違ったようだ。ウサギの網膜は使われたものの、眼球は使わずに、**レンズを代わりに使って網膜に露光していた**からだ。また得られたとされる像は、ウサギが生前に見た光景ではなく、**摘出後に光像を結ばせて得たものだった**。これだと生前に見た像を得るという本来の網膜写真とは少し違ってくる。

とはいえ、まったく見込みがないわけではない。キューネ教授の研究はその後、進展は見られなかったものの、彼に触発され、網膜写真の研究は日本でも行われることになった。

●日本での研究

日本で研究を担当したのは、元警視庁鑑識課主任技師の高村巌《いわお》氏。高村氏は1951年から網膜写真の研究を開始した。

高村氏によれば、「殺人被害者から網膜写真をとる研究は、全然見込みのないことではな

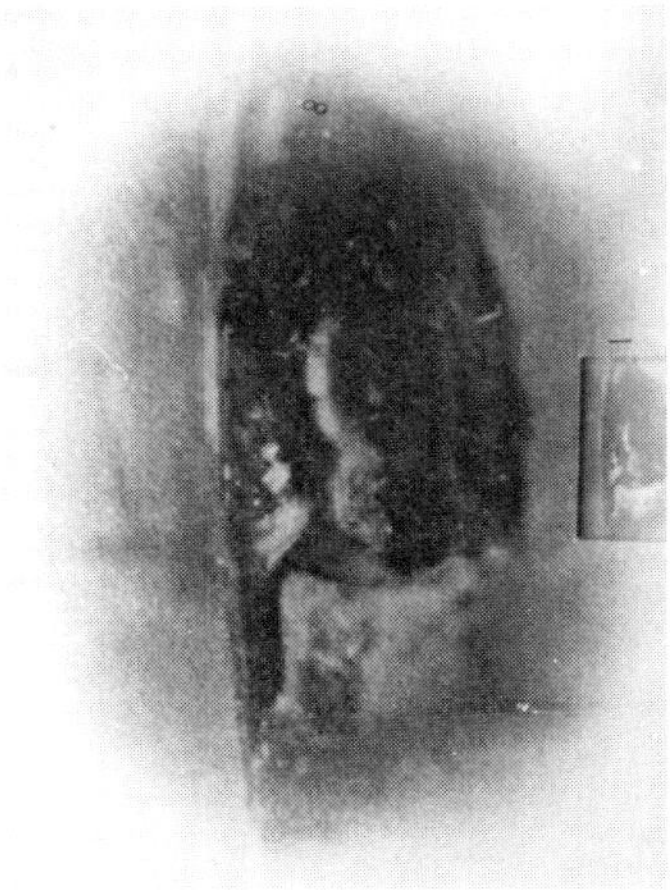

飼い犬の姿が写っているとされた網膜写真。どこに犬がいるのかよくわからない。(※⑤)

く、やりようによってはあるいは成功するかもしれないと思われた」[※④]という。

高村氏の研究ではウサギの網膜を剥離して実験が重ねられた。そうした中、現像液は塩化白金液を単独で使うよりも、酢酸を2滴ほど加えた方が良いことが判明。それらしきものは現像されたという。

ようやく網膜写真に近づけたのだろうか。ところが、その後、残念なことに**研究は壁に当たり停滞**してしまう。鮮明な像をなかなか得られなかったようである。研究は重ねられたものの、犯罪捜査に役立つような像を得ることは最後までできなかったという。

大変残念だ。最終的に成果がないまま高村氏は研究を打ち切る報告書を提出。その結果、日本での網膜写真の研究も終わりを迎えることになった。

●フランスで議論になった網膜写真

このように、生前に見た光景を網膜から得るという研究は、現在までのところ成功例がない。出所が怪しい網膜写真とされるものはあるが、どれも信憑性は低い。たとえば1870年にフランスの法医学会で議論になった写真がある（右ページ）。これは当時、「ブリオン博士」なる人物から同会宛に送られた1枚の写真で、そこには1868年に殺害されたという女性が最後に見た飼い犬の姿が写っていたという。写真を見ると、確かに何やら写っている。ところが、この件は同学会の法医学者マキシム・ヴェルノワによって検証され、**網膜写真ではないという結論**が出されている。もともと素性もよくわからない怪しい出所の写真ではあったが、残念な結果である。

網膜写真は、もし実現すれば画期的な利益を私たちにもたらしてくれるに違いない。しかし、その実現はなかなか難しいようである。

（本城達也）

■注釈：

※①**江戸川乱歩**（1894〜1965）…日本の推理小説の基礎をつくった推理作家。ペンネームは19世紀のアメリカの小説家、エドガー・アラン・ポーをもじったもの。

※②**『ブラック・ジャック』**…網膜写真が登場するのは、「春一番」（1977年4月11日号）。角膜の移植手術を受けた少女が、術後にいるはずのない謎の男の姿を見るようになり……というストーリー。

※③**ウィルヘルム・キューネ**（１８３７〜１９００）…ドイツの生理学者。神経と筋肉の生理学や視覚と網膜の化学的変化を研究。酵素（Enzyme）の名付け親としても知られる。
※④**画像の出典**…Maxime Vernois,「Étude photographique sur la rétine des sujets assassinés」より。
※⑤**引用元**…高村厳『現代の拷問』（新小説社、１９７３年）より。

■**参考文献**：

江戸川乱歩『幻影城：探偵小説評論集 続』（早川書房、１９５４年）
松本清張『暗闇に嗤うドクター 松本清張傑作選』（新潮社、２００９年）
手塚治虫『ブラック・ジャック 11』（講談社、１９８２年）
「網膜から犯人像検出」『読売新聞』（１９４８年2月6日、第2面）
高村厳『現代の拷問』（新小説社、１９７３年）
太城敬良『逆さメガネの心理学』（河出書房新社、２０００年）
久住武、鈴木はる江、鍵谷方子、佐藤優子『人体の構造と働き』（人間総合科学大学、２０１０年）
Gerard J.Tortora, Bryan Derrickson『トートラ人体解剖生理学 原書8版』（丸善出版、２０１１年）
橋本一径「モルグから指紋へ―19世紀末フランスにおける科学捜査法の誕生」『レゾナンス』（4号、２００６年）
Wilhelm Kühne『On the photochemistry of the retina and on visual purple』（Macmillan and co, 1878）
Maxime Vernois,「Étude photographique sur la rétine des sujets assassinés」『Revue photographique des Hôpitaux de Paris』（1870）

ニセ科学 FILE 23

【世間にまかり通る科学の俗説】

人間は真空中で破裂する？

伝説……………

アーノルド・シュワルツェネッガー主演のSFアクション映画『トータル・リコール』[※①]のクライマックス、非常に気圧が低い火星大気の中に投げ出された悪漢と主人公達の体が膨張し始め、ひん死の状態になるシーンがある。

人体は、地球の大気1気圧の中では1平方センチ当たり約1キログラムの圧力を受けており、それに反発するだけの力が内側からかかっているので、極端に気圧が低い場所では体が膨張し、最悪破裂するのだ。

また、逆に深海を舞台にした物語では、水圧との戦いが見せ場の一つとなる。実際、潜水艇の建造でもっとも難しいのは水圧に耐える操縦室を作ることで、鉄でできたカプセルでさえ、押しつぶされてしまうのである。このような環境下に人間が投げ出されてしまえば、簡単に押しつぶされてしまうに違いない。

真相

結論から言って、真空中で人体が破裂する事も深海の水圧でぺちゃんこになることもない。これらはちょっとした勘違いに基づく間違った知識なのだ。

●人体は真空中で破裂する？

1966年、NASAの研究所において、開発中の宇宙服を真空状態で実験するため、人工的に真空状態を作りだす真空チャンバーに宇宙服を着た技術者が入る実験が行われた。ところが実験が始まってほどなくして、宇宙服が空気漏れを起こしてしまう。実験台になっていたNASAの技術者ジム・ルブランは酸欠状態に陥り、昏倒。すぐにチャンバーが加圧され、救助されたために一命は取り留めたものの、**生身の人間が十数秒間、真空にさらされて生還**するという稀有※②な例となった。

この一件からわかるように、人体は真空にさらされたからといって、即座に破裂したりはしない。

真空中で人体が破裂するという俗説には「地上では1気圧の圧力がかかっている。これは1平方センチあたり約1キログラムの圧力である。人体はこの圧力に反発する力を内側からかけているので、真空中では力の均衡が崩れ人体が破裂してしまう」という説明がつくことがある。

一瞬納得しそうになるが、これは説明としては正しくない。

この説明は風船のように、内側から外側に向けて気圧をかけることで形を保っている物体に対する説明である。たとえば**ポテトチップスの袋**であれば、この説明は正しい。ポテトチップスの袋を高い山の上に持って行くとパンパンに膨らみ、場合によっては破裂してしまうことがある。空気は圧力に応じて体積が大きく変化するため、周囲の気圧が下がることでポテトチップスの袋の中の気圧が相対的に上昇し、[※3]袋をパンパンに膨らませるからだ。

典型的な宇宙服。真空や高温から人を守る様々な機能が備わっている（©NASA）

人類史上はじめて月面着陸に成功した

1969年、人類で初めて月への有人着陸に成功したアポロ11号の着陸船イーグル（©NASA）

アポロ宇宙船の船内は、3分の1気圧の純酸素で満たされていた。地上と同じ1気圧に保っていると、それだけ船体の強度も上げねばならず、なにより宇宙服がパンパンに膨張してしまって、着て動くことができなくなってしまう。そこで船内、ひいては宇宙服内を**3分の1気圧にする**ことで、真空の宇宙空間で過剰に膨らむことを防いでいるのだ。

もちろんそのままでは呼吸に支障がある。そこで、呼吸用の空気を純酸素とし、酸素分圧を適正に保つことで低い気圧の中でも酸欠になることなく生活できるのである。

もし人間が真空中で内側からの圧力で膨張し破裂するのなら、3分の1気圧でも生存不可能なほど体が膨れ上がることだろう。ちなみにエベレストの頂上の気圧も地上の3分の1程度である。だが、**登山者の体が膨張したという話は聞かない**。

また、「体の水分が沸騰し膨張し、体積が膨張することで破裂する」という説明がされることもある。

水の沸点は気圧が低いほど下がり、気圧が低い山の上では沸騰したお湯であるにもかかわらず、温度がぬるくなることはよく知られている。[※④]人間の体温ほどの温度の水分でも、真空中にさらされれば瞬時に沸騰する。水は水蒸気になると体積が1000倍以上になるため、確かにそのままでは体は爆発してしまうような気もするだろう。

しかし、そもそも体内の水分は皮膚や血管の中にある。それが真空にさらされるには、**すでに体がバラバラになっていなければならない**。バラバラになった後でバラバラになる心配をしても仕方がないだろう。

もちろん、生身の人間が真空中に長時間放り出されたら命はない。破裂はしないものの、非常に重度の減圧症になるようなもので、全身の血管に気泡で閉塞する部分が多発し、なにより窒息してしまう。

実際に人間が真空中に晒された事による死亡事故で有名なものには、ソユーズ11号の事故がある。[※⑤]3人の飛行士を乗せたソユーズ11号は地球への帰還準備中に空気漏れ事故を起こし、帰還カプセルが地上に降りた時には**3人は窒息死した状態で発見**されたのである。

●水圧で潰れるか

真空の話題とも関係するが、深海魚を一本釣りで海面まで引き上げると、体がパンパンに膨らみ、見るも無惨な姿になってしまう。ここからも、周囲の気圧が0になる真空中では人体もパンパンに膨らむものだと誤解する人も多いだろう。

しかし、深海生物すべてが引き上げた途端に膨らむわけではない。

実は膨らんでいるのは魚の体内にある浮き袋である。この中にある浮力調整用のガスは周囲の高い水圧でも潰れないように高い気圧をかけてある。この高圧のガスが、海面に引き上げられることで周囲の水圧の減少にともなって膨張し、周囲の内臓を強烈に圧迫した結果、無惨に膨らんでしまうのである。浮き袋を持たない魚やタコやイカ類、エビやカニなどは海面に引き上げられても体が膨張することはない。ようするに**体内にガス圧で膨らんでいる部分を持たない生物は、海面でも深海でも体にさほど変化がない**[※⑥]ということになる。

深海にもクラゲやイソギンチャクなどの、指で押しただけで体が破壊されるような柔らかい生物が大量に生息している。これらが何百キロもの圧力を受けてしまえば、当然一瞬で潰れてしまう。だが、そうならないことは、大量に生息しているという事実そのものが証明している。たとえば水深1000メートルでは、1センチ平方メートルあたり約100キログラムの圧力がかかっているのにである。なぜ深海にすむクラゲやイソギンチャクは潰れないのだろうか。

実は、水という物質は**圧力を受けてもほとんど体積が変化しない**という性質がある。つまり水を多く含む生物の細胞は、深海程度の水圧で潰れることはないのである。実際、地上の生物が深海に持ち込まれてもペシャンコになったりはしない。深海における生物遺骸の分解についての研究のため、深海底に豚の死体が沈められたことがあるし、生物遺骸が腐敗した時に誘引される生物の調査のため、豚の頭が沈められたこともある。またサバなど浅海に生息する魚類の死体が、深海生物撮影時の誘因用の餌として沈められることも特に珍しいことではない。当然いずれも特に**ペシャンコになったりはしない**のである。

メキシコ湾の水深 1000 ～ 2000 メートルで発見された深海イソギンチャク（※⑦）

中に空気が入った物体が強い水圧を受けると、中の空気そのものの体積が圧力に応じて縮小するため水圧に耐えられず潰れてしまう。発泡スチロールのような発泡性の素材の場合、本来空気が入っている部分が全て潰され空気が押し出され、しかも水圧は[※⑧]全方向からほぼ均等にかかるため、カップ麺の容器などを深海に沈めるとそのままの形で縮み、カップ麺容器の赤ちゃんのような姿になってしまう。

チャレンジャー海淵に挑んだ潜水艇「トリエステ号」には、高い水圧に耐えられる工夫が随所に凝らしてあった。

だが、豆腐のようにフニャフニャで脆いものでも、水分を多量に含む物体は水圧では潰れないのである。実際、**コンニャクと豆腐が深海に持ち込まれて、潰れないことが確認**されている。

ちなみに世界一深い水深1万メートルのチャレンジャー海淵[※⑨]に潜航した潜水調査艇「トリエステ号」[※⑩]は、船の浮力材に空気タンクを使うと潰されてしまうため、水より比重が軽く圧力で縮まないガソリンをタンクに詰めて浮力を得ていた。現在日本で使われている「しんかい6500」では、浮力材に内部が空洞の微小なガラス玉をエポキシ樹脂で固めたシンタクチックフォームを使用している。

人体に関していうと、肺や耳の奥など空気が入っている場所が圧迫されて大変なダメージを受ける危険性があるし、空気ボンベから海中の圧力にあわせた気圧の空気を呼吸した後で急激に浮上すると、減圧症にかかる危険性がある。しかし、**体内に大量の水分がある以上、深海でも人**

体がペシャンコに潰れることはないのである。

世間では、「科学の常識」と思われている知識でも、実は**まったく科学的ではないものも多い**。真空で破裂とか、深海でペチャンコとか、この程度なら勘違いしていても特に実害はないが、インチキ薬やインチキ療法ではこうはいかない。これらも一見科学的な説明をしてくるが、しかしその内実は科学とはほど遠い代物なのだ。

「科学的」とは「実際に確かめる」「どの程度確からしいか客観的に推論する」「間違えたら修正する」という姿勢そのものであり、難しげな記号や数値を使うことではない。

正しい意味で科学に興味を持つことは、いつかあなたの身を守るかもしれないのだ。

（横山雅司）

■注釈：

※①**『トータル・リコール』**…1990年に公開されたアメリカのSF映画。原作は、フィリップ・K・ディックの短編小説『追憶売ります』。監督は『ロボコップ』のポール・バーホーベン。

※②**稀有な例**…無事に生還したルブランによると、真空状態におかれたとき、舌の上で唾液が沸騰する感触がしたという。貴重な証言である。

※③**袋をパンパンに膨らませる**…この現象は飛行機に乗った際も観察できる。ちなみに一般的な旅客機の

キャビンは地上で換算すると2000メートル程度に加圧されているといわれる。

※④**温度がぬるくなる**…富士山の頂上では沸騰したお湯でも約88度しかないという。

※⑤**ソユーズ11号の事故**…1971年6月、ソビエト連邦で人工衛星へのドッキングのために打ち上げられた。ドッキングは成功もバルブの不調で帰還カプセルから空気が漏洩。地球に戻った時、ゲオルギー・ドブロボルスキーをはじめとする3人の宇宙飛行士は全員帰還カプセル内で窒息死していた。

※⑥**体にさほど変化がない**…もっとも、環境が激変するので弱って死んでしまうことが多い。

※⑦**深海イソギンチャク**…写真は「Venus flytrap sea anemone」。「flytrap」とは、「ハエトリソウ」の意味。

※⑧**全方向からほぼ均等にかかる**…厳密にいえば少しでも深いほうが水圧は高い。

※⑨**チャレンジャー海淵**…日本の南、フィリピンの東にあるマリアナ海溝でもっとも深い海淵。その深さには諸説あるが、日本の無人潜水艇「かいこう」が記録した1万911メートルが有力視されている。

※⑩**トリエステ号**…スイスの物理学者、オーギュスト・ピカールが設計した潜水艇。1960年1月、オーギュストの息子ジャックと米海軍のドン・ウォルシュ中尉が乗り込み、5時間かけてチャレンジャー海淵の最深部に到達。その際、高い水圧のために窓に亀裂が発生。最深部に20分滞在して帰還した。

■**参考文献**：

Ｗｅｂ／ＮＡＳＡゴダードスペースフライトセンター公式サイトQ&A「The Human Body in Space」
長沼毅『深海生物学への招待』（2013年、幻冬舎）
Ｗｅｂ／「国立研究開発法人　海洋研究開発機構　公式サイト」

第四章　美容と健康にまつわるニセ科学の真相……………

ニセ科学FILE 24

サプリメントの効能と効果の錯覚

【効果の裏側には大きな錯覚が存在した】

伝説……

さまざまな栄養を手軽にとることができるサプリメントは、現代人の生活に欠かせないものである。

一昔前のサプリメントは、効能があやふやでいかにも怪しげなものも多かったが、現在では一流企業が参入し、たしかな科学的見地から効能が証明されたものが増えている。

日々の健康、ストレスの軽減、疲労の回復、そしてダイエットにも、サプリメントを有効活用したいものだ。

真相……

サプリメントとは、健康維持を「補助する」という意味から由来した名称で、食品の特定成分が濃縮された錠剤やカプセル形状製品の通称である。いわゆる「健康食品」のひとつの形態であり、見かけは薬品であるが、あくまで**「食品」**である。

●サプリメントの本来の使用目的

バランスの取れた食事を維持するために、欠けている部分を暫定的に補う用途に使用する。たとえば、「今日は魚を食べていないから、魚由来の成分であるDHA[※①]を補おう」と、DHAサプリメントを飲むわけである。

しかし、サプリメントが薬品の形状であるためか、食品ではなく医薬品[※②]を連想させる広告が打たれている。医薬品とは、疾病の治療や予防を行う目的の薬品であり、臨床試験を経て、特定の効果・効能が確認され、かつ、健康被害が確認されなかったものが、厚生労働省によって認可される。一方、サプリメントは、**バランスの取れた食事を通した健康維持**が目的である。このように、双方の使用目的は大きく異なるわけだ。

●サプリメントに効果があるのか

食事で摂取すべきビタミンやミネラルが欠けている場合、しばしばサプリメントで補う方法がとられ、一定の効果があると知られている。このビタミンやミネラルを主成分とするサプリメントは、「栄養機能食品」と認定されており、その有効成分には17種類が定められている。※③

また、DHAや、グルコサミンなど、医薬品として認可されている成分は、一定の効能があると見なすことができる。しかし、医薬品に相当する効果とともに、臨床上知られている副作用にも留意して使用する必要がある。

一方、それ以外の多くのサプリメントに関しては、効果・効能が定かではない。独立行政法人国立健康・栄養研究所の素材情報データベース※④を見ると、ほとんどの成分について「**ヒトでの有効性については信頼できるデータが見当たらない**」と記載されている。サプリメントを飲んでいる読者は、その成分について個別に情報を確認してみて欲しい。

サプリメントは食品であるので、原則的に販売は自由である。薬品のように臨床試験をする義務もない。そのため効果・効能に関するデータも、健康被害に関するデータも不足しているのが現状なのである。

ゆえに、多くのサプリメントはほとんど効果がないか、特殊な状況にある人にのみ、特定の分量がごくわずかに効果があるにすぎない。また、多くの食品は毒に相当する成分を少しは含むので、食品の特定の成分を濃縮したサプリメントを、それも長期間服用した場合の危険性は未知でさえあるのだ。

■体調の悪さの自然変化

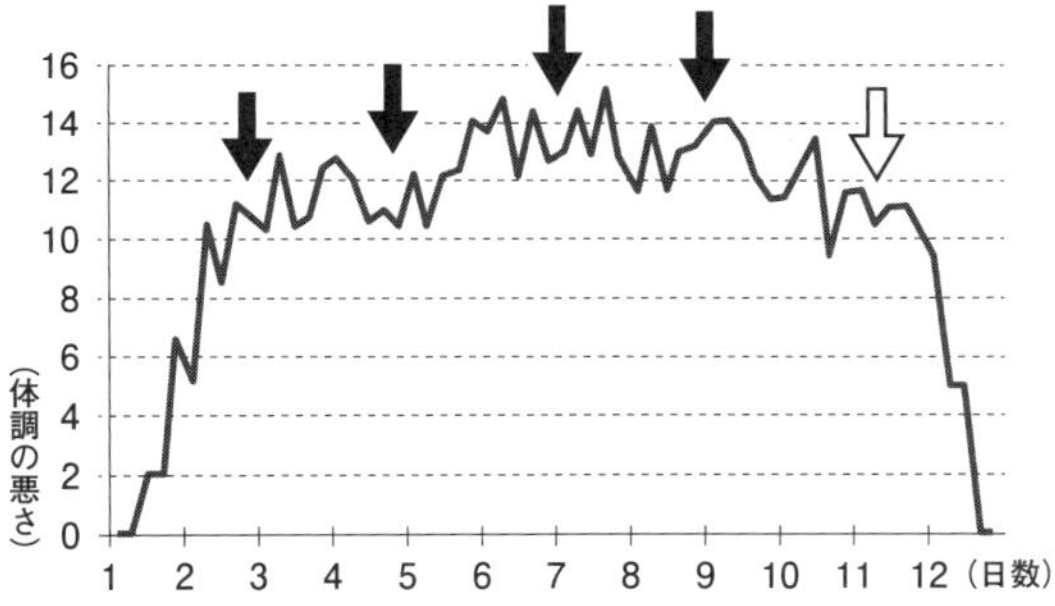

●サプリメント効果の錯覚1（回帰効果の誤解）

サプリメントは、その効果が不明瞭にもかかわらず、安定して売れつづけている。この売上げを支えているのは、「効果がある」と認識してしまう、購入者による**認知的錯覚**である。その代表的な錯誤は、回帰効果の原因をサプリメントに、誤って帰属させてしまうことだ。

図をご覧いただきたい。人間の体調は悪いときも良いときもある。そのイメージを表わしたグラフである。折れ線グラフが上昇したときは体調が悪化し、下降したときは体調が回復したとしよう。[※⑤]この体調回復は自然治癒であり、とくに理由もなく元の状態に回復するのである。

グラフ（上）の矢印は、サプリメントを飲むタイミングを示している。サプリメントに何も効果がなくとも、白矢印のタイミングでサプリメントを飲むと、**あたかもサプリメントに効果があったかのように回復**する。偶然このタイミングで飲んだ購入者は「格好のカモ」というわけだ。「**自分にこのサプリメントは効いた**」と信じるようになり、飲み続けることとなる。

サプリメントの販売業者は、とにかくお試しで大勢に飲んでもらえばよい。この特定のタイミングに当たる購入者が一定数現れ、感謝の手紙を送ってくるわけである。

●サプリメント効果の錯覚２（確証バイアス）

さて、サプリメント効果をいったん信じてしまうと、効果があることを積極的に見いだすようになる。つまり、効果があるとたえず「確証」し、信念を不当に深めてしまう。この傾向は「**確証バイアス**[※6]」と呼ばれる。

たとえば、サプリメントを飲んで体調の変化がなくても（前ページ図の黒矢印）、「もっと悪くなるのを防いだ」と解釈できてしまう。そして飲み続けることによって、いずれ自然治癒の局面に来て確かに体調が良くなり、「ほら、やっぱり効いた」と確信を強めるのだ。

ふつうに考えて、効果があるならば左ページ表の（イ）や（ウ）の頻度に比べて（ア）や（エ）の頻度が多いはずである。しかし、「効果がある」と信じてしまうと、[※7]飲まない場合を

■ サプリメントを飲む機会と体調の関係

	体調が改善	体調の改善なし
サプリメントを飲む	（ア）	（イ）
サプリメントを飲まない	（ウ）	（エ）

チェックできなくなる。**飲まないと体調が悪くなる気がする**からである。

この現象は、お守りを信じる場合にも同様に現れる。お守りが災いを防ぐと信じ始めてしまうと、お守りがないときに災いが起きるかどうかを、怖くてチェックできなくなる。その結果、お守りを持ち続けて、災いが起きたとしても、災いがさらに悪くなるのを防いだと、確証した気持ちになってしまう。

このように、信じ始めた個人では正当なチェックができないので、効果を査定する仕事は社会にゆだねるしかない。しかし、お守り効果やサプリメント効果が社会的調査で否定されても、誤った経験を信じ続けるという現象が個人レベルで続くわけだ。

●サプリメント効果の錯覚3（認知的不協和の解消）

1970年代に「**認知的不協和の理論**[※8]」が提唱されて以来、この理論で説明できる心理現象は数多く知られている。たとえば、難関の試験をパスして入学した学校が、入ってみたらつまらなかったならば、不愉快になる。この状態を「認知的不協和」と言う。この不協和は、「つまらない」を「結構面白い」と思いなおすことで解消する。結果として、難関試験の学校は自ずと「面白い学校」になるのだ。

同様に、高価なサプリメントを買ったのに効果がない（認知的不協和）と、損をした気分になる。「高価である」を「安価である」と思いこむことは困難だが、体調という内的であいまいな効果ならば、「**改善した**」と思いこむことが可能である。実際そのような認知的不協和の解消が、ほとんど無意識のうちになされてしまう。だから、「**高価なサプリメントほど効く**」という、皮肉な現象が起きるわけである。

またときには、その解消を求めて高価なサプリメントを繰り返し服用し、「改善した」と思いこめる事実を、無意識に求めることまで起き得る。さらに問題なのは、「このサプリメント効いたわよ」などと、友人にすすめる行動が引き出される。友人も飲んでいると認識できると、「本当に効いているのかなぁ」という淡い疑いが「確かに効く」という強い確信に格上げされ、不協和の解消が容易になるからである。

また、「認知的不協和の予期」が前述の反証をまたげることもある。自分が買った高価なサプリメントが効くかどうか後から調査して、「効かない」とわかってしまったら認知的不協和状態になってしまう。そんな状態は避けたいという心理が働いて、**反証の調査は消極**

的になるのだ。事実、ある商品の購入者は、買った後でもその商品の広告をよく見るが、**ライバル商品の広告は見ないようにする**[※⑨]傾向が検出されている。
誤った信念は、無意識のうちにどんどん深まっていくのである。

●サプリメント効果の錯覚4（偽薬効果）

最後の錯覚は、「**偽薬効果**[※⑩]」（プラセボ効果）である。薬や治療に効果があるとされる状況にあると、それが実際に何らかの効果を及ぼす現象が知られている。薬の臨床試験では、試験すべき薬剤が入っている錠剤（真薬）と、見かけは同じだが薬剤が入っていない錠剤（偽薬）とを無作為に処方して結果を比較している。「薬を飲んだから効くはずだ」という状況が自然治癒力などを高めるので、たとえ薬剤に効果がなくとも、効果があるかのような結果（偽薬効果）が出てしまう。そこで、偽薬と比較することで、真の効果だけを抽出するわけだ。

これほどまでに偽薬効果は、普遍的で安定した効果をあげている。つまり、サプリメント自体に効果がなくとも、「効果がある」と思える偽薬効果状況[※⑪]にあれば、それなりに効果が現れるということだ。

この効果は、「サプリメントは効かない」という科学的で善良な指摘を消極的にしてしまう。なぜなら、偽薬効果状況にある購入者に「効かない」という指摘をすると、偽薬効果を消滅させるからである。その結果、「せっかくうまくいっていたのに余計なことをするな」という批判が生じる。
果たして、サプリメント効果に関する実態の指摘は、社会的に意義あることだろうか。不当な商売をする業者を摘発して、社会を健全な状態に導くという意義は確かにある。しかし一方で、「買い続けるのは個人の責任なので放っておけ」という主張も一理ある。悩ましい問題なのである。

（石川幹人）

■**注釈**：

※①**ＤＨＡ**…ドコサヘキサエン酸の略称。人体に必要な脂肪酸のひとつで魚の油に多く含まれる。高脂血症の改善効果が認められ、医療用の医薬品にもなっている。
※②**医薬品**…一般に売られている医薬品は、リスクの高いものから第一類、第二類、第三類に分類されている。
※③**17種類の有効成分**…その17種類とは、亜鉛、鉄、銅、カルシウム、マグネシウム、葉酸、ナイアシン、パントテン酸、ビオチン、ビタミンA、B1、B2、B6、B12、C、D、Eである。
※④**素材情報データベース**…「健康食品」の安全性・有効性情報ホームページ（https://hfnet.nih.go.jp/）
※⑤**体調回復は自然治癒**…自然治癒以外にも、花粉アレルギーのように、一定の時期が終わると原因物質がなくなり体調が回復することがある。

※⑥**バイアス**…英語で「偏り」のことで、この場合は「偏った見方」を意味する。

※⑦**飲まない場合をチェック**…このように、仮説に反する事態を示すことを「反証」と言うが、仮説が正しいと思うと反証をしなくなるのは、一般的傾向である。

※⑧**認知的不協和の理論**…社会心理学者レオン・フェスティンガーが提唱。

※⑨**ライバル商品の広告は見ないようにする傾向**…下條信輔『サブリミナル・マインド』（中公新書、1996）に、この手の話題が豊富に掲載されている。

※⑩**偽薬効果**（ぎやくこうか）…ヘンリー・ビーチャー『偽薬効果』（笠原敏雄訳、春秋社、2002）を見よ。

※⑪**偽薬効果状況**…この偽薬効果がもたらされる状況には、「心理的な暗示」や「過去の治療による条件付け」など、さまざまな原因が考えられる。「自分が信じれば病気が治る」という単純な効果ではないので注意されたい。

■**参考文献**：
石川幹人『人はなぜだまされるのか～進化心理学が解き明かす「心」の不思議』（講談社ブルーバックス、2011年）
小野寺孝義ほか『心理学概論～学びと知のイノベーション』（ナカニシヤ出版、2011年）
菊池聡『なぜ疑似科学を信じるのか～思い込みが生みだすニセの科学』（化学同人、2012年）
※本項目の一部は、科学研究費補助金第25350387号による支援を受けている。

ニセ科学FILE 25

【広告に張り巡らされた巧妙な罠】

健康食品の広告トリック

伝説……………

テレビや雑誌でさかんに宣伝されている健康食品は、しっかり続ければ一定の効果が期待できそうだ。

国の認可を受けた一部のサプリメント成分を除けば、健康食品の大半は効果がない、などという人もいるようだが、それは本当だろうか。

健康食品の広告を見ると、有名大学の研究所と共同で開発したものや、自然の食材を活用したもの、さらには「多くの方が効果を実感」など、しっかりと効果を説明しているものも多い。

国の認可を受けていないからといって、効果がないとは言い切れないし、健康食品業者もわざわざ効き目がないものを売りつけるはずがない。やはり、市販されている健康食品は効果があるのだ。

真相

最近のテレビや雑誌で健康食品の広告を目にしない日はないと言ってもよい。※①健康食品の**年間売上げは2兆円以上**にものぼり、昨今の低迷が著しいマスコミの広告収入を支える一大産業になっている。

●食品の効果や効能は広告できない

薬事法の第六十八条（承認前の医薬品等の広告の禁止）では、「何人も……認証を受けていないものについて、その……効能、効果または性能に関する広告をしてはならない」と定められている。つまり、かりに食品に効果や効能があったとしても、それを**広告に記載すると薬事法違反**となるので、広告できないわけだ。

その例外は、※②保健機能食品だけで、一般の食品については、広告に効果や効能はうたえない。そのためオススメ表示がなされている。「毎日が忙しい方にオススメ」と聞けば、「それを飲めば元気が出る」と解釈できるが、消費者の勝手な想像にすぎない。広告には「飲めば元気が出る」とは書いていないので、販売業者は法律違反をまぬがれる。消費者を**誤解させて、売り込みをはかっている**のだ。

では、実際のところ「飲めば元気が出る」のかというと、「飲めば元気が出る」というデータはふつうほとんどない。どうせデータをとっても広告に掲載できないから、販売業者はお金がかかることはやりたくない。もし、ちゃんとデータがとれれば、保健機能食品や医薬品の認可を受けられるのだから、**認可をとっていない食品の広告には誇張があると**、まずは考えるのが穏当だ。

●トリック1（権威による価値づけ）

健康食品の効果は広告には記載できないため、あたかも効果があるかのような表現を駆使して、広告づくりがなされる。まず目にしやすいのは、ある種の権威がこの商品の効果を裏づけている、と思わせるテクニックである。

その権威には「**科学アカデミズム**」がしばしば使われる。その事例とチェックの仕方を左表に示すので、読者は各自インターネットなどを駆使して調べてみられたい。

●トリック2（親密化と同調誘導）

■ 健康食品の広告の権威付け事例とチェックポイント

(広告の事例)	(チェックポイント)
専門用語	専門用語を装った造語ではないか。科学で一般的に使われている用語ならば、使用法は妥当か。
専門家の写真	専門家に白衣を着せるなどの科学権威の演出がないだろうか。
専門家の肩書	その人は本当に該当の分野の研究をしているのだろうか。
大学との共同研究	大学に研究資金を拠出すれば共同研究はできる。果たして、その研究で成果が出たのだろうか。
特許取得	製品の効果とは直接関係ない製造特許や周辺特許ではないか。
学会発表	ほとんどの学会では発表だけなら自由にできる。研究論文が「査読のある論文誌」(※③)に掲載発表されているか。
○○賞受賞	その賞はどのような性格の賞で、どのような審査が行われているのか。本当に商品の「効果」を評価した賞なのか。
○○医薬研究所の開発	研究所や会社の名称は、重複がなければ原則自由につけられる。その団体の研究活動の実績はあるのか。
グラフや表	効果とは直接関係のないデータが、あたかも科学的に検討されているかのように表現されてはいないか。

次のだましのテクニックは、消費者の感情に訴える方法である。社会的生物である人間は、周辺の人々の行動をまねて社会に調和して生きている。また、他者の行動に同調し、他人と共感できる親密な関係にあるとき、心地よさを感じるようになっている。その基本的な傾向性を逆手に取る方法が、健康食品広告には数多く使われている。

たとえば、※④生産者や開発者の写真があれば、この人のためならちょっと試してみようかと思うし、有名人の推薦があれば、あの人が飲んでいるなら私も飲んでみようかとも思う。そのような親密さを抱く心理は、善良な市民であることの表れである。

販売業者としては、「みんな買って飲んでいるので、あなたも一緒に試しませんか」という雰囲気を作り出せれば、まずは成功なのだ。健康食品広告には、**愛用者の感想の記載が定番**になっているが、消費者を同調行動へと誘導する手法である。健康食品を飲んでうまくいった人のように、自分もやってみようという気持ちが、自然に湧いてくる。

しかし、たとえその感想が広告制作者による作文であっても、それを暴く方法はない。だから、愛用者の感想は無視して広告を吟味しなければならない。よく見かける「**売上ナンバー1**」も、「みんな買っている」という同調を誘う手口であり、「**怪しい**」とみるべきだ。実際のところ、商品をそうたくさん扱っていない業者であれば、販売対象者と時期を限れば、どんな商品も何らかの意味で「売上ナンバー1」[※⑤]にすることが可能である。

人間としての自然な心理を抑制して広告を見る必要があるとは、なんともやりきれない。

●トリック3（印象操作）

健康食品広告には、消費者の抱く印象を操作し、現実と異なる架空の良さを演出するテクニックが使われている。その典型例が量に関する表現である。

たとえば、「わずか3錠で、1000ミリグラムもとれる」と聞くと何か効きそうであるが、「**3錠飲んでも1グラムにしかならない**」[※6]と表現すると、量的には同じ意味だが否定的に聞こえる。客観的な量の部分でなく、私たちは表現の印象に影響を受けやすいのだ。

また「成分をギュッと2倍に濃縮」といって高く売られている製品をよく調べてみると、**従来の製品を2錠飲めばそのほうが安い**ことがある。そもそも食品なので、たくさん飲んだからよいのかどうかも、一日の適切な目安量がどの程度なのかも、はっきりわかっていないのである。

消費者は量がよく理解できないし、加えて、業者も量についての知見をほとんど持っていないので、最近は「15種類の成分をすべて配合」などと、とにかくたくさんの成分を入れていることでアピールをしている。そんなにいろいろ組み合わせて摂取するのであれば、**食べ合わせの副作用のほうが心配**になる。

利用者アンケートの結果も広告によく掲載されているが、良くなったと実感した購入者が、アンケートを率先して返送する傾向を忘れてはならない。「81％の方が実感されていますす」というのは、むしろ「**返送アンケートの2割近くが実感できていない**」というクレームであったとも読みとれる。

論理的な飛躍を印象操作で隠すテクニックもある。「年齢を重ねるに従ってコラーゲンが体内から失われるので、コラーゲンが必要です」と聞くと、「コラーゲンを飲んで老化を防がなければ」と連想する。そこには論理的な飛躍が隠れているのだが、「失われる」という危機感と「飲めば大丈夫」という安心感が先に立ち、問題に気づかない。

その問題とは、「コラーゲンが必要」なのは正しくとも、「コラーゲンを飲めばよい」は妥当な結論ではないということだ。なぜなら、飲んだコラーゲンが消化吸収され、※⑦必要な臓器に送り届けられるとは限らないのである。果たして、髪の毛を食べたら髪がふさふさになるだろうか。コラーゲンは体内でアミノ酸を組み合わせて生成されるタンパク質で、年齢を重ねるとその生成能力が低下する。必要とされるのは、**生成能力を復活させる算段**なのだ。

●だまされやすさの由来を考える

人間は、この食品は健康にいいか悪いかと、きわめて単純に割り切ろうとする。つねに思考の倹約をして、あれこれ考えるのを避けたいからである。単純に割り切れれば、「健康にいい食品は食べるし、悪い食品は食べない」と、すぐに行動を決められるからだ。その性向を、健康食品業者に利用されてしまうのである。これはよい健康食品だから摂取したほうがいいですよ、と。

しかし、健康とは複雑なしろものだ。薬品が、摂取の仕方によって毒にも薬にもなるのはよく知られた事実である。高血圧の薬を低血圧の人が飲んだらたいへんだ。だからこそ医師の処方が必要なのである。

一方の食品は、科学的な究明は十分に進んでおらず、毒か薬かの境目は闇の中である。結局のところ、一般市民が**健康の維持を健康食品で行うのは、至難の業**である。健康に問題があったり、生理的な数値の異常があったりした場合は、医者に通うのがどう考えても得策である。ときには、**健康食品の代金よりも医療費のほうが安い**ことさえあるのだから。

（石川幹人）

■**注釈：**

※①**健康食品の年間売上げ**…富士経済によると日本国内の健康食品の市場規模は、２兆６０００億円（２０２３年）にもなるという。

※②**保健機能食品**…保健機能食品のうち第一に栄養機能食品は、前項注③の有効成分について広告にその機能表示ができる。第二に特定保健用食品（いわゆるトクホ商品）では、科学的な根拠を示して政府の許可を得た範囲の保健効果を広告表示できる。

※③**査読のある論文誌**…多くの機関から複数の査読論文が発表されていると、なおよい。

※④**生産者や開発者の写真**…商品に添付した「生産者の写真」が、じつは「流通業者の写真」であったという摘発事例がある。

※⑤**「売上ナンバー1」にすることが可能**…たとえば、「当社の同種商品のうち8月の月間売上による」など小さな文字で書かれていたら、信頼性は低い。

※⑥**ミリ**…1000分の1を意味する。同様に、マイクロは100万分の1、ナノは10億分の1を意味する。

※⑦**必要な臓器に送る**…これは組織移行性と呼ばれ、DHAなどの医薬品については実験されたデータがある。コラーゲンの組織移行性については疑わしい。前項注4、「健康食品」の安全性・有効性情報ホームページから「話題の食品・成分」のうち、コラーゲンの解説項目を参照されたい。

■参考文献：

石川幹人「求められる広告の科学的表現」、『月刊消費者3月号』（日本消費者協会、2011年）

石川幹人「疑似科学的広告の課題とその解決策～消費者の科学リテラシー増進に向けて」、『情報コミュニケーション学研究』（明治大学、2009年）

内田麻理香『科学との正しい付き合い方～疑うことからはじめよう』（ディスカヴァーサイエンス、2010年）

※本項目の一部は、科学研究費補助金第25350387号による支援を受けている。

ニセ科学 FILE 26

【日本でも静かに広がる〝危険な代替療法〟】

ホメオパシーで病気は治るか？

伝説……

ホメオパシーとは、「同種療法」とも呼ばれる自然療法である。

創始者は、18世紀末のドイツの医師[※①]サミュエル・ハーネマン。彼はマラリアの薬であるキナの皮を服用したところ、マラリアそっくりの症状が出た。そこから、「症状を起こすものは、症状を取り去る」とする「類似の法則」を発見。その法則を応用したのが、ホメオパシーである。

ホメオパシーでは、西洋医学のように薬で無理やり症状を抑えこむようなことはしない。使用するのは、レメディーと呼ばれる砂糖玉に植物や鉱物など自然界の物質のエキスを染み込ませたもので、高度に希釈しているため、薬とは違って副作用も存在しない。人間の自然治癒力で病気を癒やすのだ。

日本ではまだ一般的とはいえないホメオパシーだが、ヨーロッパなどでは広く知られた療法だ。イギリスでは王室にホメオパシー医がおり、王立のホメオパシー病院もある。保険が適用されるという国もある。まれにホメオパシーを〝ニセ科学〟などと揶揄する言説も聞かれるが、ホメオパシーは世界的に認められた療法なのである。

真相

●諸外国での取り扱い

ホメオパシーのヨーロッパでの扱いは、たしかに伝説にある通りだ。

英国王室では、チャールズ皇太子が代替医療に熱心で、自身も関連ビジネスを行っていることは有名だ。イギリス、フランス、ドイツでは一部の症例に限って、ホメオパシーにも保険が適応されている。スイスでは、２００９年に国民投票でホメオパシーを含む代替医療を医療として認めることが承認された。カナダ、アメリカでは健康食品扱いではあるものの、レメディーがドラッグストアの医薬品の棚に並べられて販売されている。※②

しかし、だからといって、そのことがすぐさまホメオパシーの有効性の証拠になるわけではない。事実、その効能をめぐっては、**懐疑的な意見も多く出ている**。ホメオパシーとはいったいどういうものなのか。その内容を理解するために、まずは成り立ちから見ていこう。

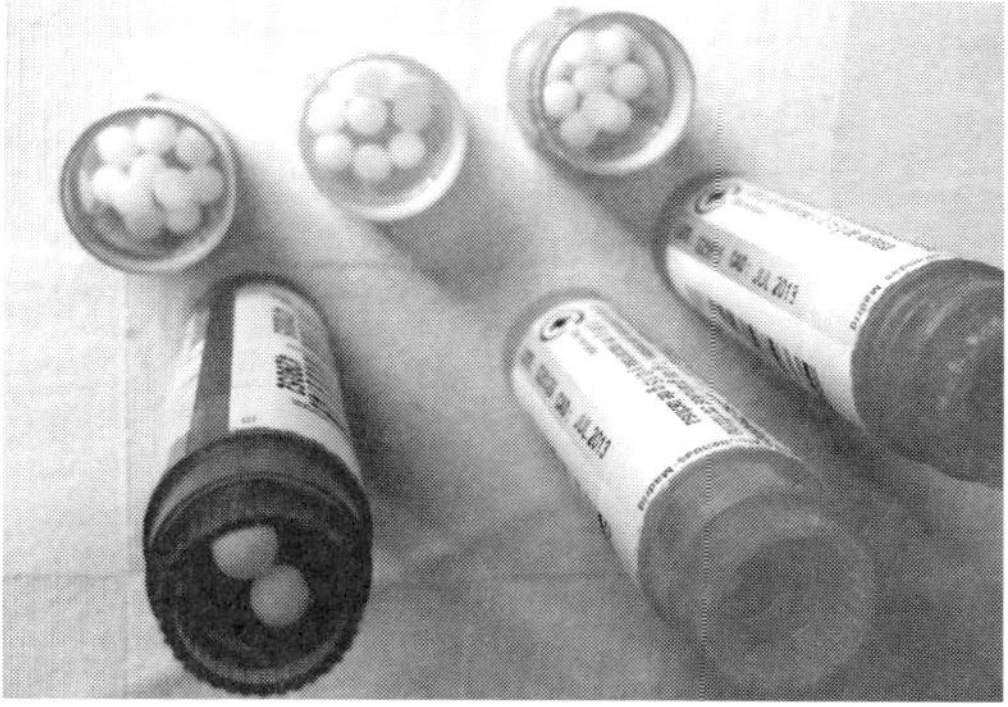
ホメオパシーのレメディー（©Javierme Javier Mediavilla Ezquibela）

●ホメオパシーの創造と理論

ホメオパシーが生まれたのは、18世紀後半のドイツである。その誕生には、当時の医療環境が密接に関わっている。18世紀の医学は、科学を取り入れ、近代医学へと発展する途中だった。そのため、当時の医療の現場では、今から見るとかなり強引な治療法がまかりとおっていた。

代表的なものは、瀉血《しゃけつ》である。瀉血とは、病気の原因が体内に溜まった有害物質にあるとして、それを血液とともに体外に排出させようとする治療法で、現在でも瀉血が行われる※③一部の特殊な症例は存在している（真性多血症（赤血球増加症））。しかし当時期待されていたような医学的な効果は無い。そのほかにも、胃の不調に吐剤を処方したり、炎症に血吸

ホメオパシーの創始者、ハーネマン

ヒルを貼り付けたり、腹痛に下剤を投与したり、[※④]下疳の傷口を焼きゴテで焼く、などといった治療法が行われていた。その荒々しさから当時の治療は**英雄的治療**と呼ばれている。また、当時は薬にも危険な物質が用いられており、アヘンや水銀、鉛、亜鉛、硝酸銀、硫酸、樟脳といったものが薬として処方されていた。

　こうした当時の医療は、患者に苦痛を与えるだけで、病気を癒やすものではなかった。その状況に疑問を持ったのが、ホメオパシーの創始者ハーネマンだった。

ハーネマンは当時の医療を「アロパシー医学（異種療法）」と呼んで軽蔑し、絶望のあまり一度は医学の道を断念したほどだった。その後、復帰したハーネマンは患者に苦痛を与えない新たな医療の形を模索するようになる。そして体験したのが、「伝説」にある[※⑤]キナの皮の服用である。

　キナの皮は当時、すでにマラリアの薬として知られていた。ある時、ハーネマンはそれを煎じたものを飲んでみた。すると服用前は健康だったにもかかわらず、服用後に体が変調を訴え、マラリアと同じ症状が出た。ハーネマンはこの経験から「類似のものは類似のものによって治療されねばならない（similia similibus curentur）」という法則を導き出し、新たな治療法「ホメオパシー」を創設したのだ。

ホメオパシーには「同種の法則」の他に、もうひとつの柱がある。それは物質を高度に希釈すると効果が高まるとした「超微量の原則」である。ハーネマンはさらに震とう（激しく振り動かすこと）することで活性化したエネルギーを利用できると考えた。現在、ホメオパシーで処方されている〝治療薬〟のレメディーは、この法則をもとに製造されたものだ。

●レメディーの作り方

では、レメディーとはどうやって作られているのか。ハーネマンが記したホメオパシーの指南書『オルガノン』には、レメディーの調整法が次のように紹介されている。

(1)100倍希釈：乳糖100グラン[※⑥]の3分の1を乳鉢に入れ、その上に医薬物質1グランをたらす。これを6、7分間へらでかき混ぜた後、乳棒で12〜15分間すり合わせる。この作業を残りの乳糖を3分の1ずつ加えて2回繰り返す。最後に6、7分間すりつぶす。こ

(2)１万倍希釈：１００倍希釈粉末２グランと乳糖１００グランの３分の１を乳鉢に入れる。あとは(1)と同じ。

(3)１００万倍希釈：１万倍希釈粉末１グランと乳糖１００グランの３分の１を乳鉢に入れる。あとは(1)と同じ。

この粉末を使い、震とうによって効力を高めた（ダイナミック化）ものが、レメディーと呼ばれる。

(1)第１段階レメディー：１００万倍希釈粉末１グランを蒸留酒と蒸留水を１対４に混ぜた混合液５００滴に溶かす。ここから一滴瓶に移して、１００滴の強いアルコールを加え、皮革製の本などに１００回強くぶつける。この溶液で１粒（１００分の１グラン程度）の乳糖数粒を湿らせ、すぐに吸い取り紙に落として乾燥させる。

(2)第２段階レメディー：第１段階レメディーを１粒瓶に移し、１００滴の強いアルコールを加え、皮革製の本などに１００回強くぶつける。この溶液で乳糖数粒を湿らせ、直ぐに吸い取り紙に落として乾燥させる。

この(2)の手順をさらに29回繰り返したものが、ダイナミック化30回分の力を持つレメディーとなる。

●なぜレメディーで病気が治るのか？

ハーネマンは、性病を除く病気の原因はマヤズムにあると考えた。
マヤズムとはギリシャ語のmiasma（汚れ、穢れ）を語源とする言葉で、大気中にある何らかの毒素に接触することで伝染病が起きるとする考え方だ。
ハーネマンはマヤズムを、急性マヤズムと、慢性マヤズム（生涯消え去らない）の2つに分けた。[※⑦]慢性マヤズムの原因は、スフィリス（梅毒）・サイコーシス（淋病）・ソーラ（疥《かい》癬《せん》）の3つ。ハーネマンはこれがすべての病気の原因であり、それ以外の病名は無意味であると主張している。

ハーネマンは、人間の体をコントロールする何かがあると考え、それをバイタルフォースと名づけた。バイタルフォースとは、「人間の物質的な体を制御する精神のようなダイナミック・エネルギー」という意味だ。このバイタルフォースが乱れた状態が〝病気〟である。

バイタルフォースが乱れると、その状態を体は症状という形で知らせてくる。ホメオパシーの治療者は、その状態を読み取り、症状に合ったひとつのレメディーを投与する。ハーネマンは、ひとつの体に類似する2つの病気は存在できないとする。レメディーを通じて体内に入った成分は、ダイナミック化を経ているため、強力に作用し、もとあった病気を消滅させる。

レメディーの作用が持続する期間は短い。レメディーの作用が消失するにつれ、バイタルフォースの乱れは収まる。そして病気も治癒するというメカニズムだ。

●ホメオパシーの想像と疑問

ここまでホメオパシーの成り立ちや考え方を見てきた。では、はたしてホメオパシーにハーネマンの考えるような治療効果はあるのだろうか。

実はホメオパシーには、その**成り立ちそのものに異議**が唱えられている。ハーネマンはキナの皮を服用してマラリアの症状が出たことからホメオパシーの着想を得たというが、そもそもそれが**勘違いだった可能性が高い**のだ。

ハーネマンはキナの皮の服用に関して、「1日2回、4ドラム（約15グラム）の良質のキナを服用」したと書き残している。キナの皮から抽出されるキニーネは、強い副作用があるため、日本では劇薬に指定されている。致死量は8グラムであるため、もしハーネマンが15グラムのキニーネを飲んだとしたら無事では済まなかったに違いない。

だが、ハーネマンが服用した当時は、まだキナの皮から[※⑧]キニーネを分離する技術は存在し

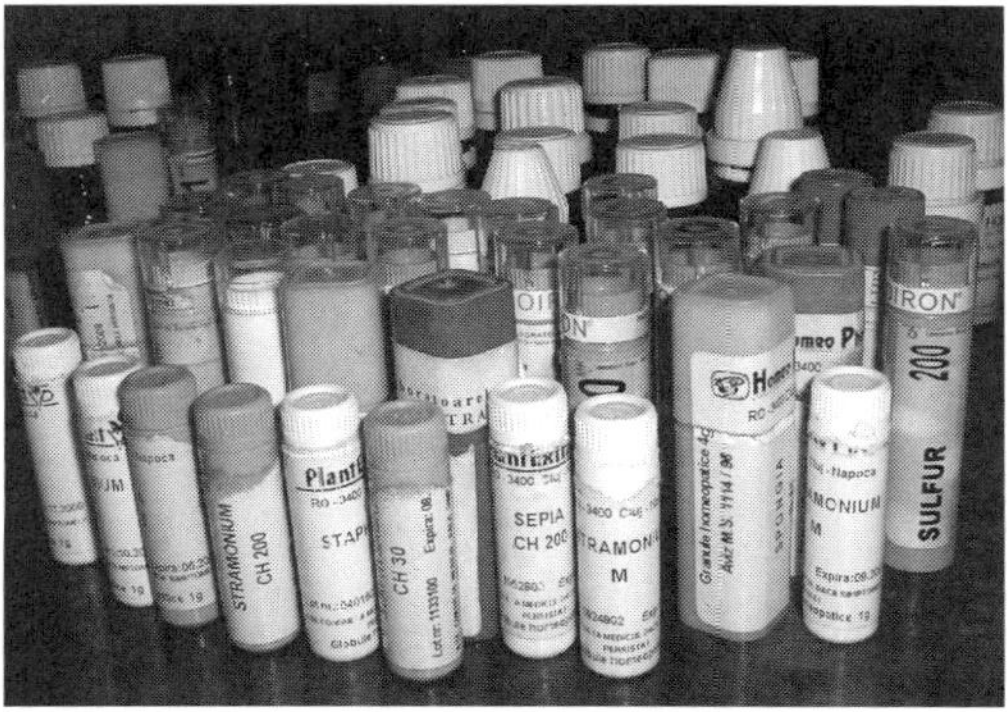

レメディーの原料となる医薬物質

ていなかった。皮の量15グラムから考えると、ハーネマンが服用できたキニーネはせいぜい**「400~5000ミリグラム」**だっただろうと考えられる。現在では、この程度のキニーネでは副作用は生じないことが判明している。つまり、※⑨**マラリアの症状が出たはずはない**のだ。

成り立ち自体に異議があるホメオパシーであるから、その治療法にも問題はある。

なかでもしばしば指摘されるのが、レメディーの有効性だ。

ホメオパシーでは高度に希釈し、震とうを加えることでダイナミック化されたとするが、前述のような調整方法では医薬物質の効果は期待できない。サイエンスライターの※⑩マーティン・ガードナーは、そのことを「一滴のくすりを太平洋におとし、よくかきまぜてから、海水をさじ一杯すくいとるようなものである」と指摘している。レメディーの調整法では、単に薄めるだけでなく、途中で何度も吸い取り紙に溶液を吸い取らせていた。そのことを踏まえると、完成したレメディーには**元の医薬物質は何も残っていない**と考えざるを得ない。

ハーネマンは『オルガノン』の中で、調整されたレメディーについて「こうして、ほとんど数で表示できないほどに微細な粒子を生み出す」と書いている。ハーネマンは希釈をしても原物質が残っていると考えていたのだろう。だからこそ、レメディーに効能があると信じていたのである。

レメディーの中には、実体のないものを原料としているものもある。レメディーの原料には植物や鉱物、動物などの他にインポンデラビリア（計り知れないもの）という種類がある。そこに含まれるのは、ベルリンの壁や虹、電磁波……、日本独自のものとして祝詞や般若心経、伊勢神宮などもある。ベルリンの壁はともかく、実体のない祝詞や般若心経をどうやって希釈し「微細な粒子」にするというのだろうか。[※11]謎である。

ホメオパシーの根幹をなすバイタルフォースという概念も、もちろんそれを**証明する証拠はなく、ハーネマン独自の考え**でしかない。『オルガノン』では、「それ（自然治癒の法則）がどのように起こるのかということを科学的に説明することはそれほど重要ではないし、それをすることはあまり価値のあることではないと思う」とある。これを見ると、ハーネマン自身、あまり自説に確信を持っていなかったのかもしれない。

●好転反応の謎

現代のホメオパシーではレメディーを服用後に一時的に症状が劇的に悪化することを、「**好転反応**[※⑫]」と呼んでいる。症状の悪化は、体中の毒素を排出するためのデトックス作用であるため、むしろ良い兆候としてとらえる傾向がある。

しかし、ハーネマンの記した『オルガノン』『慢性病論[※⑬]』には、〝好転反応〟という単語はない。似た表現に〝homeopathic aggravation（ホメオパシー的悪化）〟というものがあるが、それはあくまで〝軽い悪化〟と定義されている。

ハーネマンは著書の中で、レメディー服用で症状の悪化が生じることを認めている。しかし、あくまでそれは「本来の病気を少し悪化させたようにみえる一時作用の症状」であり、服用してから最初の1時間もしくは数時間で生じ、軽くて短時間ですむと繰り返し強調している。その他、「治療を続けている期間中、本来の病気が明らかに悪化する現象は現れるはずもない」とも書いている。レメディーを服用した後に更に具合が悪くなる、あるいは本来の病気と関係のない症状が起きた場合は、ハーネマンの想定していた〝ホメオパシー的悪化〟ですらなく、**単なる病状の悪化**の可能性が高い。そうなった場合は、しかるべき医療機関で、ただちに適切な処置を受けた方が安全だろう。

王立ロンドンホメオパシー病院（左建物）。2010年9月より、王立ロンドン統合医療病院へと名称を変更した。（©Nigel Cox）

●ホメオパシーの現実

近年になり、欧米のホメオパシーを取り巻く環境には変化が生じている。

チャールズ皇太子の代替医療への肩入れは、[※14]批判的に扱われており、彼が国民に不人気の一因とも言われ、しばしば悪いジョークとして扱われている。

英国政府レベルではホメオパシー排除の是非を巡って議論が続けられているが、地方自治体レベルでは、徐々にホメオパシーへの補助が打ち切られており、静かに関連病院が消滅している。王立ロンドンホメオパシー病院は、２０１０年9月に王立ロンドン統合医療病院と名称を変更。まだ完全にホメオパシーから足を洗っていないようだが、予防接種、マラリア予防、がん・ＨＩＶ／ＡＩＤＳ治療に**ホメオパシーを使わない**旨を明言している。『オルガノン』はこんな言葉で始まっている。

「医師の最高で唯一の使命は病人を健康にすることであり、これが本来『治療』と呼ばれるものである」

　その成立過程を見ても分かるように、ホメオパシーは病人に多大な苦痛を強いる「英雄的療法」から人々を救うために考案されたものだった。ハーネマンが高潔な人物であったことは間違いないだろう。ただ、残念ながら**ホメオパシーに気休め以上の効能がない**ことは明らかである。

　現在でもホメオパシーの無謀な運用によって、世界で多くの健康被害が報告されている。日本でも山口県[※⑮]でホメオパスの助産師が新生児に必要なビタミンK2シロップを投与せず、代わりにビタミンKレメディーを与えたために死亡したという事故があった。東京でもレメディー服用後の症状の悪化を好転反応と信じたため、医療機関での治療をまったく受けず悪性リンパ腫で死亡した事例もある。

　医師のパターナリズムを嫌い、英雄的治療を痛罵し、患者の健康を希求したハーネマンの願いを誰よりも踏みにじっているのが、彼の後継者を名乗る者たちであることは何とも皮肉な現実である。

（宇佐木倫子）

■**注釈：**

※①**サミュエル・ハーネマン**（１７５５～１８４３）…ドイツの医師。マイセン生まれ。語学教師を経て、医学を学び、各地で医師として活動。それまでになかった新しい治療法、ホメオパシーを創始した。

※②**諸外国の状況**…現在はインドでもホメオパスが医療行為をすることは違法だが、ホメオパシー医、アーユルヴェーダ医、ユナニ医に通常医療を許可しようとしている動きがある。

※③**一部の特殊な症例**…造血幹細胞の後天的な異常により赤血球が増加する病気、真性多血症（赤血球増加症）などで瀉血治療が用いられている。

※④**下疳**（げかん）…性交渉を通じて感染する伝染病の一種。陰部や指、口などに病原菌性の潰瘍ができる。

※⑤**キナ**…南アメリカ原産のアカネ科の樹木。アカキナノキ。4～10メートルに成長する。皮に含まれるアルカロイドからマラリアの特効薬であるキニーネが分離される。

※⑥**グラン**…ドイツの古い単位。「Gran」。現代の重さに換算するとおよそ60ミリグラム程度。

※⑦**慢性マヤズムの原因**…上記に加えて、その後、カシノシン（癌）、チュバキライナム（結核）が追加され、一般的なクラシカルホメオパシーでは五大マヤズムとしている。最近では予防接種マヤズム、医原病マヤズム、サプリメントマヤズム、H－Vマヤズム等、人工的なマヤズムなどなど、新しいものが出現。マヤズムが増える傾向にある。

※⑧**キニーネを分離する技術**…ハーネマンがキナの皮での体験をまとめた論文をドイツの医学誌に発表したのは、１７９６年。キニーネの分離に初めて成功したのは、１８２０年である。

※⑨**マラリアの症状が出たはずはない**…では、ハーネマンが経験したとする症状は何であったのか。おそらくそれはアレルギー反応であったろうと思われる。キニーネ過敏症だと、少量の服用でも昏睡や虚脱状態、けいれんなどのアレルギー反応が出ることがある。ハーネマンが服用した量では副作用が生じないことを考えると、彼がキニーネ過敏症だった可能性はある。

※⑩**マーティン・ガードナー**…（1914～2010）…アメリカの数学者、作家、懐疑論者。疑似科学や超常現象を懐疑的視点から批判する書籍を数多く執筆。『奇妙な論理』など、邦訳されたものも多い。

※⑪**どうやって作ったのか謎**…そのほか、変わり種として「仏陀」や「ドラゴン」のレメディーもある。「仏陀」は東京国立博物館で「仏陀の受胎、誕生の絵、そしてその人生と死後の火星に行った時の絵」、「ドラゴン」は同じく東京国立博物館の「葛飾北斎の絵」から作られたとされている。「トリチュレーション」と呼ばれ、絵の前で乳鉢に乳糖を入れてすりつぶしたと思われる。「神道」というレメディーが明治神宮で作られた際には「日本列島が作られるビジョン」が見えたそうである。

※⑫**好転反応**…「好転反応」は現代の医学用語に存在しない。中国漢方の瞑眩の考え方が元になったと考えられるが漢方の中でもその評価は否定的である。診断の誤りで再調剤が必要だとされている。

※⑬**『慢性病論』**…1828年初版のハーネマンの著作。マヤズム理論などについて語られている。

※⑭**チャールズ皇太子に対する批判**…チャールズ皇太子は自ら所有する会社では効果が全く証明されていないデトックスチンキ（アーティチョークとセイヨウタンポポ）を売っており、近年にも保健相に代替医療に関するロビー活動を行っていたことが明らかになり労働党の怒りを買っている。

※⑮**山口県での事例**…2009年8月、山口県在住の女性が助産師立ち会いのもと自宅で長女を出産。そ

の2か月後、長女はビタミンK欠乏により死亡した。助産師はビタミンKではなく、ビタミンKと同等の効果があるというレメディーを長女に与えていたため、硬膜下血腫を防げなかった。

■参考資料：

M・ガードナー『奇妙な論理I―だまされやすさの研究―』（社会思想社、1989年）
松本丈二『ホメオパシー医学への招待』（フレグランスジャーナル社、1999年）
由井寅子『由井寅子のホメオパシーガイドブック②』（ホメオパシー出版、2007年）
サミュエル・ハーネマン『改訂版医術のオルガノン　第六版』（ホメオパシー出版、2008年）
サミュエル・ハーネマン『慢性病論　第二版』（ホメオパシー出版、2008年）
サイモン・シン&エツァート・エルンスト『代替医療のトリック』（新潮社、2010年）
ベン・ゴールドエイカー『デタラメ健康科学』（河出書房新社、2011年）
リマ・ハンドリー『晩年のハーネマン』（ホメオパシー出版、2012年）
Web／togetter「ホメオパシーって?」
Web／「Skepticism is beautiful ―ホメオパシーFAQ」
Web／「Skeptic's Wiki ―ホメオパシー」
Web／「忘却からの帰還―ホメオパシーの希釈の法則はそもそも間違いだったかも」
Web／「忘却からの帰還―英国から消えゆくホメオパシー病院」
Web／「忘却からの帰還―看板の掛け替え」

ニセ科学FILE 27

【現代病を退ける奇跡の食事療法】

マクロビオティックの真実

伝説

日本は世界的な長寿国として知られている。しかし、現実には中高年のほとんどが肥満や糖尿病、がんや脳梗塞などなんらかの慢性病を抱えている。実態は、健康とはほど遠い状態なのである。ところがそんな難治性の現代病も、ある食事法を実践すれば根本から治ってしまうという。その奇跡の食事法の名前は「マクロビオティック」という。

この食事療法は、日本よりも先に肉や加工食品、ソフトドリンクなどの過剰摂取により国民の多くに健康問題をかかえるようになったアメリカやヨーロッパなどでその効果が認められた。マドンナをはじめとする多くの有名人も実践している、優れた食事療法だ。

その名前から誤解を受けやすいが、マクロビオティックは※①桜沢如一《ゆきかず》という日本人が提唱した日本生まれの食事健康法である。日本の伝統的な食生活である玄米菜食を基本に、その土

マクロビオティックが推奨する玄米食

地でとれる旬の農作物を中心とした食事を推奨、独自の陰陽理論で食物を分類し、崩れた体の陰陽バランスを調和させることで病気を根本から改善させるというものだ。

　現代の慢性病の多くは、肉や牛乳、人工的につくられたものを食べ過ぎることで人間本来の自然な生活から外れ、陰陽のバランスが崩れたことにより発症したものである。こうした病気には、現代医学の対症療法では根本的な治療は困難である。傾いた陰陽バランスを理想的なバランスに近づける玄米菜食だからこそ、根本的に改善することが可能なのだ。

真相

マクロビオティックは、明治時代の軍医である[※②]石塚左玄が提唱した玄米菜食を中心とした

「**食養**」と呼ばれる食事療法を元に、桜沢如一が※③独自の陰陽理論を組み合わせた健康長寿法である。マクロビオティックの教えを守る事で様々な難治性の病気も改善すると謳っているが、どれも**個人の体験談レベルの話**ばかりで、それを実証するような**信頼性の高い論文は存在していない**のが実情である。

マクロビオティックの創始者である桜沢如一と石塚左玄の玄米菜食の出会いは、若い頃の病気が切っ掛けであったという。

身体の弱かった桜沢が結核に冒されて生死の境をさまよっていたときに、石塚左玄の弟子にあたる後藤勝次郎という人の食養指導に救われ、それを切っ掛けとして食養会※④関係の仕事に就き、普及啓発活動に従事するうちに頭角を現すようになったという。

以来、石塚左玄の生化学的食養法に心酔し、やがて自身の哲学を採り入れたマクロビオティックを完成させた。桜沢は精力的に普及につとめ、日本に先立ち、ヨーロッパで、ついでアメリカで支持を拡大させることに成功。近年では海外から逆輸入される形で、日本でもオシャレなベジ食といった触れ込みで一般にも認知されるようになってきた。

このマクロビオティックの考えは生活全般に及ぶが、食生活については基本的に石塚左玄の教えを踏襲したものである。どのようなものであるか理解するために、石塚左玄の教えで特に重要であるとされる「5つの原理」について見ていこう。

●石塚左玄の食養における5つの原理

石塚左玄の食養には、次の5つの原理がある。

①食本主義

食は生命の基礎であるとし、心身の病気の原因は食にあり、普段の食事があらゆる面に影響を与えるという考え方である。

②人間穀食動物論

人間の歯の構成をみれば何が適した食事であるのかがわかるという主張で、人間の歯は臼歯が20本、門歯が8本、犬歯が4本であり、穀物をすり潰すための臼歯が多い人間は穀食動物であり、穀物、野菜、動物性食品をおよそ5対2対1でとる食事が理想である。※⑤

③身土不二の原理

その土地で収穫された物を調理し食べるという、代々伝えられてきた食生活こそが正しい食事であり、みだりに他国の食習慣を取り入れるものではない、とする考え方。昔から日本の風土に馴染み、淘汰を受けてきた食品が正しい食べ物である。

④一物全体食論

その土地でとれた食べ物はそこで生まれた人間にとって必要なものをすべて備えているため、食材は丸ごと食べる事が重要とする考え方。そのため、米は精白しない玄米を、野菜は皮をむかずに煮る場合もアクはすくわずに煮汁ごとすべていただくことを推奨する。

■ 桜沢氏提唱の陰陽分類図（※⑥）

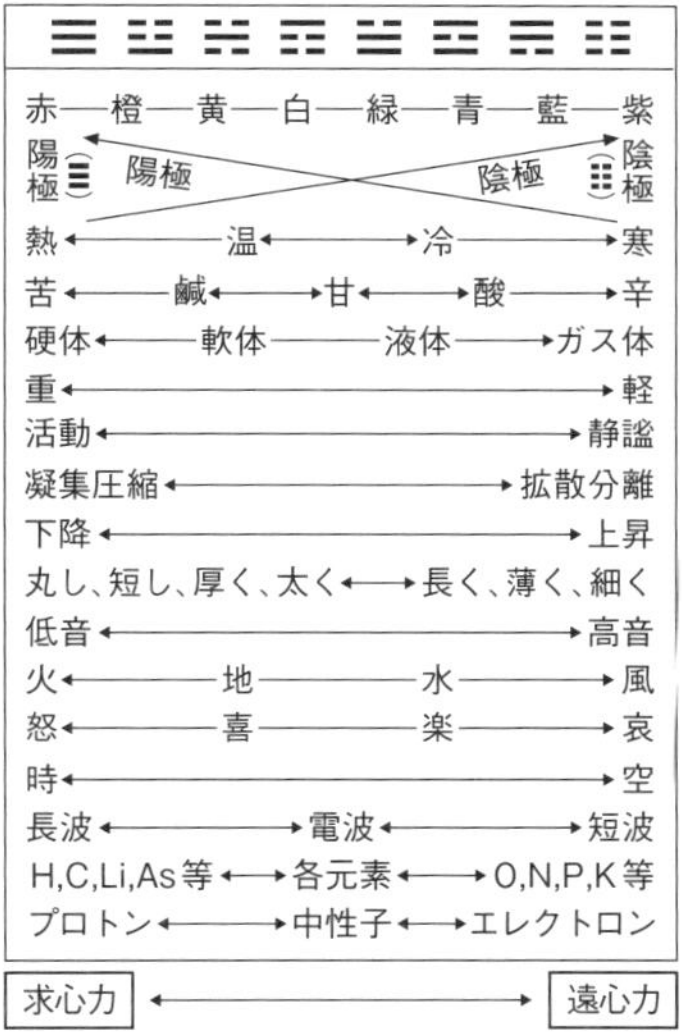

⑤陰陽調和論

カリウム塩を陰、ナトリウム塩を陽と考え、丁度良いバランスのとれた食事をする事で身体の陰陽バランスを保つことができるという考え方である。古来、陰性とされる食品にはカリウムが多く、陽性とされる食品にはナトリウムが多いことから、玄米がもっとも調和のとれた陰陽バランスであるとしている。

マクロビオティックの食事法の特徴である、玄米を中心とした菜食で、その土地でとれた伝統的な食品を、素材をそのままに丸ごと食べる事で健康を保てるという主張の根拠がこの五つの原理なのである。

●5つの原理その妥当性は

ではマクロビオティック食の根幹となっているこれらの主張の妥当性はどれほどのものなのだろうか。いくつかを採り上げ、検証してみよう。

まず、人間は穀食動物であるかを考えてみよう。穀物が安定的に確保できるようになったのは、農耕が始まってからのことであり、数万年前には狩猟や採集が中心であったと考えられる。ところが、ホモサピエンスという生き物を考えてみると、ここ数万年ほど骨格や歯の特徴などに大きな形態変化は確認されていない。どうやら、臼歯の発達は必ずしも**穀物食に特化した形態ではなさそう**である。

次に身土不二の原則であるが、その土地でとれる食材で伝統食をといえば聞こえはよいものの、**風土病**と呼ばれる病気には、農作物の育つ土壌に含まれる必須のミネラルが不足していることなどが原因で発症するものもあるため、注意が必要である。また、伝統食には保存目的のために食塩を多量に使用したものが多く、**多量の食塩は高血圧の原因にもなりかねないことも覚えておくべきだろう。**

最後に陰陽調和論であるが、含まれるエネルギーだけで食べものの価値は判断されるものでないという石塚左玄の着眼点は良かったものの、ナトリウムとカリウムの比で※⑦陰陽に分類し食品の価値を判断するというのはエネルギーだけで判断するのと似たような誤りといわれても仕方がないものだろう。

また、理想的な陰陽バランスであるナトリウムカリウム比が1対5の食品であるとマクロビオティックでは説明される玄米であるが、最新の食品標準成分表を見ると実際には玄米の**ナトリウムカリウム比は1対230**であり、理想とされる数値とはかけ離れている。皮肉な事に、石塚左玄やマクロビオティックが忌避する**肉や魚の切り身などの方が1対5のバランスに近い**のだ。

●現実的な問題点

理論に誤りがあっても健康に良いのなら問題はないのではないか、そう考える人もいることだろう。しかし、マクロビオティックで推奨するような食生活を厳格に守った場合には、**特定の栄養素が不足する可能性がある**ため、注意が必要である。

健康から幸福への10段階の方法	
7号食	主食穀物100%
6号食	主食穀物90%、植副食10%
5号食	主食穀物80%、植副食10%、味10%
4号食	主食穀物70%、植副食20%、味10%
3号食	主食穀物60%、植副食30%、味10%
2号食	主食穀物50%、植副食30%、味10%、動副食10%
1号食	主食穀物40%、植副食30%、味10%、動副食15%、果5%
0号食	主食穀物30%、植副食30%、味10%、動副食20%、果10%
-1号食	主食穀物20%、植副食30%、味10%、動副食25%、果10%、デ5%
-2号食	主食穀物10%、植副食30%、味10%、動副食30%、果15%、デ5%

※各階段共通、できるだけ飲み物は少なく。
※植は「植物性」、味は「味噌汁」、動は「動物性」、果は「果物・サラダ」、デは「デザート」を表す。

マクロビオティックの食事構成をわかりやすく示した表が桜沢如一の著書にあるので引用してみよう[※8]（上図表）。

著書では、表の上に示した食事が最上としており、体調を崩したときには7号食を数週間行うことを推奨している。また、普段の食事についても3～4号食を基本に、何か不調があるときには上に近づけるように努力すべしとしており、穀物と温野菜以外を食べることは基本的には推奨していない。

このように、マクロビオティックでは小魚など丸ごと食べられる食品を除いて、動物性食品は基本的に不要であるとしている。そのため、動物性食品からとる必要のある[※9]**ビタミンB12不足が深刻な問題として懸念**されるのだ。ビタミンB12は、牛乳などの乳製品や卵にも含まれるが、マクロビオティックではこれらの食品もNGとされる。ビタミンB12が欠乏した場合、**悪性貧血という深刻な病気**になるおそれがある。通常ビタミンB12は肝臓などに数年分が備蓄されているため、すぐに影響が表れることはまれであるが、問題点に気がつかないまま、症状が出るまで食事を続けてしまうという場合もあるだろう。

また、妊娠授乳期の食事では、昆布やひじきを多くつかうマクロビオティックの食事は、ヨウ素やヒ素の過剰摂取になりやすく、それらのミネラルに対して敏感な**胎児や乳児に悪影響を与える**ことが予測される。この時期の女性はマクロビオティックの実施に関係なく、昆布やひじきをあまり食べ過ぎないように気をつけてもらいたいところだ。

●提唱者の教えは？

こうした危険性を指摘した場合、次のような反論もありそうだ。

「マクロビオティックの食事には食べてはいけない食材は基本的にはない。動物性のおかずも禁止していない」

確かに十段階の食事でも、健康状態の良いときには玄米や野菜以外を食べても良いとしているように見える。しかしながら、桜沢如一の著書には、自然と肉食が健康に良くないと思わせるような表現が数多くある。たとえば、※⑩こんな記述である。

「**獣肉や、砂糖や果実をとる必要はまったくありません**。嗜好品として、あるいは薬用として時に少量をとることだけは許されますが、日本内地である限り**必要品ではありません**。この中でも最も自然に遠い**砂糖が最も恐るべき**効果を与えます。これらはいずれも活動期の大敵です。かくのごときものを常に要求するのは、**すでに中毒している**ので大いに警戒を要します」

肉や砂糖、果物は食べる必要がなく、とくに砂糖は大敵だと言い切っている。では、それを破った場合にはどうなるのだろうか。[※11]再び引用してみよう。

「正しい食養をやれば、何んな病気でも必ず治る。然し、食養法を薬や手術の様に思うな。薬や手術で病気を治そうと云うのは、法律を破つておきながら、弁護士や金の力で刑罰を免れようと云うのと同一で、さもしい、見下げ果てた心持である。そんな人間が何うして助かる値打ちがあるだろうか？　助けてやる必要がないではないか！
　食養をやっても助からない人が時々ある。百人に一人位はある。それは、**その心境が開けないから**である」

このように桜沢如一は、正しい食事を守らない場合には病気が治らない、病気が治らないのは本人の心がけに問題があると一喝している。実践者がこれを読んで、肉や砂糖は日常食べても良い食材だとはおそらく思わないだろう。

●なにごともほどほどに

マクロビオティックに限らず、健康になれると謳う食事療法は、[※⑫]開始すると一定の効果がでることが多い。食事法を気にするということは、それまでの食生活に何か不安な点があるものだ。3食ジャンクフードを食べるような高脂肪食、過度の肉食、甘いもの中心の食事を続けていた人が、肉類や砂糖を制限する食事療法を取り入れれば、**短期的に体調がよくなるのは当たり前**である。

しかし、マクロビオティックのような偏った食事法を忠実に守れば、先に挙げたような問題がどうしても生じてくる。**キチンと守ると健康を害してしまう**おそれのあるものが、体に良い食事法とは言えないはずだ。

動物性食品の食べ過ぎはもちろん問題であるが、極端から極端に走らず、良いところだけ採り入れるのが、賢いやり方ではないだろうか。

（道良寧子）

■注釈：

※①**桜沢如一**（1893〜1966）…マクロビオティックの提唱者。20歳の時に石塚左玄の食養に出会い、その思想の普及活動に没頭。その後、食養を改良して、マクロビオティックの基礎を作り上げる。1929年にはフランスに留学。海外ではジョージ・オーサワの名で知られている。

※②**石塚左玄**［いしづか・さげん］（1851〜1909）…軍医。食養の提唱者。食が心身に及ぼす影響に早くから注目。食育食養を唱え、その普及に努めた。

※③**独自の陰陽理論**…これを無双原理とよび、全ての根本原理であるから全哲学、全科学をもこれを解する事より理解できるとしている。

※④**食養会**…石塚左玄の提唱した「食養」の普及・啓発を目的とする団体であり、左玄を初代会長とする。桜沢如一は3代目の会長であるが、検事局から医療行為に関連する行為について再三注意を受けていたことや食養会幹部との対立などを切っ掛けに、昭和16年9月7日付で食養会を除名されている。

※⑤**日本人の理想の食事**…日本人は特に腸が長いので玄米や野菜を中心とした食事が適していると説明されることがある。だが、日本人の腸が長いという事実は確認されていない。基本的に消化管の長さは身長が高いほど長い傾向にあるようだ。

※⑥**図版の出典**…桜沢如一『無双原理・易』（日本CI協会、1983年）より。

※⑦**陰陽に分類**…そもそもナトリウムが陽性でカリウムが陰性であるという分類も根拠が乏しい。ナトリウムとカリウムは比較的性質の似ている元素である。

※⑧**図版の出典**…桜沢如一『ゼン・マクロビオティック―自然の食物による究極の体質改善食養法』（日本CI協会、2001年）をもとに作成。

※⑨**ビタミンB12**…コバルトを含むビタミンの総称。植物性食品にはほとんど含まれない。ビタミンB12が豊富な食品は、赤貝やしじみ、北寄貝（ほっきがい）などの貝類、牛や豚、鳥の肝臓（レバー）など。

※⑩**こんな記述**…桜沢如一『新食養療法―マクロビオティック健康と幸福への道』（日本CI協会、1964年）の93～94ページより。

※⑪**再び引用**…桜沢如一『新食養療法―マクロビオティック健康と幸福への道』（日本CI協会、1964年）の83ページより。

※⑫**開始すると一定の効果**…体調は何もしなくても変化するものだが、薬を飲む、食事を改善するといったような行動を起こすような時にはすでに最悪期を迎えている可能性があり、そのまま何もしなくても普段の健康状態（平均への回帰）に近づくという事が考えられる。食事健康法の内容に関わらないのはこの現象によるのだろう。

■**参考文献**：

沼田勇『食と健康の古典1 病は食から』（農山漁村文化協会、1978年）
『「食養」社員総会号』（食養会購買部、1941年）
Web／「日本CI協会ウェブサイト」
桜沢如一『新食養療法―マクロビオティック健康と幸福への道』（日本CI協会、1964年）

桜沢如一『ゼン・マクロビオティック—自然の食物による究極の体質改善食療法』（日本ＣＩ協会、２００１年）
桜沢如一『石塚左玄—伝記・石塚左玄』（日本ＣＩ協会、１９９４年）
桜沢如一『食養人生読本』（日本ＣＩ協会、１９７３年）
桜沢如一『無双原理・易』（日本ＣＩ協会、１９８３年）
島薗進『〈癒す知〉の系譜—科学と宗教のはざま』（吉川弘文館、２００３年）
西岡道子、彼末富貴、宮本恵美、渡辺文雄「市販料理本に掲載されているマクロビオティック食のビタミンＢ12」〈高知女子大学紀要〉（生活科学部編）（1344-8250）58巻 Page1-8（2009.03）
Miller DR, Specker BL, Ho ML, Norman EJ. Vitamin B-12 status in a macrobiotic community. Am J Clin Nutr. 1991 Feb;53(2):524-9.

ニセ科学FILE 28

酵素栄養学の誤解

【酵素を摂れば健康で病気知らずの体になれる】

伝説……………

酵素栄養学というものをご存じだろうか。酵素という人間のありとあらゆる生命活動に重要な物質を生の食材から効率よく摂取することで免疫力を高め、癌などの生活習慣病を予防し、健康で長生きをしようという学問だ。

近頃話題の、朝の生ジュースや手作り酵素ドリンクも、酵素栄養学の理論を元にしたものであり、日本でもその考え方が徐々に広まりつつある。

酵素栄養学を提唱したのはアメリカの医師、※①エドワード・ハウエルである。ハウエルは酵素は潜在酵素から消化酵素と代謝酵素が作られること、そして潜在酵素の量は生まれながらに決まっており、酵素を無駄遣いしない生活が長生きの秘訣であることを明らかにした。

生命の源である潜在酵素を使いきってしまわないためには、食事で分泌される消化酵素の節約が重要である。生の野菜や果物には生きた食物酵素がふんだんに含まれており、そのまま食べることで、不足しがちな消化酵素を補うことが可能である。酵素は熱に弱い性質があるため、加熱せずにジュースやサラダなどにして食べる必要がある。

食生活の欧米化により、肉や加工食品ばかり食べている現代人は酵素不足に陥っている。加熱調理した肉や魚は消化吸収するために大量の消化酵素を必要とするため、代謝酵素の合成が十分にできなくなるからだ。肥満や便秘、肌荒れなど様々な慢性病も代謝酵素の不足がその原因である。

真相

酵素が人間の生命活動において欠くことのできない、非常に重要な物質であるというのは誰もが認める事実である。しかし、重要な物質であるからといって酵素を食べものから摂る必要があるのかどうかは、別の話である。

酵素が重要な栄養素であるという考え方は、エドワード・ハウエルというアメリカの医師が著した[※②]『Enzyme Nutrition』という本から広まったもののようで、日本でも今までに何度か翻訳本や解説本が刊行されている。

　では、この本で主張されている酵素栄養学の根拠とはどのようなものであろうか。

　ハウエルは、野生動物と人間を比べて、両者に違いがあることから酵素栄養学の着想を得た。その違いとは、「人間は様々な病気で苦しんでいるのに、**病気で苦しむ野生動物は見たことがない**」ということである。なぜ、野生動物は病気にならないのか。ハウエルはその理由が食事にあると考えた。野生動物は生のものをそのまま食べているが、人間だけが加熱加工調理したものを食べて生きている。その違いが動物の健康の秘訣であり、生の食べ物にあって、加熱した食品にはない酵素こそ、健康の源であると導き出したのである。

ハウエルの『Enzyme Nutrition』

●野生動物は人間のように病気にならないか

　しかし、こうした**画期的な発見をしたと思ったときほど、注意が必要**である。その基礎となる最初の仮説が誤りならば、いくら検証を行ったとしても土台のないところには何も積み重ねられないからだ。

　少し考えればわかると思うが、**野生の動物がすべて健康であるはずがない**。実際、

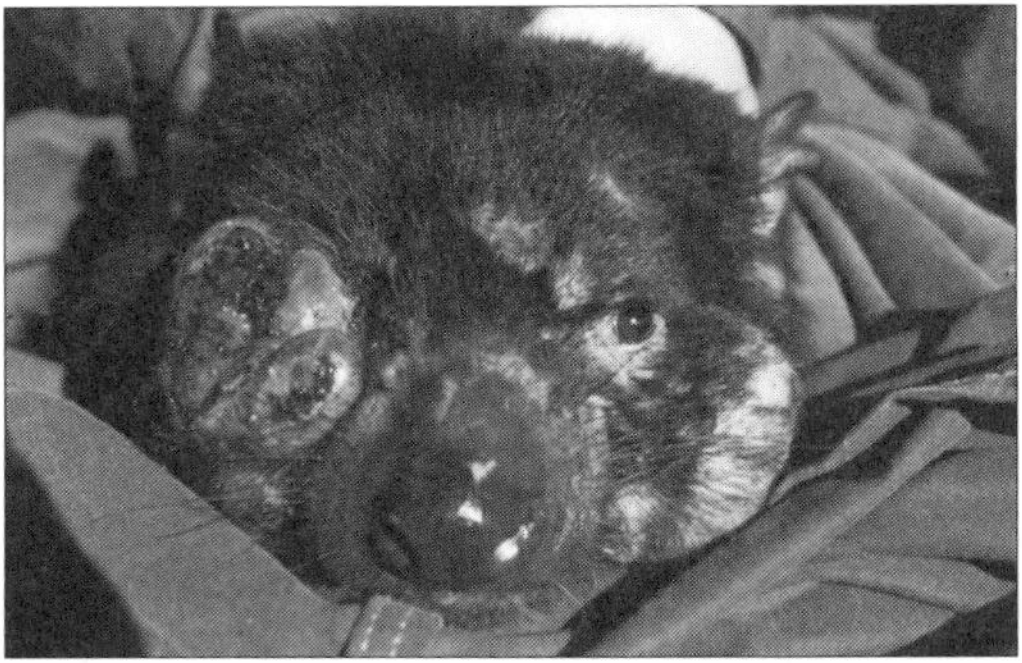

重篤な悪性腫瘍におかされたタスマニアデビル。当然だが、野生動物だからといって病気にならないわけではない。（©Menna Jones）

命を落とした野生動物を解剖してみると、寄生虫が大量に見つかる事が多く、悪性腫瘍が確認されるケースも存在する。[※3] 野生の世界では、病気になった個体は運動能力が低下し、エサを食べられなくなったり、肉食動物に捕獲されるなどして、すぐに命を落としてしまう。だから、病気でフラフラになった個体を見かけることが少ない、というだけのことなのである。

着想の段階でそもそも大きな勘違いをしているハウエルであるが、それでも酵素の重要性は変わらないと考える人もいるかもしれない。はたして酵素は食物からとらねばないのか、もう少し検証を続けてみよう。

●酵素ってなんだろう

生化学の世界では、**酵素はタンパク質**であると書かれている。もう少し詳しく説明すると、身体の中のほとんどの生化学反応に関わる物質で、化学反応の速度を増加させるタンパク質触媒である。[※④]酵素は生まれながらにして、はじめからその量が決まっているものではない。身体を構成する他のタンパク質と同じように、アミノ酸を原料に**必要な時に必要なだけ、DNAに存在する遺伝子の情報に基づいて合成される**ものだ。

これに対し、ハウエルは酵素をどのようなものと考えていたのか見てみよう。

ハウエルは自著で酵素について次のように述べている。

抽象化された酵素の構造図（©NASA）

「酵素は生理学的な力と化学的な力という2つの働きを持っており、触媒という化学的な力とは別に、**生命元素という活動エネルギーを充電したタンパク質**と考えられる。この生命元素は、酵素が放出する放射線のようなものであり、[※⑤]生物学的な方法により測定することができる」

どうやらハウエルは、酵素は単なるタンパク質ではなく、生命元素という何か特別なエネルギーを持ったものと解釈しているようだ。

身体の中にある酵素ポテンシャル（潜在酵素）と呼ばれる生命エネルギーによって酵素に生命元素が充電され、そこにタンパク質がくっつき、酵素複合体を形成して全身に運ばれ、それぞれの場所で働く……。

つまり、ハウエルの考える酵素と、科学者が一般に考えている酵素はまったく別ものなのである。

●証拠はミジンコ

定説と異なる原理を提唱するならば、それ相応の根拠が求められるのが通常の科学の世界である。

ところがハウエルの酵素栄養学の本では、**生命エネルギーの正体を具体的に説明しないし、酵素ポテンシャルの測定方法や測定結果も示されていない**。酵素ポテンシャルが生まれながらに決まっており、使いすぎると枯渇してしまうことの実証が、※⑥ミジンコの寿命と生育温度の実験結果であったり、野生動物と加工食品を食べた飼育動物の臓器重量を比較したデータであったりと、どれも直接その存在を示した資料は提示されていない。これを根拠に人間の酵素は生まれながらに決まっているとか、消化酵素の使いすぎは代謝酵素が不足し病気になると主張するのはちょっと無理があるだろう。

●酵素を食べても意味は無いのか

ハウエルが提唱する潜在酵素には、無理があることはわかった。では、酵素栄養学が主張する「食べ物に含まれる酵素を利用することで、消化吸収が良くなる」可能性はあるのだろうか。野菜類などを例に考えてみよう。

生の野菜には確かに栄養素を分解する酵素が含まれているが、それだけで十分な消化を行うことはかなり難しいと考えられる。草を主な栄養源とする草食動物でも、胃や腸に住まわせている微生物の力を借りて消化吸収を行っている。**食物に含まれている酵素の役割はあまり大きくない**のだ。

もうひとつ重要な点は、微生物であっても人間でも**加熱した食品の方が分解や消化を行いやすい**ということだ。生の食べ物よりも、火を通したものの方が腐りやすい、ということは常識だ。病気で胃腸の調子が悪い時に食べるとして、じっくり煮込んだ野菜スープと生野菜のサラダのどちらが消化が良さそうか、ということを考えても答えは出るだろう。食物酵素が大切だからと、生でジャガイモを食べるなど無茶なのである。

そもそも食物に含まれる酵素は、消化の段階で胃で胃酸とペプシンという※⑦**タンパク質分解酵素で分解**されてしまい、さらに小腸で**アミノ酸（一部オリゴペプチドの形まで）にまで分**

解されて吸収される。食物酵素が身体の中で大活躍する余地は、ほとんどないと考えていいのである。

●生野菜ももちろん大切

加熱食品は、消化吸収しやすいため、ついつい食べ過ぎてしまい、場合によっては糖尿病や脂質異常症※⑧などの慢性疾患を招くおそれがある。

それに対して消化に負担がかかる生の野菜などは、ゆっくりと吸収されることで、急激な血糖値の上昇を防ぎ、食べ過ぎを抑制する効果も期待できる。また、加熱すると壊れやすい栄養素を補給するためにも、生の野菜や果物を適度にとることは効果がある。

ありきたりな結論だが、それだけで健康になれる食事法や健康法など存在しない。**なにごともバランスが重要**なのだ。発酵食品も、朝の生ジュースも、酵素の補給のためではなく、食事のバリエーションのひとつとして摂り入れて欲しいものだ。

（道良寧子）

■注釈：

※①**エドワード・ハウエル**…1898年、シカゴ生まれの医師。

※②**『Enzyme Nutrition』という本から広まった**…酵素を生の食べものやサプリメントから補う必要のある栄養素であるという考えが一般にも広まったのは、ベストセラー『病気にならない生き方』の中で新谷弘実が酵素の栄養素としての重要性について言及した事が大きく影響していると考えられる。

※③**野生動物の病気**…有名な例としてはタスマニアデビルにみられる伝染性を持つデビル顔面腫瘍性疾患という悪性腫瘍が流行し、生息数などにも影響を与えている事が知られている。

※④**タンパク質触媒**…数は少ないが触媒活性を持つRNA（リボ核酸）も存在し、リボザイムと呼ばれる。

※⑤**生物学的な方法により測定**…生命元素は、「The Mitogenetic Rays of Gurwitsch, Kirlian Electro-Magnetic Photography, Rothen's Enzyme Action at a Distance, and Visual Micro Observation of Working Enzymes」という機器で酵素の出す放射線のようなものとして測定できるというが、その原理は示されていない。

※⑥**ミジンコの寿命と生育温度の実験結果**…ハウエルの本で引用されているミジンコの寿命と水温の関係の表のタイトルには「酵素使用速度による寿命の制御」と書かれているが、元の論文は酵素と寿命の関係に言及していない。

※⑦**タンパク質分解酵素で分解**…ハウエルは、胃の噴門と上部の胃底部は消化酵素を分泌せずに食べたものをため込み食物酵素を十分に働かせる食物酵素胃であると主張する。だが、実際には胃底部から塩酸と消化酵素が分泌されており、人間に食物酵素胃があることは確認されていない。

※⑧**脂質異常症**…血中内の脂肪分が高まり、身体に不調がでる症状。以前は高脂血症と呼ばれていた病気。

■参考文献：

新谷弘実『病気にならない生き方』（サンマーク出版、２００５年）

Howell. Edward. Enzyme Nutrition: The Food Enzymes Concept. Averypub Group Published（1985）

石崎泰樹、丸山敬監訳『リッピンコットシリーズ イラストレイテッド生化学 原書４版』（丸善、２００８年）

木村修一、小林修平翻訳監修『最新栄養学［第９版］』（建帛社、２００７年）

J. W. MacArthur. W. H. T. Baillie Metabolic activity and duration of life. I. Influence of temperature on longevity in Daphnia magna. Journal of Experimental Zoology Volume 53, Issue 2, pages 221-242, May 1929

浅川満彦「―面白い寄生虫の臨床（Ⅲ）―野生動物及び園館展示動物の寄生虫病の最近動向」〈日本獣医師会雑誌65号〉903-905

ニセ科学FILE 29

【筋肉の反応でなんでもわかる診断法】

「オーリングテスト」とはなにか？

伝説……

私たちの身体は絶妙なバランスの上に成り立っている。そのバランスが病気などで崩れると、筋肉に力が入らなくなるという現象が起こる。この原理を使って病気を診断するのが、「アプライドキネシオロジー」の筋肉テスト診断法だ。アメリカのカイロプラクター[※①]、ジョージ・グッドハートが提唱して以来、広く世界で用いられるようになった。

これをさらに深めたのが、日本でもよく知られている「オーリングテスト」である。オーリングテストは、米国在住の日本人医師、大村恵昭氏が長年の研究のすえに編み出したもので、脳が電磁波を察知して身体に良いものと悪いものを判別するのを、指の筋肉を用いて診断するのである。

オーリングテストでは、身体に良いもの、悪いものといったことだけでなく、身体の問題のある個所やその治療に必要な薬なども判別できる。身体のことは、身体が一番よくわかっている。オーリングテストはそのことを実証する、すばらしい診断法といえるだろう。

真相……

キネシオロジーは、日本語に直すと「身体運動学」になる。本来は正統派の学問だ。身体を動かす仕組みを研究しており、骨格や筋肉だけでなく、神経や知覚、認識といった分野もあつかっている。筆者（ナカイ）は脳出血の後遺症でリハビリ中なのだが、リハビリで行われる理学療法や作業療法のベースになっているのも、このキネシオロジーだ。

では、オーリングのもとになったアプライドキネシオロジーはどうなのか、というと**正統な学問とは言い切れない**ところがある。アプライドとは〝応用〟の意味だが、アプライドキネシオロジーの分派の中には、応用の範疇《はんちゅう》を超え、**理論にかなりの飛躍が見られる**ものがあるからだ。

考案者のグッドハートはカイロプラクターで、カイロプラクティックの世界にリンパや経絡といった、[※②]東洋医学的なものを持ち込んだ人物だった。グッドハートは１９７０年代になって、カイロプラクティックの治療効果を筋肉の改善具合で判断できるとして、キネシオロジーを提唱。この提唱が業界内で支持を集めると、その後、自説をさらに発展させ、筋肉は体に良い物には強く反応し、悪い物には弱い反応を示すという、アプライドキネシオロジーを提唱するようになった。

現在、アプロイドキネシオロジーには、様々な流派があるが、基本的にはこのグッドハートの考えをベースにしている。

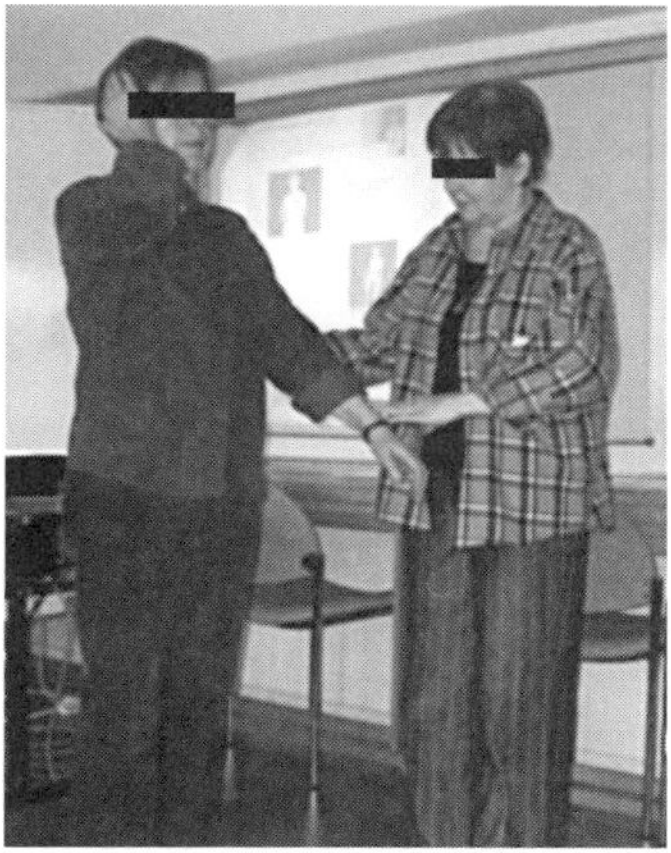

アプライドキネシオロジーの筋肉診断テストの様子（©Piechjo）

●奇妙な診断法

グッドハート以降のアプライドキネシオロジーでは、全身の筋肉の状態を診断するのではなく、一部の筋肉※③（「テスト用筋肉」）を使用した診断法が主流になっている。

子どもやペットを診断する場合は、子どもやペットに触れている親や飼い主、あるいは施術者自身の筋肉でも診断できるとする。

仏像に見られるようなムドラー（印相）

を使って身体のエネルギーを整え、その成果を筋肉テストで判定する流派もある。また、身体が必要とする薬剤や食物、身体に害をなしている物（歯のつめものなど）に触れながら筋肉の強さを診る方法や、言葉で質問して筋肉の反応を診る方法なども広く使われている。

たしかに、脳と筋肉の関係にはわからない点が多く、現代でもまだ謎が多く残されている分野といえる。はたして本当に筋肉の反応で体に良い、悪いを判断し、対象者の症状を診断することができるのだろうか。アプライドキネシオロジーに関しては、その真偽を巡って様々な検証が行われている。そのうちのいくつかを紹介しよう。

アプライドキネシオロジーの代表的な筋肉診断テストに「腕を押し下げて、その反応で診断する」というものがある。対象者を直立させたり、椅子などに腰掛けさせるなどして、片方の腕を正面にむけてまっすぐ伸ばしてもらう。この時、もう片方の手には何か物を握らせる。握った物が体に良いものならば、筋肉が強く反応するので伸ばした腕を押しても下がらない。逆に、体に悪いものであったら、軽く押しただけで腕が下がるという仕組みだ。

この診断法についてカナダ出身の懐疑主義者、※④ジェイムズ・ランディが検証を行っている。検証を受けたのは、有名なクリスタル・ヒーラーのスージー・ホービッチ。ホービッチはまずクリスタル・パワーのデモンストレーションとして、筋肉診断テストを行った。検証の協力者である女優を椅子に座らせ、片手をまっすぐ前に伸ばしてもらう。まずはそのまま、

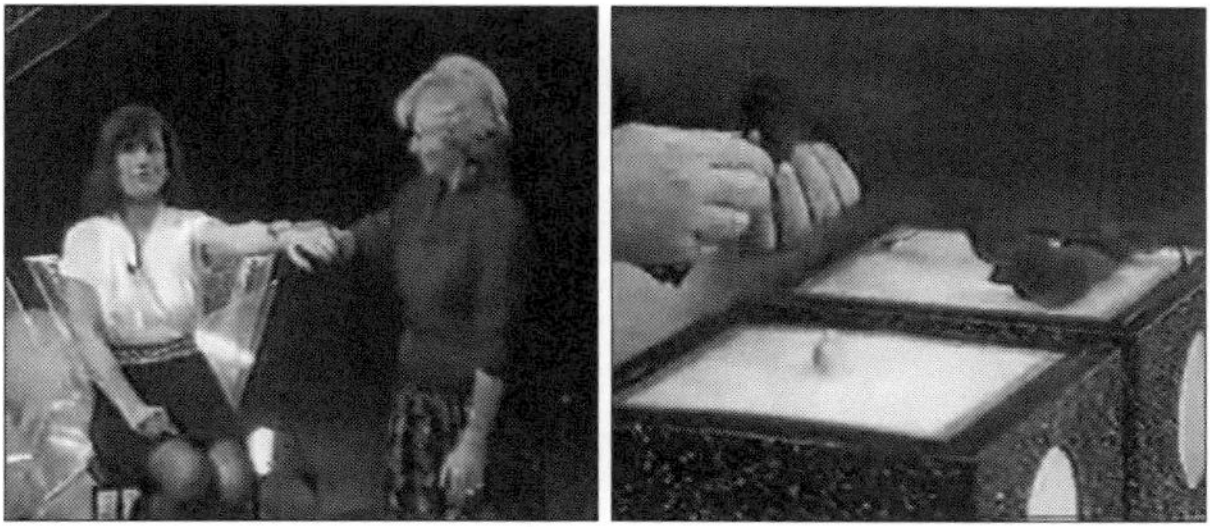

ランディがクリスタルパワーを検証するために行った実験（※⑤）。4番目の袋で腕に強い反応が出現。袋を開けると有害な殺鼠剤の塊であった。

腕を上から押す。すると、腕は簡単に押し下げられた。続いて下ろした方の手にクリスタルを握らせ、再び伸ばした腕を上から押し下げる……と、クリスタルが〝身体に良いもの〟であるため、腕はピンと伸びたまま下がらない。

ランディはこの効果を検証するために、次のような実験を行った。

まずクリスタルを中が見えない小さな袋に入れて、口を固くヒモで縛る。次にそのクリスタル入りの小袋を大きな袋に入れる。袋の中には、クリスタル入りの小袋の他、見かけがまったく同じの小袋が4つ入っている。大きな袋からひとつずつ小袋を取り出し、筋肉診断テストを行って、**クリスタル入りの袋を当てさせよう**というのだ。

最初の小袋が取り出された。腕は簡単に押し下げられた。2番目の袋も3番目の袋も腕が下がる。そして4番目……腕に強い反応が出た。最後の袋でも腕は簡単に下がる。ホービッチは4番目の袋にクリスタルが入っていると

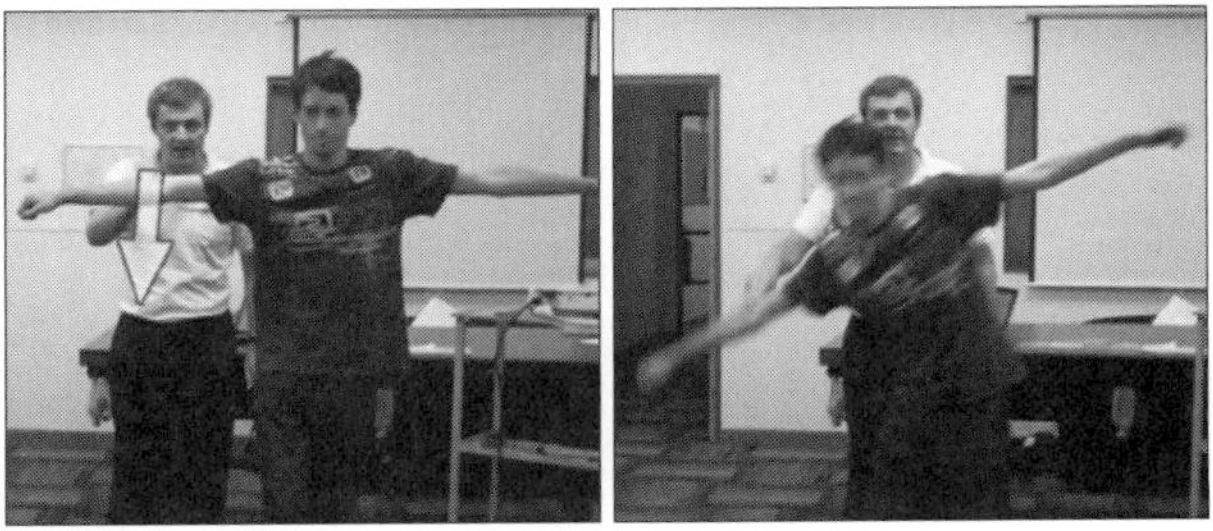

腕を水平に広げて片足で立つ被験者（左）。腕を矢印のように体の軸に対して少し外側に押し下げると簡単に体勢は崩れる（右）。

答えた。袋を開けてみると……中から出てきたのは〝身体に悪いもの〟である[※⑥]**殺鼠剤の塊**だった。ホービッチの挑戦は失敗に終わったのだ。ランディはこの結果を受けて、クリスタルにパワーがなかったか、あるいは筋肉診断テストが誤りなのか、あるいはその両方だろうと結論づけている。

この筋肉診断テストについては、オーストラリアの懐疑団体「The Skeptic Zone」も検証を行っている（上の画像参照）。その検証によれば、筋肉は悪いものに触れたから弱くなるのではなく、**施術者がてこの原理を利用して動かしているだけ**という結論だった。

●オーリング診断法とは？

日本で人気のあるオーリングも、広義のアプライドキネシオロジーである。したがって、その効果のほどに疑義はあるが、詳しく見てみよう。

オーリングの特徴は、テスト用筋肉に指を使うことにあ

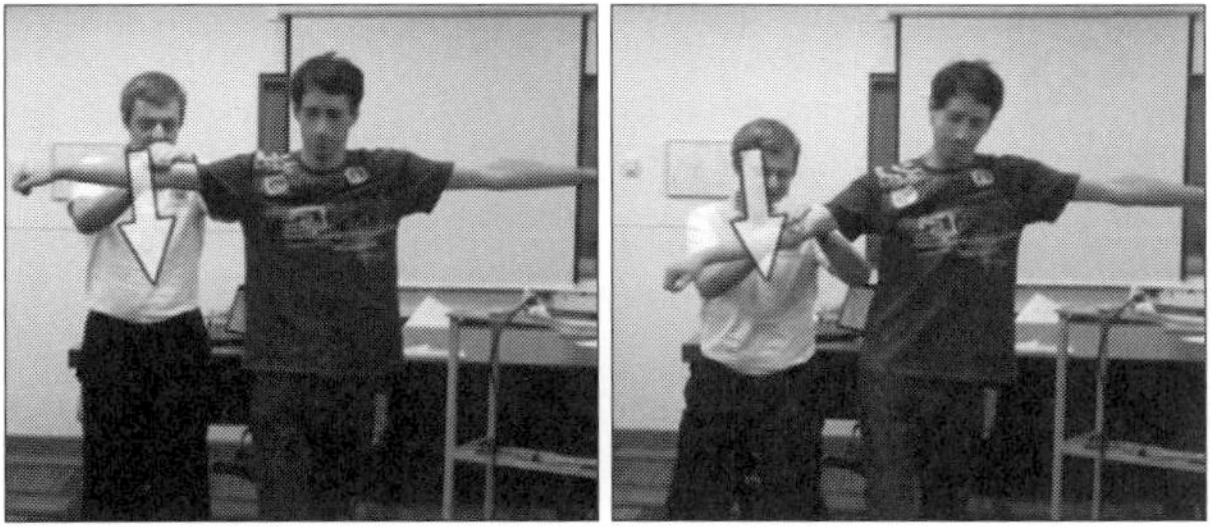

腕を体の軸に近い方に向けて押し下げると体勢が崩れにくくなる。アプライドキネシオロジーのテストも同じ原理を使っている可能性がある（※⑦）

る。対象者に親指と人指し指で「O《オー》」を作らせ、施術者はそれを開こうとする（317ページの図を参照）。身体に良いものならば指は開かず、身体に悪いものならば指は簡単に開く、というのが基本的な仕組みだ。

オーリングの提唱者の大村は米国在住の医師という肩書きだが、研究論文としてあげられているものは**針治療に関するものがほとんど**で、[※⑧]著書で述べられている経歴とは少し印象が異なる。さらに脳は電磁波に反応し、それが指の筋肉に反映されると断言しているが、電磁波の身体への影響はかなり研究が進んでおり、**身体に大きな影響が出ることは疑問視**されている。

また「指の筋肉」を診断に使うというが、そもそも**指に筋肉はない**。指を動かしているのは手のひらの筋肉と、腱でつながった腕の筋肉である。人間の手の仕組みは非常に細かく、主流科学でもひとつの大きな研究テーマになっている。そうしたことに触れず、「指の筋肉は疲れにくい」

などとざっくりとした解説をしているオーリングに説得力はない。

大村は、脳が分子レベルの固有の電磁波を察知していると主張している。物質に固有な振動があるとするのは、代表的な〝超科学〟である**「波動」の考え方と一緒**[※9]である。

波動ではその仕組みを説明する際、量子物理学を引き合いに出すことが多いが、そもそも物理でいう波動と、〝超科学〟の「波動」は意味合いが違う。極小の世界で観察されることが、私たちが生きるサイズの世界でも起こっているわけではない。オーリングの理論には、水の本質は酸素と水素だから水は燃えやすい、生物の身体はほとんど水だから、実は生命は液体なのだというような話と同じように、大きな飛躍があるのだ。

●オーリング商法に注意

実はキネシオロジー側から以下のような注意を呼びかける文書が提示されている。

「実は、日本においてキネシオロジーが知られる前に、Oリングテストが普及して、一時ブームになった時期があります。

Oリングテストは、アプライド・キネシオロジーの創始者ジョージ・グッドハートからアプライド・キネシオロジーを学ばれた大村先生が開発されたキネシオロジーです。

最初は、誰でも簡単にできて効果がある方法として、一般の人も巻き込んで、Oリングの普及を図られていたのですが、貴金属の販売目的で、Oリングを誤用・悪用する人が出てきて、訴訟騒動まで起こり、一般向けに普及することを断念され、現在は、医療従事者に限られて普及されておられます。

筋反射テストは、とても素晴らしい道具なのですが使い方を間違えると、知らない人を知らず知らずのうちに騙してしまう危険性があるのも事実です」

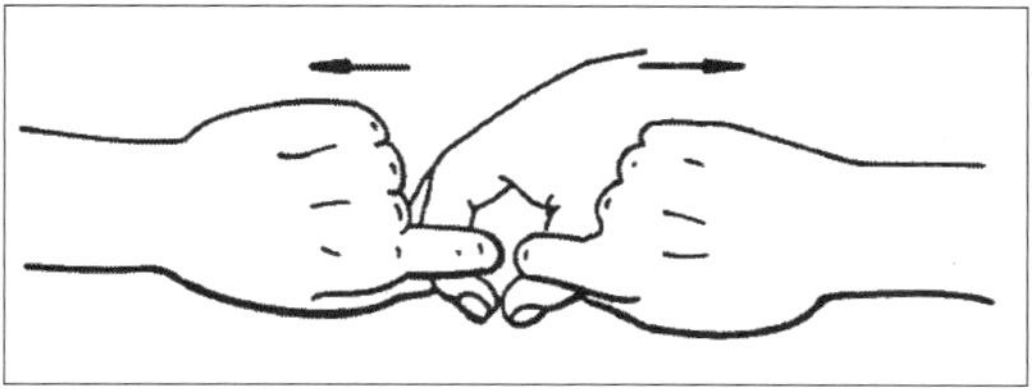

一般的なオーリングテストの方法。被験者が指で作った「O」を、施術者が力を入れて開こうとする。

実際、[※⑩]**霊感商法や悪徳商法の現場では、なにかとオーリングが登場**する。

超能力開発セミナーでは、自称超能力者が自分の能力を示すとして参加者にオーリングをさせるケースがあるし、除霊効果がある特別な力を込めたという怪しい塩を売りつける健康相談会でも塩の効果のデモンストレーションでオーリングが使われたというケースもある。オーリングはそうした怪しいものに結びつきやすいものである、ということは知っておく必要があるだろう。

●アプライドキネシオロジーの問題点

治療者と患者の間に生まれる信頼関係をラポールと呼ぶが、臨床心理などでは不適切なラポールが生まれやすい**身体接触はタブー**とされている。ラポールのコントロールがうまくいかないと、患者の心に治療者に気に入られる結果を出したいという動き（**実験者効果**）が生じ、治療者の望む結果が出やすいという問題があるのだ。

身体に触れて動きの指示を与えながら会話するアプライドキネシオロジーの手法では、こうした強い信頼感が生まれやすく、暗示誘導も働きやすい。双方が同じような結果を望んでいれば、その結果が出てしまうのだ。そうなれば、テストは治療者と患者の双方が納得できる、満足度が高いものとなるだろう。暗示がうまく働けば、心因性の症状が消えたりするという「奇跡」も起こるかもしれない（このためか、アプライドキネシオロジーでは心の問題を扱うとする流派も多い）。

オーリングを推進する流派であるバイ・ディジタルの場合[※11]、施術者が医療関係の専門家で、通常の検査による検証も推奨しているので、実態は問診と大きく変わらないとも考えられる。「長年の経験でわかります、この薬が良いでしょう」と告げるか、「オーリングでもこう出ていますよ」と告げるかの差である。

ただし、アプライドキネシオロジーは、大きな危険をはらんでいる。赤い石と黒い石のどちらがお守りとして向いているかを知る程度であれば、被害は金銭上の負担にとどまるが、病気の見立てが外れた場合は悲劇である。実は筋肉テストを主な診断方法とした結果、**患者が死亡したとして何度も問題になっている**[※⑫]。

医療分野の超科学は、診断ミスをしてもしなくても患者が死亡することがわかっている末期癌や、治療法がない自閉症、逆に生命の危険が少ないアトピー性皮膚炎などを対象にすることが多い。

自分が思ったとおりの診断と治療法を示してくれる治療者に巡り会った満足感までは否定できないが、客観的には筋肉テストは何も診断していないことは十分理解して、少なくとも抵抗できない子どもやペットなどに使わないことが肝心だ。

（ナカイサヤカ）

■**注釈：**

※①**カイロプラクター**…カイロプラクティックの施術者。カイロプラクティックはアメリカ発祥の一大代替医療。背骨の調節で万病が治ると説く。アメリカやヨーロッパでは資格制になっており、施術者になるには、学校で専門の教育を受ける必要がある。

※②**東洋医学的なものを持ち込んだ**…グッドハートは、経絡のバランスの悪さが筋肉を弱らせ、それが腰痛

などの原因となっていると説いた。しかし、この説はグッドハートが元祖というわけではなく、実際には当時の標準医学分野からの借り物であった。

※③**テスト用筋肉**…テスト用筋肉には腕や足などの独立性が高く、強弱がハッキリした筋肉が良いとされる。

※④**ジェイムズ・ランディ**…333ページの注釈参照。検証は、1991年にイギリスで放映されたテレビ番組『James Randi: Psychic Investigator』で行われた。

※⑤**画像の出典**…YouTube「The Scientific Attitude: Testing Therapeutic Touch」（米ABC放送のドキュメンタリー番組）より。

※⑥**殺鼠剤**…ネズミを殺すための毒薬。黄リン（猫いらずとして有名）やリン化亜鉛、タリウムなどが代表的な成分。

※⑦**画像の出典**…YouTube「Applied Kinesiology - How it' s Done」より。

※⑧**著者で述べられている経歴**…著書『「O - リングテスト」超健康レッスン』（主婦と生活社）の著者紹介には、「早稲田大学理工学部、横浜市立大学医学部を卒業後、東京大学医学部附属病院のインターンを経て、59年に渡米。コロンビア大学心臓外科研究員、同ガン研究所附属病院の研修医を経て、65年に薬理電気生理学の研究で医学博士号を取得」と書かれている。

※⑨**波動**…万物にはそれぞれ固有の波動と呼ばれるエネルギーがあって、これが存在の本質であるとする考え方。気やオーラなどもこの波動だと説明される。

※⑩**霊感商法や悪徳商法**…霊感商法とは、心霊や祖先の霊、神様などを持ちだして、「霊障がある」などと消費者の不安を煽り商品を購入させる手口の商法。悪徳商法は、通常の営業活動の範疇を超えた強引な

勧誘などの方法で購入を迫る商法。デート商法や次々商法、催眠商法などが含まれる。

※⑪**バイ・ディジタル**…正式名称は「日本バイ・ディジタル　オーリングテスト協会」。オーリングテストの普及拡大を目的としている協会で、会長は大村氏が務める。協会本部の所在地は、福岡県久留米市。

※⑫**何度も問題**…２００３年、ニュージーランドのウエリントン医療懲戒審判でゴリンジ医師の医師免許が取り消された。その理由の一つは筋肉テストを診断法として使ったことだった。

■**参考文献：**

大村恵昭『O‐リングテスト入門』（河出書房新社、２００９年）
Jane Thurnell-Read『Kinesiology』（Life-Work Potential Limited, 2011）
サイモン・シン、エッツァート・エルンスト『代替医療のトリック』（新潮社、２０１０年）
齋藤慶太『筋肉反射テストが誰でもできる！　１からわかる！　キネシオロジー』（ＢＡＢジャパン、２０１１年）
Ｗｅｂ／Applied Kinesiology:Phony Muscle-Testing for〝Allergies〟and〝Nutrient Deficiencies〟Stephen Barrett, M.D.
Test-retest-reliability and validity of the Kinesiology muscle test.
Lüdtke R, Kunz B, Seeber N, Ring J.　Complement Ther Med. 2001 Sep;9(3):141-5.
Ｗｅｂ／アヴァンギャルド癌治療訴訟・傍聴メモ３
Ｗｅｂ／米国特許「US5188107（A）― 1993-02-23」

ニセ科学FILE 30

【手をかざすだけで病気が消失する】手かざし療法の危険性

伝説……

手かざし療法とは施術者が患者に直接触れることなく、手を近づけるだけで疾病をいやすという一種の民間療法である。

ドイツの医師※①フランツ・アントン・メスメルは、磁石を体に当てる治療法を研究している時、被施術者が感じる力の流れは施術者が磁石を持っている時と持っていない時とで変わらないことに気付いた。メスメルはその力が人体から発せられているものと考え、動物磁気と名付けた。さらにメスメルは宗教家が悪魔祓いと称している行為も実は動物磁気を無意識に応用したものであり、実際に被施術者から悪魔を追い出しているわけではなくて精神の病を治療しているだけだとみなした。メスメル自身は被施術者の体に直接指で触れて動物磁気を送り込む療法を行っていたとされるが、同時代のイラストには被施術者に直接触れることなく、手のひらから動物磁気を送り込むメスメルの姿が残っている。

日本では、世界救世教、神慈秀明会、新健康協会などの「浄霊」や崇教真光、世界真光文明教団の「真光の業」など新宗教で行う行法の中に類似のものを見ることができる。それらの教団の信者の手記にはその行法で難病が治ったという体験譚がしばしば見られる。つまり、それらの行法は手かざし療法の一種とみなすことが可能である。

現代の手かざし療法として代表的なのは、[※③]セラピューティック・タッチ（Therapeutic Touch、略称TT）と呼ばれるものである。

動物磁気を送り込むメスメル（※②）

セラピューティック・タッチはアメリカ在住の作家で神智学者だった[※④]ドラ・ファン・ゲルター・クンツとニューヨーク大学看護学教授のドロレス・クリーガーが創始したものである（ただしクリーガーはその理論は古代以来伝承されてきた叡智に基づくと主張している）。

人体は物質的な肉体に留まるものではなく、その周囲に生命エネルギーの場、すなわちエナジーフィールドを形成している。病気はこのエナジーフィールドが乱れている状態だから施術者のライフフィールドを被施術者のエナジーフィールドと重ね合わせ、エネルギーを送り込むことでその乱れを修正すれば治るというわけである。クリーガーが作ったプログラムに従って研修したセラピストは目に見えないエナジーフィールドの形や状態を手の感触によって確かめることができる。

アメリカの病院では約70％がセラピューティック・タッチによる治療を受けたいという患者の希望に応えるための制度をとりいれている。セラピューティック・タッチは、すでに80ヶ国以上もの看護師やホスピスに広まっているという。もちろん日本でもクリーガーによるセラピューティック・タッチの実習テキストはぞくぞくと訳されており、次第にその認知が進みつつある。

また、アメリカでも日本でも手かざし療法に効果があることを示す学術論文も存在しており、その効能は科学的にも証明されたといってよいだろう。

真相

セラピューティック・タッチにおける生命エネルギーの場という概念はメスメルの動物磁

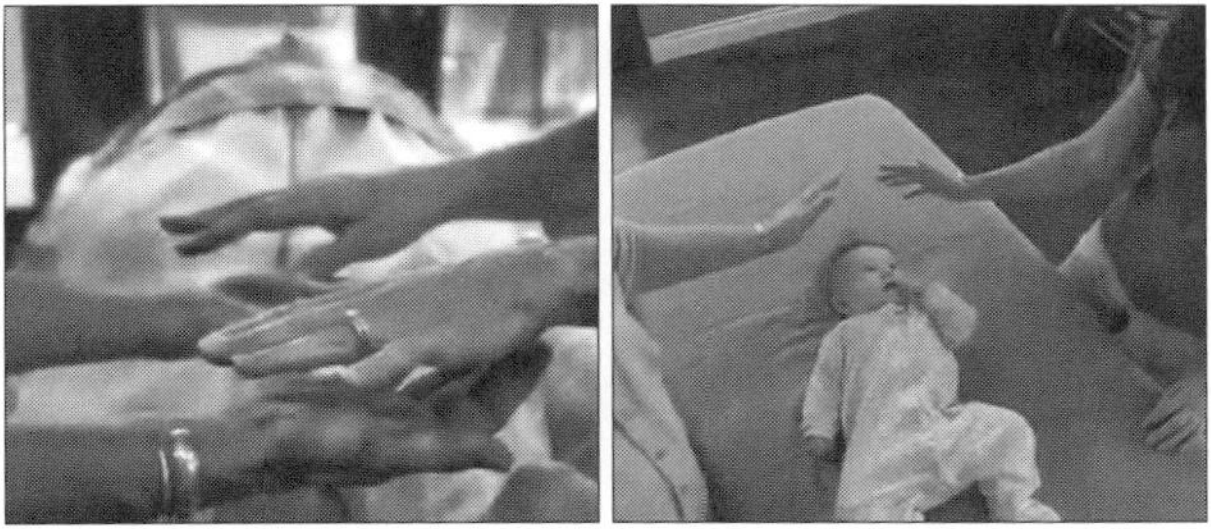

アメリカのテキサス州サンアントニオにある手かざし療法の団体「Healing Touch Program」の紹介動画（※⑤）より。赤ん坊にも行っている。

気に通じるものだが、主に[※⑥]フランス科学アカデミー会員からなる特別委員会が１７８４年にメスメルとその門下の治療行為について調査している。

その結論は施術者と被施術者の間に物理的な力のやりとりは認められず、代わりに**被施術者の想像力によって生じたと思われる生理的反応**が見られたというものだった。フランス王立医学協会もその結論を追認する報告を出した。

現在、メスメルは動物磁気の発見者としてではなく（自覚的だったかどうかは別にして）暗示が精神と肉体に及ぼす作用の発見者として位置づけられている。メスメルの生前にその治療行為を意味したメスメリズムという語の、[※⑦]現代での意味は催眠術である。

そして、手かざし療法で生じるとされる作用もまたメスメルの治療行為によるものと同様、**暗示によるもの**と考えられる。

●9歳の少女が暴いたトリック

コロラド州ボルダーに住む9歳（当時）の少女エミリー・ローザは同じ町で開業する21人のセラピストにセラピューティック・タッチの研究に協力するよう頼んだ。アメリカでは小学校などで生徒が研究成果を競い合う科学コンテストがさかんだが、エミリーも自分の学校でのコンテストで発表したいというわけである。

エミリーが用意した実験装置は制作費わずか10ドルという簡素なものだった。エミリーとセラピストはテーブルで向かい合って座る。2人の間には仕切りがあり、セラピストにはエミリーの姿は見えない。セラピストは両手だけを仕切りの穴から出す。エミリーはそのどちらかの手の上に、直接触れることなく自分の手を差し出す。セラピストはエナジーフィールドの感触だけでエミリーがどちらの手を出したか当てるわけである。エミリーがどちらの手を出すかは一回ごとにコイントスで決めるので事前の予測はできない。

セラピストたちは自信満々にエミリーが差し出した（と思った）手を告げていった。そしてその実験の過程の一切はビデオカメラに記録された。

その結果はセラピストたちにとって驚くべきものだった。21人の合計で280回行われた実験の**正答率は44パーセントにすぎなかった**のである。アトランダムに答えた場合でも確率は50パーセントだからこれは惨敗といってもいい。エミリーが行ったのは実験者と被験者の

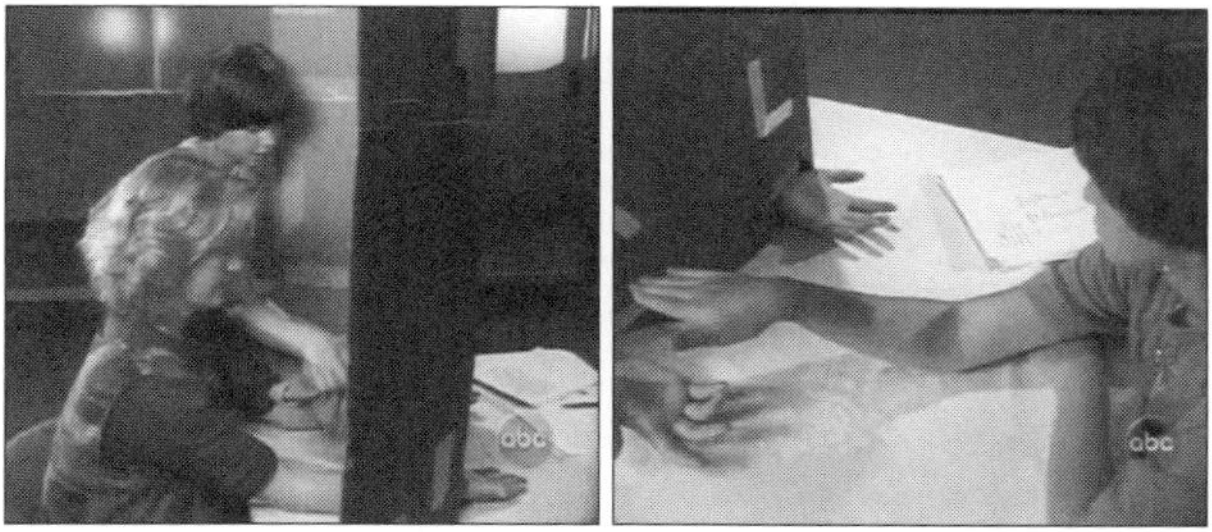

エミリー・ローザの実験の様子（※⑧）。ついたての穴からセラピストに両手を出させ、どちらの手の上でローザが手をかざしているか当ててもらう。

双方が答えを知らない状況を作るダブルブラインドテストである。セラピストたちは結局、感触でエナジーフィールドの存在が確かめられるという**セラピューティック・タッチの主張がウソ**であることを自ら証明してしまった。

エミリーの実験結果は権威ある医学専門誌『ジャーナル・オブ・ジ・アメリカン・メディカル・アソシエーション』（ＪＡＭＡ）１９９８年4月号に論文として発表され、さらにその年のうちに『ランセット』『英国医学雑誌』など英語圏の有名医学雑誌でもとりあげられた。論文の名義はエミリーが筆頭となっていたが、これは同誌に登場した研究者としては最年少記録である。擬似科学批判を奨励している※⑨ジェイムズ・ランディ教育基金は彼女の次の研究のための資金として１０００ドルを提供した。

●ジェイムズ・ランディによる検証

さて、その基金の設立者であるランディ自身もセラピューティック・タッチの効果を立証するための条件と賞金額を提示し、しばしばセラピストとその団体に検証実験を申し入れている。１９９６年には74万２０００ドル（当時のレートで約６０００万円）をかけて、60件ものセラピストおよびその団体に実験を申し入れたが、それに挑戦したのは1人だけでその人物も**ランディが示した立証条件を満たすことはなかった**。

２０１３年4月20日、ランディは賞金額１００万ドル（約1億円）を提示し、フィラデルフィアのフランクリン協会で新たな挑戦者であるセラピストを迎えて実験を行った。どうやらこの度も挑戦者はランディの示した**条件をクリアできなかった**ようである。

手かざしの効果を示す学術論文と称されるものは、専門の医学雑誌ではなく代替療法の普及を目的とする「学術誌」に掲載される傾向があり、内容も効果があることを前提にそれをどのように解釈するかを主眼とするのが常である。そのような論文はいかに積み重なろうと実際に効果があることの証拠にはならない。

ボストン在住の医師・李啓充氏によると医学誌『Cancer』２０１２年2月号にめずらしくセラピューティック・タッチの効果を通常の医学的手法で検証する実験結果が発表されたという。それは乳癌患者の倦怠感を軽くするためにセラピューティック・タッチがどこまで有効か、ダブルブラインドテストで確かめるというものだった。

その実験では、セラピストによる正規の施術と、懐疑的な研究者が形ばかりをまねたダミーの施術との間で効果に差が見られず、結局、効いたとしても**プラセボ効果の域を出ない**[※⑩]という結論になった。

さて、『ランセット』では誌面にエミリーの実験をとりあげるにあたり、セラピューティック・タッチ側の代表者にインタビューしたが、その中では『JAMA』の掲載号が4月1日発行であることを踏まえ、「エイプリル・フールのジョークであることを願う」と述べられていた。もちろん『JAMA』はその論文がジョークだなどとはしていない。

また、『Cancer』掲載の論文について、あるセラピューティック・タッチの専門家は「患者に治ってほしいという気持ちからダミーもセラピスト同様の効果をあげたのだろう」とコメントした。しかし、ダミーで十分同じ効果を被施術者に与えられるのなら、わざわざセラピストになるためにセラピューティック・タッチを学ぶ意義はどこにあるのだろう。

アメリカの病院でセラピューティック・タッチが容認されているのは、効果がないのは承知の上で大きな実害もない以上、**患者の自己責任にまかせるという程度の扱い**のようである。

●日本での状況

さて、日本ではアメリカとは異なる問題がある。日本の新宗教で事実上の手かざし療法が行われるようになった最大の理由は、医師法への対策である。

昭和10年前後、クーデターを恐れる政府は不安要因としてさまざまな新興宗教[※11]を監視や弾圧の対象としたが、それを正当化する名目の一つに**医師法違反**があった。

医師法では医師にあらざる者（医師免許を持たない者）の医業を禁じている。当時は病気治しを教義とし、施術者が被施術者の体に直接触れる手当て療法を行っている教団が多かった。当局は手当て療法を医療行為とみなすことで検挙の口実にした。そこで教団の方でも手当てを手かざしにきりかえ、**直接触れていない以上、医療行為には当たらないと主張**するようになったわけである。

しかし、病気治しを教義とする教団には、しばしば通常の医療を遠ざける傾向があったため、日本では、手かざし療法を行うことが被施術者をより適切な治療法から遠ざけてしまう危険を伴いがちである。

２０１０年1月13日、福岡県福岡市で宗教法人職員（当時32歳）とその妻（当時30歳）が殺人容疑で福岡県警に逮捕された。その夫婦の間に生まれた男の子はアトピー性皮膚炎に苦しんでいたが、彼らは教団が勧める手かざし療法を信じ、通常の医療を受けさせようとしなかった。

結局、子どもは２００９年10月に皮膚炎が高じての感染症で死んでしまった。搬送先の病院は虐待の可能性があるということで警察に通報し、取り調べが行われたというわけである。

福岡地裁が夫婦に下した判決はどちらも懲役3年・執行猶予5年というものだった。[※⑫]福岡地裁の裁判長は判決で「結果は重大で、実刑も十分想定されるが、2人とも幼いころから教義に基づいて病院に行くことなく、手かざしで病気が治ると理解していた。医療措置を取れなかった経緯、動機に酌量の余地がある」と言い渡した。

この夫婦は手かざし療法を信じたばかりに愛児を失い、さらにその罪を問われることになった。まさに**手かざし療法が生んだ悲劇**と言えよう。

2010年代には、手かざし療法のセミナーを全国で展開している会社・アースハート（本社：福岡県篠栗町）の関係者が[※⑬]脱税容疑で逮捕・起訴され、受講者による損害賠償請求訴訟も生じるという事件が起きている。同社が大分県の宗教法人などを隠れ蓑にして行った所得隠しは約27億円に及び、脱税額は約8億1000万円にも上るという。高額な講習代を支払ったにも関わらず、まったく効果がなかったとして同社を訴えた原告団の中には自分の病気を治したいと受講したが、かえって悪化した人や、家族の病気を治したいと思って受講したのに命を救えなかったという遺族も含まれていた。福岡地裁は2024年7月24日の判決で、アースハートとその後継団体に対し「詐欺的な宣伝を行い、違法」だとして2400万円余りの支払いを命じた。

手かざし療法に過大な期待をかけることは**詐欺師のカモにされる**ことによる財産の危機と

適切な療法を結果として遠ざけることによる**生命の危機をともなう**ものである。アースハート事件はこの事実を改めて私たちにつきつけることになった。

（原田実）

■**注釈：**

※①**フランツ・アントン・メスメル**（1734～1815）…ドイツの医師。ウィーンで裕福な貴族女性と結婚、後にパリに活動の場を移し、ヨーロッパの上流階級を相手に自ら「発見」した動物磁気理論に基づく治療法で好評を博した。フランス科学アカデミー等が動物磁気説を否定した後はウィーンに戻り、流浪の果てドイツ、バーデン＝ヴュルテンベルク州のメーアスベルクで孤独の内に世を去った。

※②**画像の出典**…デーヴィッド・タンズリー『イメージの博物誌5　霊・魂・体』（平凡社）より。

※③**セラピューティック・タッチ**…直接手を触れないということを強調した「Non-Contact Therapeutic Touch（NCTT）」という呼び方もある。

※④**ドラ・ファン・ゲルダー・クンツ**（1904～1999）…オランダ系アメリカ人の作家、神智学者。透視能力を用い患者のオーラを見て診断・治療するというセラピューティック・タッチを開発、その事業拡大に生涯を捧げた。

※⑤**動画のURL**…YouTube「Healing Touch Program: An Introduction to Healing Touch」

※⑥**フランス科学アカデミー**…フランスの国立学術団体でフランス学士院を構成する組織の一つとして自

然科学を担当する。ルイ14世（在位1643〜1715）によって1666年に設立、1699年に王立として認定された。18世紀まではヨーロッパにおける科学研究の最高権威ともいうべき機関であった。1793年にフランス革命のあおりで解散するも1795年に再建されて現在にいたる。

※⑦**現代での意味は催眠術**…つまり被施術者はメスメルが与えた暗示によってその疾病の症状を軽減していたわけである。

※⑧**画像の出典**…YouTube「The Scientific Attitude: Testing Therapeutic Touch」より。

※⑨**ジェイムズ・ランディ**（1928〜2020）…主にアメリカで活躍するデバンカー（エセ科学批判者）。オカルト批判を目的とする団体「サイコップ」の創設メンバー。本職はマジックグッズ店を経営する奇術師。カナダ・トロント出身。1970年代にユリ・ゲラーとの対決で注目を集め、以来、数多くの自称「霊能力者」「超能力者」のインチキを暴いてきた。だが、知人をニセ霊能者にしたてて自称「霊能力者」の行為が簡単にトリックでできることを示すなど、外連味（けれんみ）のある手法には賛否両論があった。

※⑩**プラセボ効果の域を出ないという結論**…この論文について『シカゴ・トリビューン』誌は「（効果がないのはわかっているのだから）無駄な研究に血税を使った」として糾弾する記事を掲載した。

※⑪**新興宗教が監視や弾圧の対象**…戦前・戦中の日本では国家神道とは歴史観や宗教観が異なる新興宗教が国家から弾圧を受けた。代表的なのが大本教（現：大本）で、昭和10年の第二次大本事件では教団施設をダイナマイトで破壊されるなど、大きな打撃を受けた。大本教以外でも、ひとのみち教団（現：PL教団）や天理教から派生した天理本道（現：ほんみち）といった団体が当局の厳しい締め付けにあった。

※⑫**懲役3年・執行猶予5年**…罪状は殺人から保護責任者遺棄致死に切り替えられていた。

※⑬**アースハートの脱税容疑**：アースハートは静岡県富士宮市の休眠宗教法人の代表権を買い取って、その本部を大分県九重町に移し、手かざし療法セミナーの領収書などをその教団の名義で発行していた。これにより本来なら企業の収益（課税対象）として扱われるべき受講料が宗教法人への寄付（非課税）という形で会計処理されるわけである。この脱税容疑により2013年1月にアースハート前代表（設立者）、社長、役員が逮捕され、2014年5月14日に福岡地裁より有罪判決が出された。

■参考文献：

ロバート・L・パーク『わたしたちはなぜ科学にだまされるのか』（主婦の友社、2001年）
原田実・杉並春男『原田実の日本霊能史講座』（楽工社、2006年）
サイモン・シン&エツァート・エルンスト著『代替医療のトリック』（新潮社、2010年）
ジャン・チュイリエ『眠りの魔術師メスマー』（工作舎、1992年）
マリア・M・タタール『魔の眼に魅されて』（国書刊行会、1994年）
グレイム・ドナルド『【図説】偽科学・珍学説読本』（原書房、2013年）
カール・ベッカー〝MECHANISMS AND FEATURES OF RELIGIOUS HEALING（宗教的治癒の分析）〟『人体科学』1-1（人体科学会、1992年）
Web／「手かざし療法の嘘を9歳の女の子が証明（1998年8月4日）」
Web／Skeptic's Wiki「手かざし療法」
李啓充「続 アメリカ医療の光と影 セラピューティック・タッチ」『週刊医学界新聞』第2967号（医

学書院、2012年)
吉岡剛彦「手かざしは「治癒」といえないか? 信仰にもとづく「医療ネグレクト」と宗教的マイノリティ」(『法社会学』マイノリティと法号、2012年12月)
武井順介「「健康」概念の言説分析:新健康協会とホメオパシーを事例として」(『立正大学人文科学研究所年報』52、2014年3月)
「気功療法元社長に判決 「アースハート」脱税」(U.S. Frontline News、2014年5月28日)
「手かざし「アースハート」に実刑判決」(NETIBニュース、2014年6月3日)
「〝手かざしで治癒〟福岡市の会社などに賠償命令 福岡地裁」(NHK福岡、2024年7月24日)
「気功療法推進のセミナー巡り2440万円の賠償命令」(産経新聞、2024年7月24日)
「『ハンドパワーで病気を治す』セミナーは違法 法人らに2440万円支払い命令 福岡地裁判決」(毎日新聞地方版・福岡、2024年7月25日)

【あとがき】「科学的に考える」ということ

本書は「謎解き」というテーマで項目を選別しました。そのため、どうしても「世間で信じられているけれど、調べてみたら嘘でした」という結論が多くなっています。しかし、私たちは頭から否定せず、〝科学的根拠〟を示し、紙面の許す限り参考文献をあげました。

〝科学的根拠〟などという堅苦しい言葉を使いましたが、そもそも「科学的」とは何でしょうか。せっかくの機会ですから、科学について語ってみましょう。

科学と言われると、どこかのえらい人が決めた教科書的な正解といった印象を受ける人が多いようです。権威的で高圧的な感じを受ける人もいるでしょう。でも、これはよくある誤解です。科学というのは、何か知りたいことがあったときにそれを知るために使う「方法」のことです。

科学では、はじめに自然を観察し法則性を見つけます。そして、見つけた法則性が現実に合っているか、さらなる実験と観察で確認します。ただし、人間は確認をするときに思い込みなどが原因で間違いを犯してしまうことがあります。ですから間違いを防止するような方法を使っていくことも必要です。これもまた科学の大切な部分です。こういった方法を使って調べることが「科学的」ということです。

科学は大成功を収めています。今の科学技術（科学を使って確かめられた法則が科学理論となります。科学理論を使って工業製品などを作るのが科学技術です）は、１００年前だったら魔法としか思えないようなことまでできるようになりました。人間は事実を確認する方法として、科学より優れた方法を未だ見つけることができていません。成功の結果、科学の結論は信頼できると考えられるようになったといえるでしょう。

しかし、科学は成功と同時に悩ましい問題も抱えました。科学的であることは決して複雑なことではないのに、科学理論や科学技術は素人が理解できないほど難しくなってしまったのです。大きな成功と理解できない難しさの間で「なるべく間違えないように調べる」という科学の本質は見えなくなりました。普通の人と科学の間に壁ができたのです。

このことにより「ニセ科学」が広まる下地ができました。「ニセ科学」はニセモノの科学という意味です。化学式が書いてあったり、数式が書いてあったり、論理的には筋が通った説明をしたりすると科学的なものに見えます（論理的に筋が通っていても事実でないことはたくさんあります）。「ニセ科学」は、それを利用して本当は科学的でないものを科学的だと思わせてしまうのです。

人は誰でもそれなりに合理的です。そのため、ただ「よいものだ」といわれるより「このような根拠があるからよいのだ」と説明される方が納得がいきます。この本ではニセ科学の話題を多く取り上げました。今、あなたがこの本で取り上げられたことを信じていたとしても、決しておかしなことではありません。私たち著者は、ニセモノを見分けるための知識とコツを少しだけ知っているため、謎解きができたというだけです。

ニセモノを見分けるときには正しい知識が必要です。ある主張が正しいかを検討するときには、既に自分が持っている知識を土台に考えていくしかないからです。特にニセ科学分野の主張は、別のニセ科学の理論で説明できることがよくあります。今、調べたいことについて既に別のニセ科学を信じていた場合、なし崩し的に判断を間違ってしまいやすいのです。どんなに論理的に考えていても前提を間違うと誤った答えに行きつきます。ですから、正しい知識を得るコツを使って、正しい知識をため込む努力をする必要があるのです。

では、正しい知識を得るコツとは何でしょうか。ちょっとだけ紹介してみます。

○信じる前に調べる

○自分の信念ではなく根拠に基づいて信じる
○根拠の強さに応じて信じる強さを決める
○信じるときは間違っていることを覚悟する
○根拠が不十分ならば結論を保留する

もちろん、このコツの通りに行動していても、常に正しい知識にたどりつけるわけではありません。しかし、こういったコツを使わなければ間違ってしまいやすく、間違いの落とし穴からなかなか抜け出せません。私たちはこういったコツを使って得た知識をもとにこの本を書きました。私たちの多くは決して専門の研究者ではありませんが、妥当な結論に達することができたと考えています。

世の中にはまだまだ「これは本当に科学？」と思うような主張がたくさんあります。みなさんも、この本で得た知識とここで紹介したコツを使って、様々な謎解きにチャレンジしてみてはいかがでしょうか。

（蒲田典弘）

執筆者紹介（50音順）

◉ASIOS（アシオス）

2007年に発足した超常現象などを懐疑的に調査していく団体。事実や真相に強い興味があり、手間をかけた調査を行える少数の人材によって構成されている。

●石川幹人（いしかわ・まさと）

1959年東京都生まれ。明治大学情報コミュニケーション学部教授。主な著書に『だからフェイクにだまされる』（ちくま新書）、『超心理学——封印された超常現象の科学』（紀伊國屋書店）などがある。

★宇佐木倫子（うさぎ・りんこ）

1962年東京都生まれ。大阪大学・菊池誠教授命名「日本一の（懐疑的）ホメオタ」。ネットではハンドル名「うさぎ林檎」で代替医療を中心に怪しい情報を発掘・周知している。

●蒲田典弘（かまた・のりひろ）

ロズウェル事件研究家を自称する懐疑論者。青少年に懐疑的な考え方を身につけてもらおうという、ジュニア・スケプティック活動にも興味がある。共著に『これってホントに科学？』（かもがわ出版）などがある。

★菊池聡（きくち・さとる）

1963年埼玉県出身。信州大学人文学部教授。専門は認知心理学。人の認知バイアスと批判的思考（クリティカル・シンキング）に関する研究に取り組む。著書に『なぜ疑似科学を信じるのか』（化学同人）などがある。

★小波秀雄（こなみ・ひでお）

1951年生まれ。京都女子大学名誉教授。消費者市民ネットとうほく正会員。著書に『基礎から学べる確率と統計』（プレアデス出版）、『Python ではじめるプログラミング』（インプレス）など。

●ナカイサヤカ（なかい・さやか）

1959年生まれ。慶應大学大学院修士課程を考古学で修了後、発掘調査員を経て翻訳者／通訳者。翻訳書に『代替医療の光と闇』『さらば健康食神話』（地人書館）、『陰謀論からの救出法』（あけび書房）などがある。

●原田実（はらだ・みのる）

1961年広島市生まれ。古代史・偽史研究家。著書に『トンデモ偽史の世界』（楽工社）、『もののけの正体』（新潮新書）、『偽書が揺るがせた日本史』（山川出版社）、『江戸しぐさの正体』（星海社新書）などがある。

●本城達也（ほんじょう・たつや）

1979年生まれ。ウェブサイト「超常現象の謎解き」（https://www.nazotoki.com/）の運営者。ASIOSの発起人としてその代表も務める。超常現象を懐疑的なスタンスで調べることがライフワーク。

★道良寧子（みちよし・ねこ）

東京下町育ちの管理栄養士。「伝統の日本食は健康食とはいえない」など、あまり栄養士らしくない言動が多い。食品の機能性成分について研究していたことから、食べ物が関係する健康法などの検証を得意としている。

●皆神龍太郎（みなかみ・りゅうたろう）

1958年生まれ。疑似科学ウォッチャー。超常現象やニセ科学と呼ばれるものの事実について、調査、発表するのが趣味。『iPadでつくる「究極の電子書斎」』（講談社プラスアルファ新書）など著書、共著多数。

●山本弘（やまもと・ひろし）

1956年生まれ。SF作家。主な作品に『神は沈黙せず』『アイの物語』『詩羽のいる街』（以上、角川書店）、『MM9』（東京創元社）、『地球移動作戦』（早川書房）、『去年はいい年になるだろう』（PHP）など。2024年、逝去。

●横山雅司（よこやま・まさし）

イラストレーター、ライター、漫画原作者。ASIOSではUMA担当。著書に『極限生物図鑑』、『憧れの「野生動物」飼育読本』『本当にあった！　特殊兵器大図鑑』（いずれも彩図社）などがある。

※「●」はASIOSの会員、「★」は特別寄稿者を示す。

■ 著者紹介
ASIOS（アシオス）
2007年に発足した超常現象などを懐疑的に調査していく団体。団体名は「Association for Skeptical Investigation of Supernatural」（超常現象の懐疑的調査のための会）の略。超常現象の話題が好きで、事実や真相に強い興味があり、手間をかけた調査を行える少数の人材によって構成されている。主な著書に『謎解き超常現象Ⅰ～Ⅳ』『ＵＦＯ事件クロニクル』『ＵＭＡ事件クロニクル』『超能力事件クロニクル』（彩図社）、『昭和・平成オカルト研究読本』（サイゾー）などがある。
公式サイトは https://www.asios.org/

解明！ ニセ科学の正体

2025年2月14日 第1刷

著　者　ASIOS

発行人　山田有司

発行所　株式会社　彩図社
東京都豊島区南大塚3-24-4
ＭＴビル　〒170-0005
TEL:03-5985-8213　FAX:03-5985-8224
https://www.saiz.co.jp
https://x.com/saiz_sha

印刷所　新灯印刷株式会社

ISBN978-4-8013-0758-2 C0176
本書は2013年10月に小社より発行された『謎解き超科学』を加筆修正のうえに文庫化したものです。